Les technologies de l'information et l'organisation

Benoit Aubert

Les technologies de l'information et l'organisation

gaëtan morin éditeur

Montréal □ Paris □ Casablanca

Données de catalogage avant publication (Canada)

Aubert, Benoit A.

   Les technologies de l'information et l'organisation

   Éd. précédente : [Sainte-Foy, Québec] : FSA, c1996.

   ISBN 2-89105-644-2

   1. Technologie de l'information. 2. Gestion – Informatique. 3. Information – Innovations. 4. Systèmes d'information de gestion. I. Titre.

T58.6.A83 1997   658.4'038011   C96-941346-7

Montréal, Gaëtan Morin Éditeur ltée
171, boul. de Mortagne, Boucherville (Québec), Canada J4B 6G4, Tél. : (514) 449-2369

Paris, Gaëtan Morin Éditeur, Europe
27 bis, avenue de Lowendal, 75015 Paris, France, Tél. : 01.45.66.08.05

Casablanca, Gaëtan Morin Éditeur – Maghreb S.A.
Rond-point des sports, angle rue Point du jour, Racine, 20 000 Casablanca, Maroc, Tél. : 212 (2) 49.02.17

Il est illégal de reproduire une partie quelconque de ce livre sans autorisation de la maison d'édition. Toute reproduction de cette publication, par n'importe quel procédé, sera considérée comme une violation des droits d'auteur.

Imprimé au Canada

Dépôt légal 1er trimestre 1997 – Bibliothèque nationale du Québec – Bibliothèque nationale du Canada

1 2 3 4 5 6 7 8 9 0   G M E 9 7   6 5 4 3 2 1 0 9 8 7

© gaëtan morin éditeur ltée, 1997
Tous droits réservés

Remerciements

On peut penser que la rédaction d'un livre est un travail solitaire, où l'auteur se penche longuement sur ses documents et passe des heures devant son écran blanc (la page blanche est une image du siècle précédent). Et bien, c'est faux! Premièrement, c'est mauvais pour les yeux de fixer trop longtemps son écran blanc. Deuxièmement, et surtout, cet ouvrage est un travail collectif. En effet, ce manuel est le résultat de nombreuses collaborations. Les noms de ces collaborateurs sont indiqués au début des chapitres. Je veux une fois de plus les remercier. Grâce à leur précieuse contribution, ce projet s'est concrétisé.

François Ringuette a *surfé* le *NET* plutôt que les pistes pour travailler sur la première partie du livre. Les trois premiers chapitres, qui traitent des technologies de l'information, des systèmes fonctionnels et de la planification des SI, ont été écrits avec sa collaboration.

Le chapitre sur l'acquisition de services informatiques est le fruit d'un échange intensif de télécopies entre Geneviève Hamel et moi. Je veux également remercier Joyce Tremblay qui a effectué un premier survol de la matière.

Le chapitre sur l'impartition est le résultat du travail concerté de Suzanne Rivard et Michel Patry, mes collaborateurs de longue date, et de Jean-Philippe Beausoleil.

Le chapitre sur les développements technologiques fut un chapitre bien difficile à écrire puisqu'il nécessitait une mise à jour entre chaque itération! Érik Paquet a patiemment relevé ce défi. Il a également travaillé sur les chapitres de l'utilisateur final et de l'éthique.

Le chapitre sur l'aide à la décision est le résultat d'une association avec Vital Roy, qui a su synthétiser ce sujet très vaste. Maryse Babin, collaboratrice de premier ordre, a rédigé le chapitre sur la stratégie et les technologies.

Merci aussi à Anne-Marie Croteau qui, en plus de commenter chacun des chapitres, a collaboré à la rédaction du chapitre sur la réingénierie.

Je voudrais finalement remercier Michelle Aubin, Isabelle Vincent et Louis Beaudet pour avoir lu attentivement la version manuscrite de ce manuel.

Avertissement

Dans cet ouvrage, le masculin est utilisé comme représentant des deux sexes, sans discrimination à l'égard des hommes et des femmes et dans le seul but d'alléger le texte.

Table des matières

Remerciements v

CHAPITRE 1 — Les technologies de l'information 1

Qu'est-ce qu'un système d'information? 3
Le rôle d'un système d'information dans le monde des affaires 4
Des exemples concrets de systèmes d'information 6
L'information dans la prise de décision 13
Les niveaux de gestion et l'information 15
Le système utilisateur-machine 17
L'impact de l'informatique et des systèmes d'information 17
Bibliographie 20

CHAPITRE 2 — Les systèmes d'information fonctionnels 21

Benetton 22
Les principales fonctions de gestion d'une entreprise 23
Le but des systèmes de gestion dans une organisation 23
Le marketing 24
Le système d'information de marketing 25
La fabrication 29
Les systèmes d'information de fabrication 30
La gestion des ressources humaines 33
Les systèmes d'information des ressources humaines 34
La comptabilité 36
Les systèmes d'information comptables 37
La finance 40
Les systèmes d'information financiers 40
Bibliographie 43

CHAPITRE 3 — La planification des systèmes d'information 45

Pourquoi réfléchir à un plan d'informatisation? 46
L'importance d'un bon plan d'informatisation 46
Comment l'âge de l'information change le monde des affaires 48
Qu'est-ce que la planification organisationnelle? 50
Cinq bonnes raisons pour planifier 50
Les différents types de planification 51

| Les outils de planification | 54 |
| Bibliographie | 63 |

CHAPITRE 4 — Le développement des systèmes informatiques — 65

Le cycle de développement des systèmes informatiques	66
La méthode du prototype	77
Bibliographie	81

CHAPITRE 5 — L'acquisition des services informatiques — 83

L'acquisition des services informatiques	84
La relation client-fournisseur	84
Ce que peut offrir un fournisseur	85
Le choix d'un fournisseur	88
Les garanties	95
Bibliographie	97

CHAPITRE 6 — L'impartition des services informatiques — 99

Définition	100
L'impartition, est-ce vraiment une nouveauté ?	100
L'impartition des services informatiques au Canada	102
Résultats	103
Profils d'impartition des répondants	104
Raisons d'impartir	104
Caractéristiques des activités imparties	105
Investissements	105
Durée du contrat	106
Gestion du contrat	106
Mécanismes d'ajustement entre les parties	107
Situation face aux fournisseurs	108
L'impartition du développement des systèmes informatiques	108
Les arguments classiques motivant les firmes à impartir	111
Les risques de l'impartition	113
Quand utiliser l'impartition ?	114
Bibliographie	119

CHAPITRE 7 — Les développements technologiques — 121

L'autoroute de l'information	122
Le projet UBI	136
La carte à puce	140
Les communications satellites	141

La vidéoconférence	143
Les bureaux portables	145
Le télétravail	147
L'EDI	150
Le multimédia	152
La réalité virtuelle	156
Bibliographie	158

CHAPITRE 8 — L'informatique-utilisateur — 159

L'apparition de l'informatique-utilisateur	160
Les types d'utilisateurs	161
Les critères de succès de l'informatique-utilisateur	164
La qualité des applications développées par les utilisateurs finaux	167
L'infocentre	172
Bibliographie	177

CHAPITRE 9 — Aide à la décision : outils pour le gestionnaire — 179

Problèmes, décisions et décideurs	180
Un modèle du processus de prise de décision	180
Types de décisions	180
Processus de prise de décision	181
Systèmes informatisés	183
Bibliographie	193

Annexe 9.1

Niveaux de gestion et types de décisions	195
Information et prise de décision	196
Qualités d'une bonne information	196
Facteurs ayant une incidence sur la prise de décision	196

CHAPITRE 10 — Technologies de l'information et stratégie — 199

L'avantage concurrentiel lié aux systèmes d'information	200
Le modèle des forces concurrentielles	201
La chaîne de valeur	204
Les liaisons dans le système de valeur	207
Le choix marché/intégration administrative	208
Vision, stratégie et vision stratégique	209
Les trois « i » de la stratégie	211
Importance de l'information	212
Bibliographie	215

CHAPITRE 11 — La réingénierie des processus d'affaires ... 217

Définition de la réingénierie des processus d'affaires ... 218
Rôles des technologies de l'information ... 219
Gestion d'un projet de RPA ... 225
CIGNA ... 229
Malentendus concernant la RPA ... 233
Bibliographie ... 236

CHAPITRE 12 — L'éthique et les impacts sociaux reliés aux technologies de l'information ... 237

Une définition de l'éthique ... 238
Les causes de l'augmentation des problèmes d'éthique ... 239
Les concepts de base de l'éthique ... 241
Bibliographie ... 255

CHAPITRE 1 — Les technologies de l'information

avec la collaboration de François Ringuette

Les technologies soutenant les systèmes d'information ne cessent d'évoluer. De plus en plus rapides et performantes, elles bouleversent le monde du travail. Véritable levier de changement dans de nombreuses industries, les technologies de l'information redéfinissent les liens entre les entreprises ainsi que les frontières entre le travail et la vie privée.

Ces technologies se retrouvent maintenant au cœur des préoccupations des gestionnaires. Ceux-ci ne peuvent plus envisager l'évolution de leurs organisations respectives sans tenir compte de leur environnement technologique. Il en va de la survie même de leur entreprise!

Les technologies de transmission de l'information n'ont cessé d'évoluer avec le temps. Avec celles-ci des connaissances furent transmises et des civilisations développées. Au berceau de la civilisation, en Mésopotamie, on avait créé la tablette d'argile et le poinçon. L'utilisation de cette technique demandait des outils spécialisés et une grande habileté et rendait son utilisation restreinte à un mode d'écriture simple. En Égypte on développa le papyrus et un système complexe d'écriture. Ce mode d'utilisation plus facile donna lieu à une accumulation de connaissances sans précédent. Il permit aussi la diffusion de la culture grecque. Les Ioniens ayant transformé l'alphabet en un instrument souple, correspondant au langage parlé, les Grecs purent véhiculer leur culture par des écrits facilement transportables et reproductibles. La création, au IIe siècle en Chine, du papier et son introduction en Occident quelques siècles plus tard accentuèrent le mouvement. Au XVe siècle l'imprimerie détruisit le monopole du latin et de la Bible dans l'écrit. On constata alors un accroissement de textes variés (Inis, 1947). Le XIXe siècle, accompagné du télégraphe, instaura le début de la communication instantanée à distance. Le XXe siècle amena l'électronique et une circulation de l'information inconnue jusqu'alors.

Cette évolution ne se fit pas sans raison. De tout temps les outils de l'information eurent un objectif précis: le pouvoir. En effet, le pouvoir passe par le contrôle de l'information. L'Église et les mouvements religieux furent longtemps les détenteurs et les diffuseurs du savoir, contrôlant de vastes réseaux d'information. Les États eurent aussi leurs réseaux, desquels dépendaient le contrôle de leurs empires. Plusieurs exemples en témoignent: la bibliothèque d'Alexandrie fut un outil utilisé par le pouvoir impérial égyptien pour combattre l'influence du clergé de l'Égypte (Inis, 1947). Après la mort d'Alexandre le Grand en 323 av. J.-C., la bibliothèque d'Alexandrie devint pour 500 ans le centre du monde scientifique. Elle marqua la première séparation entre la science et la philosophie (Checkland, 1981). La tentative du pape Innocent III d'interdire la traduction des écritures sacrées en 1199 visait à éliminer leur discussion ouverte et leur remise en question dans les universités. La révocation de l'édit de Nantes se traduisit, entre autre, par la fermeture des imprimeries, permettant un contrôle accru des idées véhiculées (Inis, 1947).

La deuxième moitié du XXe siècle fut marquée par un outil de traitement de l'information d'une puissance surpassant celle de ses prédécesseurs: l'ordinateur. Si l'ordinateur est le prolongement logique de la téléphonie, de la radiophonie et de la vidéophonie (Cros, 1984), il introduit un changement profond dans l'univers de l'information. Les modes précédents accroissaient la vitesse, la distance ou la fidélité de la transmission. L'informatique fait tout cela en plus de transformer l'information. C'est le premier outil qui permet de faire automatiquement des opérations d'analyse, de synthèse ou de réorganisation du signe.

QU'EST-CE QU'UN SYSTÈME D'INFORMATION?

Après l'ère du charbon et celle de la puissance industrielle, l'humanité voit actuellement son économie se mondialiser et plonger dans l'ère des communications, de la technologie et de l'information. L'information est devenue une ressource capitale pour toute entreprise désireuse de rester compétitive. Chaque organisation est un système ouvert sur son environnement. Cet environnement s'agrandit sans cesse. Il a besoin d'un système d'information adéquat pour opérer. Commençons par définir ce qu'est un système pour ensuite mieux comprendre ce qu'est un système d'information.

Un *système* est une intégration d'éléments ayant pour but l'atteinte d'un objectif. Les systèmes sont généralement ouverts, c'est-à-dire qu'ils interagissent avec leur environnement. Ils peuvent être formés de plusieurs sous-systèmes et peuvent être eux-mêmes partie intégrante d'un supra-système.

Un *système d'information*, pour sa part, est un ensemble de sous-systèmes qui retrace, analyse, emmagasine et distribue l'information aux supports de décisions et de contrôle de l'organisation. Cette information peut être relative au milieu interne de l'entreprise comme à son environnement (Laudon et Laudon, 1993).

Davis *et al.* (1986), eux, définissent un système d'information comme «un système *utilisateur-machine* intégré qui produit de l'information pour assister les êtres humains dans les fonctions d'exécution, de gestion et de prise de décision. Le système utilise des équipements informatiques et des logiciels, des bases de données, des méthodes manuelles, des modèles pour l'analyse, la planification, le contrôle et la prise de décision».

Présentement, le système d'information utilise très souvent l'informatique pour remplir adéquatement son rôle. Un tel système permet de transformer des données à l'état brut en informations utiles pour le gestionnaire. Cependant, il ne faut pas confondre système d'information et technologie informatique. L'informatique n'est qu'un outil très utile permettant d'exploiter un système d'information. L'ordinateur et ses nombreux logiciels sont néanmoins à la base des systèmes d'information modernes.

En élaborant la notion de système d'information, les chercheurs pensaient à un système d'information unique qui servirait dans tous les secteurs de l'entreprise: marketing, comptabilité, finance et autres. Ils se sont vite rendu compte qu'un tel système est très difficile à implanter. C'est pourquoi, aujourd'hui, ils considèrent que le système d'information est un ensemble de sous-systèmes interreliés qui servent mieux chacune des fonctions de l'entreprise. L'information traitée est maintenant considérée comme une ressource de l'entreprise au même titre que les ressources humaines ou financières.

LE RÔLE D'UN SYSTÈME D'INFORMATION DANS LE MONDE DES AFFAIRES

Le monde des affaires a évolué très rapidement au cours des dernières années. Nous avons vu l'économie se mondialiser et se transformer en une société d'information. Des entreprises font des affaires dans plusieurs pays du monde, profitant des lacunes des normes du travail de certains pays ou bien des largesses fiscales de certains autres. De telles entreprises ont besoin de moyens très efficaces pour communiquer et transmettre l'information d'un point de la planète à un autre. La concurrence est devenue très féroce sur ce nouveau marché mondial. Dans une perspective commerciale, un système d'information devient une réponse, tant sur le plan de la gestion que sur celui de l'organisation dans son ensemble, à un gros défi posé par ce nouvel environnement (Laudon et Laudon, 1993). Pour bien comprendre un système d'information, le gestionnaire doit tout d'abord bien comprendre tous les aspects reliés à ce système. Ce système d'information pourra par la suite être vu comme un avantage concurrentiel et même une arme stratégique.

Les systèmes de réservation de billets utilisés par certaines compagnies d'aviation sont un exemple d'avantage concurrentiel relié à l'utilisation d'un système d'information. Les grosses compagnies comme American Airlines (avec le système SABRE) fournissent aux agents de voyage un accès au système de réservation par ordinateur qui permet d'obtenir les détails sur les vols ainsi que les tarifs. La firme contrôlant le système de réservation fait donc un profit lorsque ses vols sont vendus et un profit lorsque les vols d'un concurrent sont vendus en utilisant son système. Cette firme perçoit une redevance sur l'utilisation du système. Un tel système d'information constitue, pour la compagnie qui offre ce service, un net avantage concurrentiel par rapport à une entreprise concurrente qui ne l'offre pas. Le ministère de la Justice des États-Unis a même mis sur pied une enquête en 1983 afin de déterminer s'il ne s'agissait pas là d'un moyen détourné de fausser les règles de la concurrence.

Depuis ce temps, Sabre Corporation reste un leader dans l'industrie du voyage. On estime que des produits de voyage d'une valeur de 45 milliards de dollars US annuellement sont achetés en utilisant le système SABRE. De plus, SABRE offre maintenant bien plus qu'un service de réservation. Outre ce dernier service, la compagnie se spécialise dans les systèmes de soutien à la décision, le développement d'applications informatiques (autres que le voyage) et les services de consultation. Les revenus de SABRE sont de plusieurs centaines de millions de dollars US annuellement[1].

Un bon système d'information peut également être utilisé comme une arme stratégique. Le service d'électroménagers de la compagnie Sears utilise depuis plusieurs années son système d'information afin de connaître et d'identifier ses clients et de s'adresser à eux pour renouveler les contrats d'entretien de leurs électroménagers. Un tel système permet également de solliciter les clients qui avaient acheté un appareil sans toutefois souscrire au plan d'entretien. Un tel suivi de la part de Sears constitue une approche marketing très efficace. Cette approche a permis d'augmenter les ventes et la crédibilité de Sears auprès de ses clients (Davis *et al.*, 1986).

Pourquoi les systèmes d'information sont-ils devenus d'importants avantages concurrentiels pour les entreprises qui savent en tirer tous les bénéfices? Il existe une raison fondamentale à ce phénomène. Les technologies de l'information, principal outil d'un système d'information moderne, ont rapidement vu leurs coûts d'acquisition et d'entretien diminuer de façon très rapide. Parallèlement à cela, une croissance incroyable de l'efficacité et des options offertes par les technologies de l'information a également fait réaliser aux gestionnaires les nombreux avantages reliés à l'utilisation d'un système d'information.

Aujourd'hui, les ordinateurs sont très abordables et sont utilisés dans la plupart des entreprises. Les nouvelles interfaces plus conviviales rendent l'utilisation de l'ordinateur possible par ce que l'on appelle l'utilisateur final, ou l'employé de l'entreprise qui a besoin de l'ordinateur pour son travail sans être nécessairement spécialiste en informatique. Beaucoup de fournisseurs utilisent l'informatique pour faciliter le commerce dans la

---

1. SABRE Corporation Home Page.
   (http://www.amrcorp.com/sabr_grp/sabr_grp.htm)

chaîne de distribution, ce qui diminue normalement les coûts tout en accélérant le processus. Ce ne sont que quelques-uns des nombreux avantages qui sont maintenant reconnus par les entreprises.

DES EXEMPLES CONCRETS DE SYSTÈMES D'INFORMATION

Internet

Internet est un regroupement de réseaux communiquant entre eux pour former un réseau mondial extrêmement diversifié. L'information que l'on retrouve sur Internet est d'origine et de nature très variée. En effet, des organisations et des individus de tous les coins de la planète mettent de l'information à la disposition des gens grâce au réseau mondial qu'est Internet. L'information que l'on y trouve couvre tous les sujets imaginables ou presque. Même pour quelqu'un qui n'est pas initié à l'Internet, il est relativement facile de s'y retrouver grâce aux différents services de recherche par mot clé comme : Yahoo (http://www.yahoo.com), Lycos (http://www.lycos.com), Alta Vista ou Galaxy. On peut avoir accès au bulletin météo d'Environnement Canada ou à de l'information plus technique comme les dernières découvertes dans le monde de la médecine. Il est même possible d'accéder à des bibliothèques virtuelles ou à des vraies bibliothèques. L'utilisateur peut alors rechercher des livres et les réserver grâce à ce service.

Bien des entreprises se servent d'Internet comme outil de vente et de marketing. Étant donné la quantité incroyable d'acheteurs potentiels que l'on peut rejoindre, certaines entreprises voient là une chance inouïe de rejoindre une partie de leur marché cible. Rossignol Snowboards, une division de la célèbre compagnie d'articles de sport Rossignol, a bien compris l'importance d'avoir un site sur cet important réseau grâce à sa Rossignol Snowboards Homepage (http://www.sportsite.com/rossi). En plus des photos des différents produits offerts et des coureurs de l'équipe Rossignol, on retrouve sur ce site de l'information sur la compagnie ainsi que les spécifications techniques des différentes planches. Les intéressés peuvent dorénavant magasiner, grâce aux technologies de l'information, les différents produits et accéder à la liste de tous les détaillants inscrits qui distribuent cette marque. On peut voir à la page suivante la publicité de Rossignol Snowboards sur Internet[2].

---

2. Reproduit avec la permission de Rossignol Snowboards.

Netscape: ROSSIGNOL SNOWBOARDS HOME PAGE
Location: http://www.sportsite.com/rossi

Welcome to Rossignol Snowboards!

ROSSIGNOL SNOWBOARDS

Snowboards
Boots
Action Shots
Tech Info
Where to get Rossignol Snowboards
Feedback

US Customers only. Receive a free copy of our video featuring footage of our riders from Adventurescope, Fall Line, Standard, Warren Miller, and BC Films. send 5 bucks to cover shipping and handling to:

Rossignol Snowboards
Video Deal
PO Box 298 Industrial Avenue
Williston, VT 05495

Netscape: ROSSI SNOWBOARDS
Location: http://www.sportsite.com/mac/allshop/companies/rossi/html/snowboards.html

ROSSI SNOWBOARDS

We have completely redesigned every board in our line for this year and are introducing many new models and sizes. Advancements such as cap constructions, mixed cores, and team rider approved shapes have enabled us to design our best line ever.

Cob | Tin Man | Seoane | Levitation | Throttle | Accelerator

THROTTLE ACTION SHOTS

Check out the Throttle.

THROTTLE

Rossi, as always, is fully committed to racing. Some companies are ignoring racing altogether and others are just getting back into it after a few years of neglect. Although companies don't sell huge amounts of race boards, some of the best product research and development comes from the abuse racers put their boards through. Rossi continues to support some of the best racers in North America: Shannon Melhuse, Jeremy Jones, Bill Enos and Nate Simms. Rossignol is also a force in European racing with Alexis Parmentier and Frankie Moranval. It is with these powerful racers that we developed the new Throttles: boards that hold an edge and carve on anything. The boards feature Internal VAS and Microcell cores which sets them apart from all others when riding at high speed. The 159 and 167 have been narrowed to 19cm: fast enough edge-to-edge, yet still stable.

The Throttles are extremely versatile: they rule on the burliest race courses, but if you are a powerful rider or crossover skier, they are the best for alpine freeriding.

Follow these links to see
Throttle Features,
Throttle Action Shots and
Specifications for Throttle.

Internet peut également servir à bien d'autres fins et à un type d'utilisateur tout à fait différent de ceux de l'exemple précédent. En effet, la compagnie P-E International offre, elle aussi, ses produits et services sur le réseau à une clientèle qui peut être encore une fois originaire des quatre coins de la planète. Ces clients sont cependant un peu différents des clients auxquels s'adressait Rossignol Snowboards. P-E International s'adresse plutôt aux entreprises et à leurs dirigeants, et ce, à cause de la nature même du produit qu'elle offre. Cette compagnie se spécialise dans la création et la distribution de logiciels de modélisation et de simulation par ordinateur et ses produits semblent s'adresser surtout aux gestionnaires plutôt qu'aux particuliers (on trouve la page de P-E International à l'adresse suivante: http://www.peint.com/pehome). Un gestionnaire peut donc trouver des outils de travail et des partenaires d'affaires grâce à la recherche sur Internet. Cette page informe le gestionnaire inexpérimenté sur les avantages qu'offrent les logiciels de modélisation et de simulation par ordinateur ainsi que sur les différents domaines dans lesquels ils peuvent être utilisés. Cette page d'Internet offre des exemples de logiciels ainsi que des informations sur les coûts et l'équipement requis pour opérer un tel système. Des informations sont également données sur la façon de rejoindre la compagnie pour obtenir des renseignements ou tout autre service.

L'exemple qui suit est tiré de la page de P-E International et représente un logiciel de simulation de logistique dans un aéroport: les avions qui arrivent, qui décollent, les bagages, le nombre de passagers, etc. Les gestionnaires de l'aéroport peuvent, grâce à un tel système, prévoir l'effet de changements ou de modifications à l'actuel plan de logistique et ainsi trouver le plan qui optimisera les ressources investies dans les différentes opérations d'un aéroport. Comme il est écrit dans cette page: «Le monde réel est un modèle de simulation où l'on ne peut pas revenir en arrière et réessayer!» Cette phrase démontre bien la mentalité et l'esprit d'initiative qui animent les concepteurs d'une telle page. La page qui vous est présentée ici n'est qu'un extrait de la vraie Homepage de P-E International puisqu'il y a une quantité importante d'options à découvrir lorsque l'on visite cette page[3].

---

3. Reproduit avec la permission de P-E. Consulting.
(http://www.peint.com/pehome)

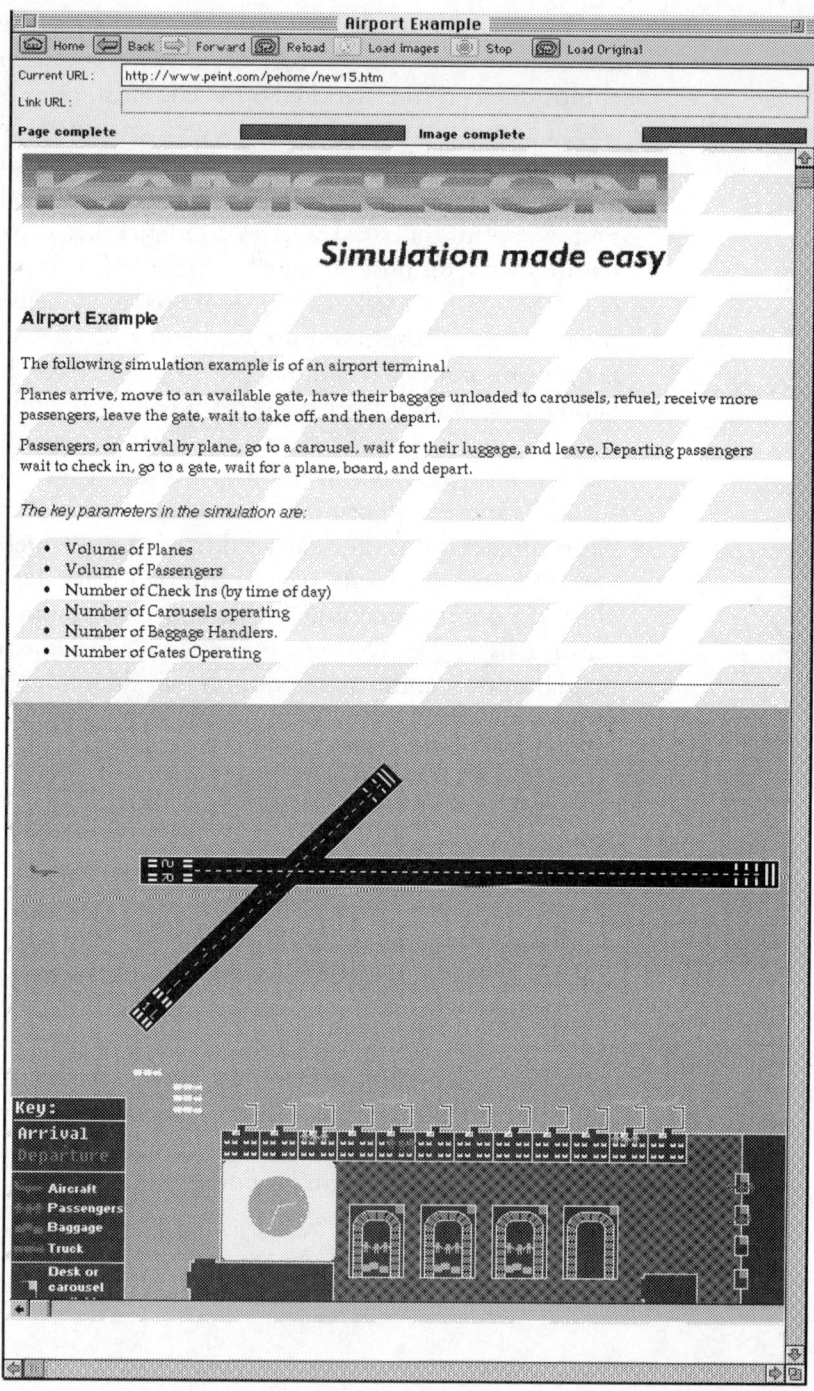

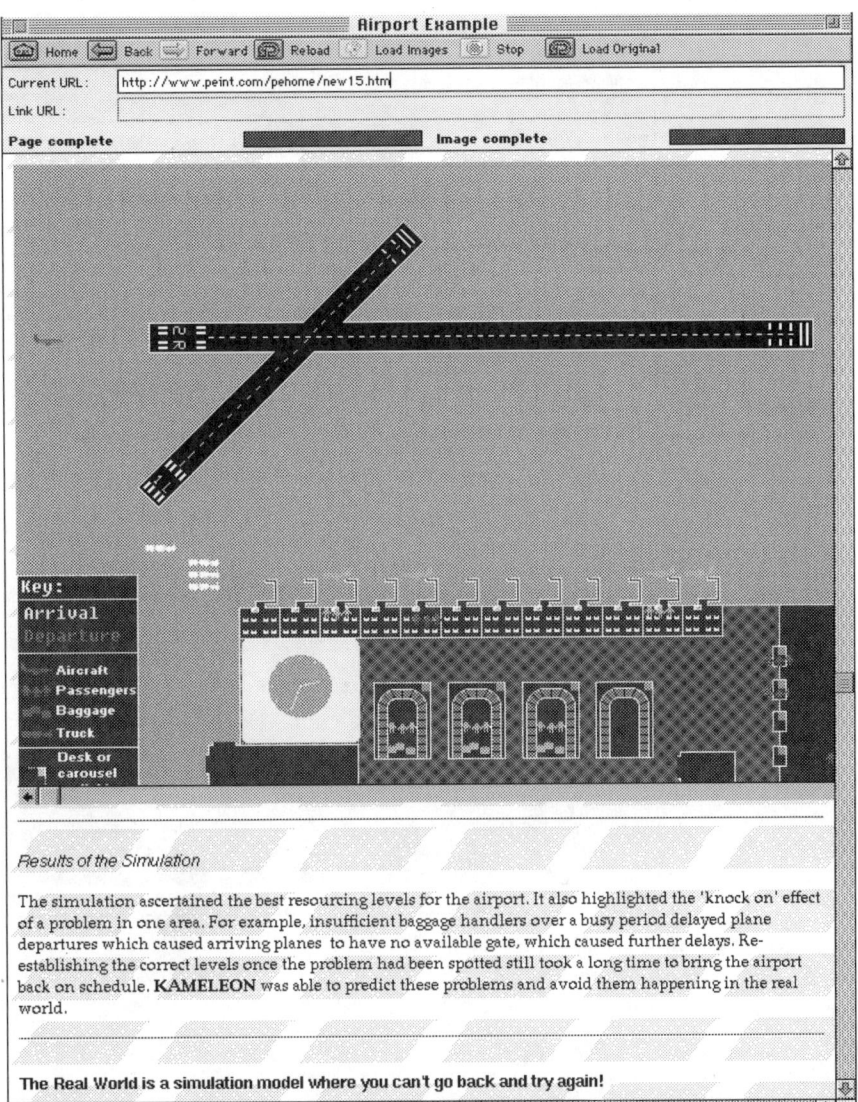

Results of the Simulation

The simulation ascertained the best resourcing levels for the airport. It also highlighted the 'knock on' effect of a problem in one area. For example, insufficient baggage handlers over a busy period delayed plane departures which caused arriving planes to have no available gate, which caused further delays. Re-establishing the correct levels once the problem had been spotted still took a long time to bring the airport back on schedule. **KAMELEON** was able to predict these problems and avoid them happening in the real world.

The Real World is a simulation model where you can't go back and try again!

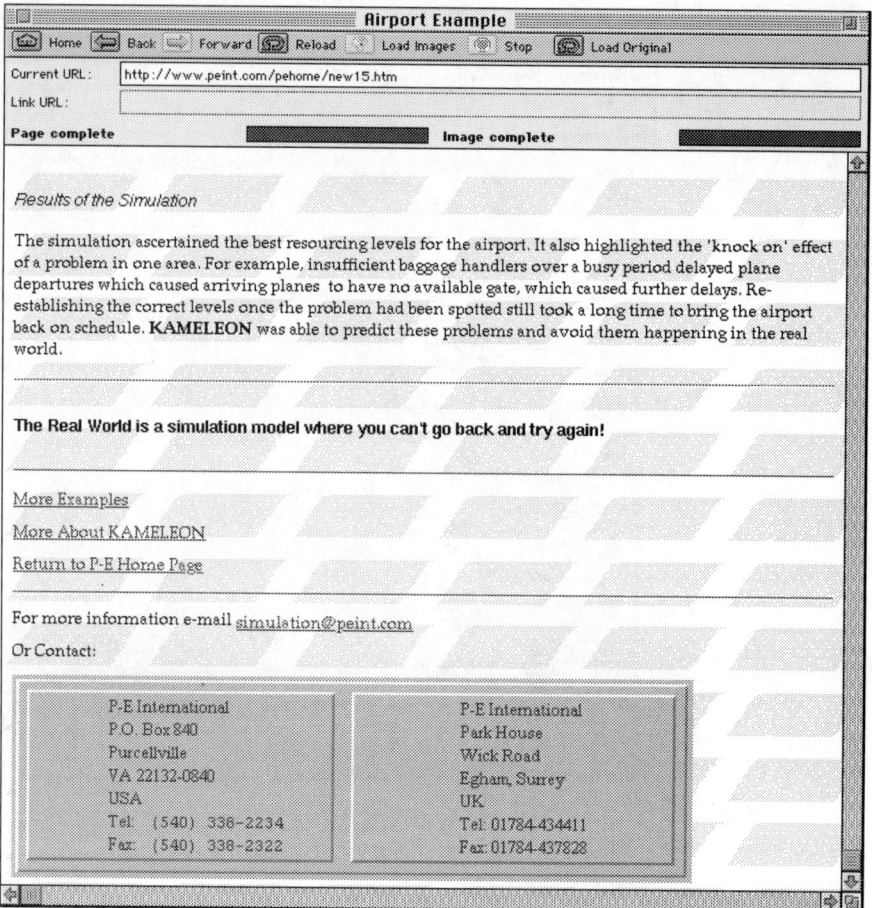

Motorola[4]

Il existe différents types de systèmes d'information avec des interfaces tout aussi différentes les unes des autres. Motorola a su en utiliser un de façon géniale. Ses dirigeants utilisent la réalité virtuelle à travers le système d'information, ce qui a pour conséquence concrète de leur faire économiser des millions de dollars. Motorola est une entreprise qui fabrique des puces d'ordinateur et d'autres pièces d'équipement électronique. Cette entreprise utilise la réalité virtuelle afin de créer un site de formation unique pour tous ses employés à travers le monde. Un tel projet d'envergure devrait coûter, selon leurs estimations, entre 30 000 et 100 000 $ à l'organisation. Ce monde virtuel permet à Motorola de dispenser sa formation à des coûts moindres puisque l'on évite des frais importants reliés au transport des effectifs. Ces économies sont évaluées à un montant 10 fois supérieur à l'investissement nécessaire à la réalisation du projet.

Ce système, qui a nécessité six semaines de travail de la part de l'équipe de programmeurs, inclut un système de convoyeur, trois cellules de travail robotisées, un système d'inspection visuelle ainsi qu'un système de marquage au laser qui permet de graver les numéros d'identification sur les produits manufacturés sur la chaîne de montage. Les employés en formation vivent, à travers ce système, les véritables événements, stress et sensations que leur procureraient les véritables activités de leur emploi. Des tests en milieu de travail ont été effectués chez Motorola afin de déterminer si le programme est efficace. On a constaté que les recrues entraînées grâce à la réalité virtuelle ont mieux réussi que les autres. On explique ces résultats par le fait que ces recrues sont formées de manière beaucoup plus réaliste, et ce, à des coûts moindres.

L'INFORMATION DANS LA PRISE DE DÉCISION

L'information est une denrée essentielle pour un gestionnaire. Les bonnes décisions doivent se baser sur de l'information pertinente. Une bonne décision dans un domaine aussi anodin que le choix d'un prix pour un nouvel article peut s'appuyer sur de nombreuses variantes comme le prix que demandent les concurrents, les caractéristiques du produit par rapport à la concurrence, les ventes par région des produits concurrents et

---

4. Tiré de Blanchard (1995), p.16.

ainsi de suite. Comme dans toute chose, il existe un juste milieu dans la quantité d'information idéale à traiter si l'on désire optimiser cette décision (voir figure 1.1).

Il existe une quantité maximale d'information pouvant être traitée par un individu, comme on peut le voir sur le sommet de la courbe. À partir de ce point, il y a surcharge d'information et l'individu, malgré une recherche plus étendue d'information, devient moins efficace. Le traitement de l'information ne se fait plus parce que le sujet est enseveli par l'information, ne sachant plus différencier l'utile de l'inutile. Il faut uniquement sélectionner l'information pertinente.

Ces limites se traduisent par le filtrage de l'information. L'individu ne retient qu'une partie de l'information qui lui est présentée. Ce filtrage dépend beaucoup de ses cadres de référence, de ses connaissances, de son expérience et de ses habitudes.

Il n'y a pas que la quantité d'information qui importe, la qualité et l'accessibilité de celle-ci sont également très importantes afin que le processus décisionnel soit de qualité. De l'information non pertinente peut confondre inutilement le gestionnaire. L'information doit être accessible afin d'en faciliter l'utilisation. Que ce soit dans un système informatisé ou ailleurs, elle doit donc être disposée de façon à être repérée facilement par l'utilisateur. Si elle n'est pas accessible, le processus de recherche devient pénible et la prise de décision difficile.

FIGURE 1.1 La quantité d'information et la qualité de la décision

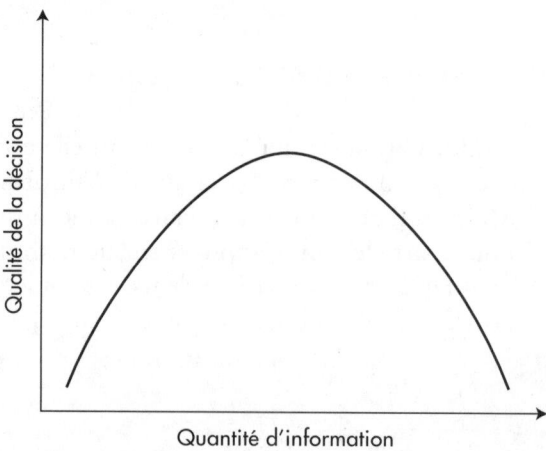

Un bon système d'information permet au dirigeant de gérer une quantité plus importante d'information sans atteindre le point de surcharge d'information. Le système synthétise l'information pour le dirigeant grâce à des bases de données et autres logiciels d'aide à la décision. De ce fait, l'essentiel lui parvient de façon à ne pas l'ensevelir sous l'information. Il existe différents types de systèmes d'information afin de répondre aux nombreux besoins, tous aussi différents les uns des autres, que peuvent avoir les gestionnaires selon leurs intérêts, leurs spécialités et leur niveau au sein de l'entreprise.

Le système n'est pas là pour remplacer le gestionnaire, il est là pour le soutenir et l'aider à prendre des décisions et à exécuter son travail. Le système se trouve à être un outil et un complément pour celui qui sait l'utiliser. Le système d'information filtre l'information pour le gestionnaire, ce qui a pour effet de réduire les erreurs reliées au processus de perception et d'augmenter la qualité des décisions, particulièrement celles prises sous tension. Le système permet un meilleur regroupement de l'information et diminue de façon importante le temps relié à la recherche d'information. Le système peut mettre en évidence des écarts inattendus ou des problèmes potentiels.

LES NIVEAUX DE GESTION ET L'INFORMATION

Il existe au sein d'une entreprise différents niveaux de décision qui sont directement reliés aux différents niveaux organisationnels de responsabilité et de décision des travailleurs et des gestionnaires. Ces trois niveaux sont, selon le cadre conceptuel d'Anthony, la planification des opérations ou la gestion opérationnelle, la planification tactique ou le contrôle de gestion et la planification stratégique (Anthony, 1965). Chacun des différents niveaux nécessite de l'information différente venant de sources tout aussi différentes afin de remplir ses fonctions (Gorry et Scott-Morton, 1971). Les différents types de décisions varient notamment en fonction de leur degré de structure (voir figure 1.2).

La gestion opérationnelle consiste à s'assurer d'utiliser de façon efficace et efficiente les différentes ressources qui sont allouées pour l'accomplissement des activités. Ces activités se situent principalement sur le plan des transactions de l'organisation et des autres activités élémentaires de l'entreprise. Ces activités exigent surtout des considérations à court terme de la part du gestionnaire. À ce niveau, les décisions qui sont généralement prises sont de type très structuré. Ces décisions peuvent être relatives aux comptes clients ou au traitement des commandes. Un système de

FIGURE 1.2   Les niveaux de gestion et l'information

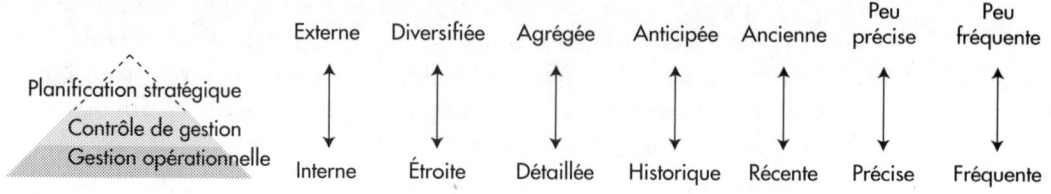

Source : Adaptée de Gorry et Scott-Morton (1971).

niveau opérationnel vient soutenir le gestionnaire en contrôlant les activités élémentaires et les transactions de l'organisation comme les achats, l'inventaire et les mouvements de fonds. Un tel système gère les opérations plus routinières et dirige les données à travers l'entreprise.

Les décisions prises au niveau du contrôle de gestion sont plutôt de type semi-structuré. Ces décisions se situent sur le plan de l'acquisition de ressources, de la détermination de nouveaux sites de production et de nouveaux produits. L'analyse des écarts à ce niveau permet de contrôler les budgets qui ont été fixés et d'en établir de nouveaux. Le système de gestion facilite la prise de décision, le contrôle ainsi que les activités administratives des gestionnaires. Un système de gestion produit des rapports périodiques permettant d'évaluer les activités et de contrôler leur efficacité. Par exemple, on peut vérifier le nombre d'heures de main-d'œuvre par rapport à la production qui a été faite. Ensuite, on compare ces chiffres avec ceux des années passées pour savoir si l'entreprise est plus productive. Si ce n'est pas le cas, des mesures pourront être prises pour remédier à la situation.

Sur le plan de la planification stratégique, les dirigeants d'entreprise définissent la mission ainsi que les différents buts, politiques et pratiques de l'organisation. Ils y déterminent les différents objectifs organisationnels. Ces gestionnaires ont des considérations à long terme étant donné les répercussions importantes de chacune de leurs décisions dans un avenir relativement éloigné. Le système de niveau stratégique aide les dirigeants d'entreprise lors de décisions stratégiques et vient soutenir la planification à long terme. De cette façon, les changements apportés dans l'organisation sont adaptés aux changements dans l'environnement. L'information nécessaire aux dirigeants de ce niveau est plutôt de source externe et est fortement diversifiée.

LE SYSTÈME UTILISATEUR-MACHINE

Les systèmes d'information prennent des formes de plus en plus diversifiées. Ils impliquent généralement des interactions humain-machine. Ces systèmes devront soutenir l'humain dans l'accomplissement de ses tâches et s'ajuster aux caractéristiques de l'individu. Ils devraient également combler les lacunes de l'humain comme processeur d'information.

Certaines tâches sont mieux accomplies par l'être humain alors que d'autres, il faut bien le reconnaître, sont mieux exécutées par l'informatique ou la robotique. L'être humain possède l'intelligence et le jugement. Il peut également se fier à son instinct pour prendre une décision et il est également capable de compromis. L'ordinateur ne possède pas ces qualités. Cependant, ce dernier est rapide, précis et constant. Il ne commet pas d'erreur et on sait qu'il ne dérogera à la ligne directrice qui lui est imposée.

L'attribution des tâches au sein d'une entreprise se fait donc en fonction de ces caractéristiques. On laisse à l'ordinateur les tâches répétitives et prévisibles. Si on veut faire l'analogie avec la robotique, on peut parler des tâches 3D, pour *Dull, Dirty et Dangerous*, ce qui résume assez bien les tâches effectuées par les robots. Dans le travail intellectuel, on tente de laisser aux travailleurs les tâches plus stimulantes. Les gestionnaires préfèrent les tâches actives, spécifiques, concrètes et non routinières (Mintzberg, 1973). Les activités qu'ils exécutent sont généralement de courte durée et sont souvent reliées à la communication verbale. Il est donc indispensable que les caractéristiques des systèmes d'information correspondent aux gestionnaires. L'accès à l'information doit répondre à un besoin d'information simple, synthétisé, accessible. Le système prend en charge les tâches routinières, longues et répétitives.

On constate donc que les systèmes d'information sont plus faciles et moins risqués à implanter sur le plan opérationnel de l'organisation (très structuré) que sur le plan stratégique (beaucoup moins structuré).

L'IMPACT DE L'INFORMATIQUE ET DES SYSTÈMES D'INFORMATION

L'impact qu'ont l'informatique et les systèmes d'information se fait sentir à travers toute notre société, tant sur le plan individuel qu'organisationnel. On trouve une interdépendance de plus en plus importante entre les stratégies d'entreprise et les différents systèmes d'information et de télécommunication. Les dirigeants reconnaissent de plus en plus l'importance de tels systèmes pour maintenir la compétitivité de l'entreprise. Il est cependant important de réaliser que de tels changements entraînent d'importantes modifications dans la vie de chacun.

La technologie informatique crée souvent de l'inquiétude chez l'individu qui a à travailler avec celle-ci. D'un côté, l'informatique réduit la quantité de travail monotone tout en permettant d'enrichir la tâche de l'individu. D'un autre côté, certains employés craignent que l'informatique vienne réduire le volume de l'emploi tout en augmentant les qualifications exigées pour celui-ci. Le rôle des technologies de l'information dans les projets de réingénierie alimente notamment ces craintes. Dans ces projets utilisant fortement les technologies de l'information, on observe souvent des réductions draconiennes (jusqu'à 50 %) de personnel.

Des changements organisationnels se font aussi sentir sur le plan du degré de centralisation des pouvoirs et de la communication entre les différents postes de l'entreprise (communication du haut vers le bas et du bas vers le haut). Certains faits sont incontestables en ce qui a trait aux notions d'espace et de temps. Le slogan d'IBM le résume très bien : « Des solutions pour une petite planète ». Le courrier électronique permet d'échanger de l'information très rapidement et même d'en recevoir sans être obligé d'être sur place. La téléconférence permet d'épargner temps de déplacement, coûts et énergie puisqu'elle permet à deux ou plusieurs personnes de se rencontrer tout en étant dans des lieux géographiques différents. Les distances, grâce aux satellites, peuvent être considérables, ce qui évite de longs trajets aux conférenciers.

L'informatique permet également, grâce aux bureaux portables ou au télétravail, de travailler à l'extérieur du bureau, ce qui évite encore bien des déplacements et qui permet de réduire l'espace et les frais reliés à la location de bâtiments et aux déplacements des employés. Ces nombreux avantages sont indiscutables, mais il existe cependant quelques désavantages qui s'y rattachent. Le travail à la maison réduit de façon importante l'interaction entre les partenaires de travail. Il faut en effet prendre les mesures nécessaires pour réduire les inconvénients liés à l'isolement. Travailler à la maison peut également effacer les frontières entre le travail et la vie familiale. Il est important de bien gérer certains aspects du télétravail afin de réduire au minimum ces inconvénients.

L'impact de l'informatique sur la société se fait également fortement ressentir. Les emplois dans les secteurs de l'information et les autres secteurs tertiaires sont de plus en plus nombreux et le nombre d'emplois du secteur primaire est en baisse, ce qui déplace le type de qualifications demandé vers des connaissances plus techniques. De plus, les emplois se déplacent aussi géographiquement. Il est souvent possible de faire faire du travail à distance, dans d'autres pays, afin de profiter des avantages comparatifs des différents pays.

Ces différents aspects des technologies de l'information font partie des préoccupations des membres actuels des organisations. La survie même des organisations dans une structure industrielle en pleine mutation est en jeu.

BIBLIOGRAPHIE

ANTHONY, 1965, *Planning and Control Systems: A Framework for Analysis*, Cambridge, Mass., Harvard University Press.

BARCELO, V., 1994, «Autoroute électronique: Bell Atlantique et Oracle donnent un coup d'accélérateur», *Les Affaires* (19 février), p. 33.

BLANCHARD, D., 1995, «VR Helps Motorola Save Millions», *ORMS Today* (août), p. 16.

CHECKLAND, P., 1981, *Systems Thinking, Systems Practice*, Chichester, John Wiley & Sons, 330 p.

CROS, R.C., 1984, «Informatique, formalisation et communication», *Encyclopedia Universalis*, Bersani, J. Éditeur, p. 1147-1151.

DAVIS, G.B., OLSON, M.H., AJENSTAT, J., PEAUCELLE, J.-L., 1986, *Systèmes d'information pour le management*, Boucherville, G. Vermette.

DIEBOLD, J., 1994, «The Next Revolution», *The Futurist*, vol. 28, n° 3 (mai-juin), p. 34-37.

DUHAIME, C.P., Gurprit, S.K., Laroche, M., Muller, T.H., 1991, *Le comportement du consommateur au Canada*, Boucherville, Gaëtan Morin Éditeur, p. 105-142.

GORRY, A., SCOTT-MORTON, M., 1971, «A Framework for Management Information Systems», *Sloan Management Review* (automne), p. 55-70.

INIS, H.A., 1947, «L'oiseau de Minerve», traduit de «Minerva's Owl», *Délibérations de la Société royale du Canada*, vol. XLI, 3ᵉ série, p. 3-108.

LAUDON, K., LAUDON, J., 1993, *Management Information Systems, Organization and Technology*, 3ᵉ édition, Macmillan.

MINTZBERG, H., 1979, The stucturing of organisations, Englewood cliffs, N.J., Prentice Hall.

CHAPITRE 2 | # Les systèmes d'information fonctionnels

avec la collaboration de François Ringuette

La plupart des organisations sont structurées par fonctions, chacune regroupant certaines activités. Même dans les plus petites entreprises quand ces fonctions ne sont pas «officialisées», elles sont quand même effectuées.

L'utilisation de systèmes d'information de gestion a pour but de soutenir chacune des fonctions de l'entreprise: marketing, fabrication, gestion des ressources humaines, gestion des opérations et de la production, comptabilité et finance. Le terme *système d'information fonctionnel* est utilisé pour décrire les divers types de systèmes d'information, comme les systèmes comptables, par exemple, qui viennent appuyer les différentes fonctions de l'organisation.

Il n'existe plus de fonction dans l'organisation qui ne soit pas touchée par les technologies de l'information. Celles-ci sont présentes à tous les niveaux de l'entreprise. Parfois, ces technologies ne font qu'automatiser des tâches répétitives, augmentant la vitesse de traitement. Dans d'autres cas, les technologies modifient la manière même de faire les choses. Elles permettent de redéfinir de nouvelles méthodes de travail, ce qui engendre le maximum de gains.

BENETTON[1]

Le fabricant de vêtement italien qu'est Benetton a habilement compris ce que pouvait apporter l'informatique à son entreprise aujourd'hui reconnue mondialement. Benetton a toujours été de type avant-gardiste, que ce soit dans sa publicité parfois choquante mais efficace ou dans ses processus d'affaires. Cette entreprise met en effet à profit les nombreux avantages concurrentiels qu'offrent les systèmes d'information fonctionnels grâce entre autres à l'EDI (échange de données informatisées). L'EDI accélère les très nombreuses transactions qu'ont à traiter les différents membres de l'entreprise. Pour cela, Benetton fait affaire avec General Electric en utilisant le réseau à valeur ajoutée, un service offert par les Services informationnels de General Electric. Ce réseau rejoint 110 pays et représente 33 % du marché mondial de 300 millions de dollars qu'est l'EDI. L'utilisation que fait Benetton du réseau à valeur ajoutée de General Electric va bien plus loin que l'EDI au sens strict du terme.

Depuis 1985, Benetton utilise le réseau à valeur ajoutée afin de gérer ses commandes, ses comptes clients, ses transports de marchandises et son courrier électronique. Les données sont transmises soit par satellite ou par câble aux quatre coins du globe grâce à trois ordinateurs centraux; un à Amsterdam et deux à New York. Il est important pour eux de bien planifier leurs besoins afin de rejoindre tous leurs bureaux et leurs points de vente, et ce, au moindre coût. Le réseau à valeur ajoutée offert par les Services informationnels de General Electric répond à ces besoins. Benetton possède actuellement plus de 6500 points de ventes répartis dans plus de 100 pays et ses revenus sont passés de 570 millions de dollars en 1984 à 1,84 milliards en 1993. Cette croissance impressionnante nécessite cependant un système d'information tout aussi impressionnant. Le système Mark III vient aider Benetton en lui permettant de recevoir à tous les jours les commandes des agences Benetton du monde entier. Les données relatives aux transports sont également transmises par EDI, ce qui a pour effet de réduire considérablement les délais de livraison. Benetton effectue sur le réseau près de huit millions de transactions. La vision des choses de Benetton est fort simple. Selon Henry, responsable de la gestion des 300 boutiques Benetton en France, si une boutique n'est pas connectée, elle n'obtient pas toute l'information dont elle a besoin. L'ensemble des fonctions de l'entreprise repose sur le système d'information.

---

1. Traduit et adapté de Johnston (1994), p. 93. Reproduit avec la permission de *Software Magazine*, janvier 1994. Copyright 1996, Sentry Technoloy Group Inc. Westborough, MA.

Conscient des avantages concurrentiels importants qu'apporte l'utilisation de l'informatique, Benetton songe déjà à améliorer le système afin que celui-ci réponde davantage à leurs besoins, accentuant ainsi ses avantages sur ses concurrents. On n'arrête pas le progrès...

LES PRINCIPALES FONCTIONS DE GESTION D'UNE ENTREPRISE

La plupart des organisations sont structurées par fonctions, chacune regroupant certaines activités. Même dans les plus petites entreprises, quand ces fonctions ne sont pas «officialisées», il reste que ces activités sont effectuées. Ces différents groupes d'activités sont brièvement présentés dans les pages suivantes. Le rôle des technologies de l'information dans la fonction est ensuite discuté.

LE BUT DES SYSTÈMES DE GESTION DANS UNE ORGANISATION

L'utilisation de systèmes d'information de gestion a pour but de soutenir chacune des fonctions de l'entreprise: marketing, fabrication, gestion des ressources humaines, gestion des opérations et de la production, comptabilité et finance. Le terme *système d'information fonctionnel* est utilisé pour décrire les divers types de systèmes d'information, comme les systèmes d'aide à la décision par exemple, qui viennent appuyer les différentes fonctions de l'organisation (voir figure 2.1).

Bien souvent ces systèmes ne sont pas isolés. Au contraire, on cherche généralement à les relier le plus efficacement possible. L'information doit circuler dans l'organisation. Les prévisions des ventes faites par le marketing doivent être accessibles aux gens de la production afin qu'ils puissent planifier leur travail. De même, ces prévisions, accompagnées des horaires de production, doivent être disponibles pour les gens de finance qui ajustent leurs prévisions financières en conséquence. Bien souvent, les différents systèmes fonctionnels sont simplement différentes fonctions d'un même système. Ils peuvent également être des systèmes réellement différents mais partageant des données communes.

Il n'existe plus de fonction dans l'organisation qui ne soit pas touchée par les technologies de l'information. Celles-ci sont présentes à tous les niveaux de l'entreprise. Parfois, ces technologies ne font qu'automatiser des tâches répétitives, augmentant la vitesse de traitement. Dans d'autres cas, les technologies modifient la manière même de faire les choses. Elles permettent de redéfinir de nouvelles méthodes de travail. C'est dans ces situations qu'elles permettent le maximum de gains.

FIGURE 2.1 Les systèmes d'information fonctionnels

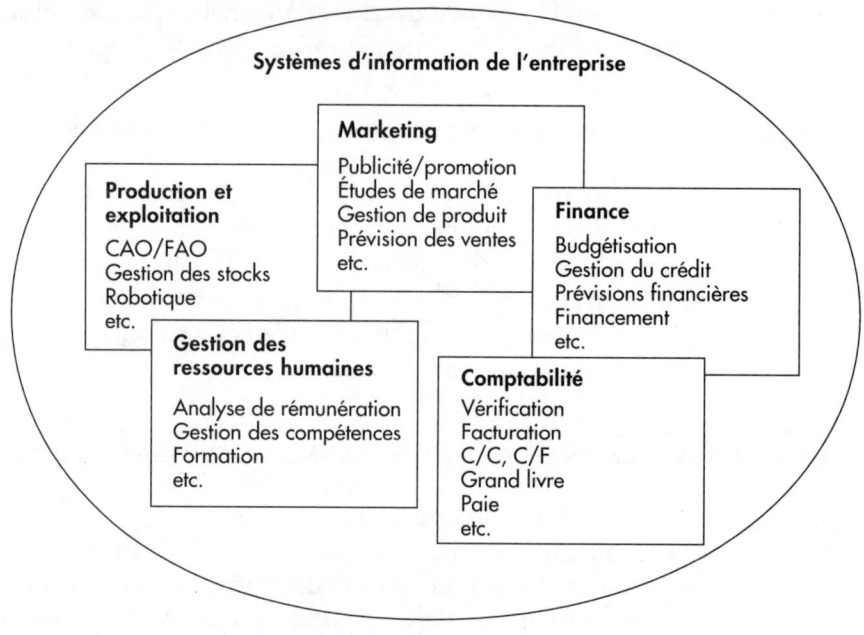

Source : Adaptée de O'Brien (1993), p. 418. Reproduit avec permission.

Ces différents systèmes fonctionnels sont décrits par O'Brien (1993) et, de manière exhaustive, par McLeod (1990). C'est principalement sur ces deux ouvrages que repose la description qui suit. Pour plus de clarté, ces systèmes sont présentés par fonctions. Il faut néanmoins conserver en mémoire qu'ils forment ce que l'on appelle le système d'information de l'organisation.

LE MARKETING

L'American Marketing Association, la principale association professionnelle de marketing, définit le marketing comme étant « le processus de planification et mise en œuvre de la conception, du prix, de la promotion et de la distribution d'idées, de biens et services, permettant de créer des échanges en cohérence avec des objectifs individuels et organisationnels »[2]. Le marketing est lié à toutes les autres fonctions de l'entreprise qui

---

2. *Marketing News* (1985). Toutes les citations sont des traductions libres de l'auteur.

forme d'ailleurs une entité, un tout. Par exemple, le marketing sert de guide à la production puisqu'une entreprise ne peut produire sans savoir si une demande existe pour son produit. Il ne faut pas confondre vente et marketing. La vente a lieu après que le bien a été produit tandis que le marketing commence bien avant la production. Le succès d'une entreprise dépend de sa capacité à satisfaire ses clients et, pour s'assurer de le faire, l'organisation doit constamment étudier l'environnement et s'y ajuster.

Évidemment, afin d'effectuer de bonnes études de marché, des prévisions de ventes faciles à justifier par la suite et des choix de médias éclairés pour diffuser les différentes publicités, il est nécessaire pour le gestionnaire d'obtenir l'information requise, et ce dans les délais les plus brefs. Ensuite, il peut prendre la meilleure décision compte tenu du temps et des ressources disponibles. Les coûts reliés aux opérations marketing sont tellement importants qu'il est indispensable d'optimiser les dépenses afin d'augmenter les chances de réussite de l'entreprise.

LE SYSTÈME D'INFORMATION DE MARKETING

Les entreprises voient de plus en plus l'informatique comme un moyen répondant très bien à leurs besoins en information, permettant de rendre plus efficaces les différentes activités du marketing. Le marketing ne fait que traiter de l'information, les technologies relatives à ce domaine sont donc très utiles pour ses opérations. Ces systèmes fournissent l'information nécessaire pour la direction des ventes, l'automatisation de la force de vente, la gestion des produits, la publicité et la promotion, les prévisions de ventes, les études de marché et la gestion du marketing.

La direction des ventes, pour le gestionnaire, consiste à planifier, surveiller, contrôler et soutenir le rendement des vendeurs à l'aide de différents relevés analytiques des ventes produits par les systèmes d'information. Ces rapports (écrits ou simplement accessibles sur le système) regroupent les informations nécessaires sous forme de ventes par produits, par clients ou par vendeurs. Ces rapports facilitent et accélèrent grandement la surveillance de l'évolution de la vente de chacun des produits et de la performance de chacun des vendeurs. Les systèmes pour dirigeants permettent un accès facile à ce type d'information. Les mesures à prendre pour rétablir ou améliorer une situation seront donc plus faciles à déterminer pour le gestionnaire qui possède ainsi un bon aperçu de la situation.

Les systèmes informatiques permettent avec succès l'automatisation de la force de vente. La plupart du temps, il s'agit donc de munir la force de vente de petits ordinateurs portatifs ou de tablettes électroniques fonctionnant avec un stylo optique. Cette informatisation permet d'accroître la productivité des vendeurs et d'accélérer de façon importante la saisie des données. Le vendeur n'a qu'à entrer ses ventes et ses commandes sur son ordinateur au cours de la journée lorsqu'il rencontre ses clients et à envoyer ces données en se reliant par modem à l'ordinateur central. Le vendeur donne ainsi aux gestionnaires en place un aperçu de l'itinéraire effectué et des résultats obtenus. Par modem, le vendeur peut également obtenir des renseignements sur les prix, les caractéristiques ou les disponibilités d'un produit, ce qui vient soutenir ses efforts de façon fort efficace. La croissance des systèmes de communication cellulaire permet maintenant un accès facile aux systèmes d'entreprise pour les vendeurs sur la route. Le fait d'automatiser sa force de vente adéquatement peut ainsi représenter un avantage important face à ses concurrents.

La compagnie Fingerhut, distributrice de produits électroniques et de produits pour la maison, utilise la technologie pour la vente directe de ses produits. Que ce soit par la télévision, les CD-ROM ou par un réseau interactif, cette compagnie profite de toutes les opportunités pour rejoindre ses clients. Elle a réussi à accroître ses revenus de plus de 15% par année depuis les 15 dernières années. De plus, 80% de ses acheteurs sont des clients qui reviennent à la compagnie. Ses clients sont donc très fidèles. Fingerhut utilise une base de données sophistiquée pour connaître les préférences des consommateurs (Neal, 1994).

Les personnes responsables de la gestion des produits ont besoin d'informations très précises et mises à jour régulièrement sur les prix, les revenus apportés par certains produits ou lignes de produits, la croissance des ventes de produits actuels ainsi que des prévisions sur les produits actuellement en développement. Ces informations et l'analyse qui en découle sont très importantes pour fixer une politique de prix pour les différents produits et pour évaluer la rentabilité de ceux-ci. Il est également nécessaire d'avoir accès à cette information afin d'évaluer les ressources nécessaires au développement d'un produit et ses chances de réussite sur le marché.

Les responsables de la publicité et de la promotion au sein d'une entreprise, qui ont pour tâche de sélectionner les méthodes promotionnelles et les médias les mieux adaptés à leurs besoins, ont eux aussi un grand besoin d'information s'ils veulent réussir à atteindre les objectifs de ventes qui ont été fixés tout en maintenant les frais de publicité et de promotion au plus bas niveau possible. Cette information, qui doit être d'accès simple et rapide, porte entre autres sur les marchés cibles visés par le produit qui doit être le sujet de la campagne publicitaire, sur les caractéristiques des différents médias, comme les tarifs de diffusion des publicités ou le public cible atteint par exemple, et sur les résultats obtenus lors d'expériences antérieures.

Les technologies permettent facilement la sélection des clients potentiellement intéressés par des produits donnés. Par exemple, la firme Family Assurance (R.-U.) utilise une base de données pour avoir une connaissance détaillée de ses clients et de son marché. Elle peut ainsi faire du marketing direct en ajustant produits et clients potentiels de manière beaucoup plus efficace qu'à l'aide de campagnes de promotion générales (Moss, 1994).

L'informatique aidera les gestionnaires, grâce aux données d'études de marché et aux modèles de promotion, à choisir les médias et les méthodes de promotion qui satisferont le mieux les besoins de l'entreprise et qui les aideront à atteindre leurs objectifs. L'attribution des ressources financières s'en trouve simplifiée et il est également plus facile pour les gestionnaires de vérifier les résultats obtenus lors de la campagne grâce aux données fournies par le système d'information de marketing informatisé.

La compagnie de vêtement bien connue Levi Strauss & Co. utilise un système d'information géographique afin d'orienter ses choix en matière de publicité. Elle utilise ce système pour classifier plus d'un million de produits annuellement en relation avec le lieu d'expédition et plusieurs autres données de recherche marketing. Grâce aux données tirées du système d'information géographique, les analystes sont capables de prédire plus précisément la taille des marchés potentiels ainsi que leurs volumes de ventes. Un tel système permet donc d'évaluer, par exemple, où se situent les meilleurs marchés pour diffuser des publicités radiophoniques de jeans 501 de Levi's. Le système d'information géographique offrira ses recommandations afin que l'argent investi dans un tel projet soit dépensé le mieux possible. La compagnie Levi Strauss & Co. est en train de réaliser qu'un système d'information géographique peut être utile dans bien d'autres domaines, dans le transport par exemple (Michelsen et Michael, 1994).

Les directeurs de marketing se doivent de faire des prévisions de ventes afin de permettre à l'entreprise de planifier ses activités dans les autres domaines et d'avoir une bonne idée de ce que réserve l'avenir. On peut classer les activités de prévisions de ventes en deux groupes: les prévisions à court terme et les prévisions à long terme. Les prévisions à court terme sont étalées sur moins d'un an tandis que les prévisions à long terme le sont pour plus d'un an. Les données d'études de marché, les données historiques sur les ventes et sur les projets de promotion aident beaucoup les gestionnaires en marketing à faire ces prévisions. Lorsque l'organisation possède un système d'information de marketing informatisé, les données dont les directeurs ont besoin sont beaucoup plus accessibles, et ce plus rapidement. Les délais de recherche d'information étant réduits, une quantité plus importante de données peut être traitée par le gestionnaire, à l'aide de l'ordinateur, afin d'offrir des prévisions plus réalistes appuyées sur de l'information bien fondée.

Une autre application des systèmes d'information géographique est illustrée par Muller et Inman (1994). Une application a été développée afin de positionner, sur une carte détaillée, l'ensemble des restaurants. Ceux-ci sont différenciés par spécialités et par gamme de prix. De plus, le système indique les concentrations de population résidente et de travailleurs. On peut ainsi vérifier les chances de succès des nouveaux établissements en évaluant s'ils se retrouvent dans des secteurs hautement concurrentiels ou non, s'ils sont positionnés dans des secteurs correspondant à leur clientèle visée, etc. Ce logiciel donne une vue d'ensemble de l'industrie de la restauration qui n'existait pas auparavant.

Un système d'information d'études de marché permet aux directeurs du marketing de rendre de meilleures décisions puisqu'un tel système fournit une quantité importante d'information sur les clients actuels (comme leur âge, leur revenu, leur lieu de résidence ou leur niveau de scolarité) et sur les consommateurs qui pourraient être visés par la mise en marché éventuellement. L'ordinateur aide l'analyste de marché à recueillir, analyser et mettre à jour beaucoup de données, non seulement sur les consommateurs en général, mais également sur les perspectives de marché, sur les désirs et les besoins des consommateurs, sur les concurrents de l'entreprise. Recueillir et trier ces données peut être assez simple grâce à l'informatique. L'ordinateur peut contribuer à la collecte de données par un technicien. Prenons l'exemple d'un grand magasin où l'on demande aux clients qui passent à la caisse leurs codes postaux. On entre l'information en même temps que l'on produit la facture et on peut par la suite procéder à l'analyse géographique du marché. Des progiciels d'analyse statistique existent afin d'aider les directeurs à analyser ces données et à déceler les tendances économiques, les tendances démographiques et les tendances du marché. Il s'agit là d'un avantage important pour le directeur qui sait en tirer parti.

Les systèmes d'information de gestion du marketing permettent de mettre au point des plans et des stratégies qui répondent aux objectifs fixés par l'organisation en tenant compte des études de marché et des données sur les activités de vente. Pour faciliter l'analyse et le contrôle du marketing au sein d'une entreprise, on utilise des modèles informatisés d'aide à la décision ainsi que des systèmes experts qui examinent les résultats des différents plans de marketing. Étant donné que les données envoyées par les vendeurs grâce à l'informatique arrivent plus rapidement, les dirigeants doivent réagir plus rapidement aux changements du marché en concevant plus rapidement les stratégies qui s'imposent. Ce travail est grandement facilité par les systèmes d'information de marketing.

LA FABRICATION

Les systèmes d'information de fabrication soutiennent la production et l'exploitation au sein d'une entreprise, autant dans les activités de planification que de contrôle lors de la production de biens et de services. Afin de conserver le niveau des coûts à son minimum, il est important de bien prévoir les besoins de la chaîne de production pour évaluer avec précision la quantité de stocks qui optimisera l'investissement en stock. Il faut donc prévoir et envisager un moyen de concilier les achats avec l'utilisation que l'on fait des stocks afin de conserver ce niveau optimal de stocks. Aux États-Unis en 1984, les stocks tenus excédaient les 500 milliards de dollars en valeur. Si seulement la partie de ces stocks entreposée en trop avait pu être investie avec un retour sur l'investissement de seulement 10%, il y aurait là une source de revenu importante à exploiter, d'où l'importance de gérer ses stocks efficacement. Il est également important de coordonner le plus possible la fabrication du produit avec sa demande sur le marché afin de réduire au minimum les coûts d'entreposage. Il est donc essentiel pour le gestionnaire d'avoir l'information nécessaire à portée de la main afin de favoriser une prise de décision rapide, basée sur une recherche d'information efficace, ce qui ne peut qu'améliorer la qualité et l'efficience de la décision.

La gestion des opérations et de la production

La gestion des opérations et de la production consiste à s'assurer que la réalisation des différents produits sera effectuée aux niveaux de qualité exigés, et ce, en quantité désirée. Les gestionnaires veillent également à ce que les délais de fabrication et de distribution demandés soient respectés et doivent s'assurer que les commandes sont bien livrées au lieu voulu, et ce, au coût le plus bas possible.

Les philosophies quant à la gestion des stocks ont grandement évolué depuis les dernières années, amenant jusqu'à nous des méthodes nouvelles de gestion comme le juste-à-temps qui consiste à garder le strict minimum de stock et de commander au jour le jour selon ses besoins presque immédiats. Les stocks représentent un investissement nécessaire qui entre en concurrence avec d'autres investissements valables. Il est donc important de bien gérer ces stocks afin de réduire les dépenses inutiles qui pourraient entamer les bénéfices de l'entreprise. Pour ce faire, il est nécessaire de bien connaître ce que l'on tient en stock, les demandes quotidiennes pour la vente ou pour des pièces nécessaires à une chaîne de montage. L'accès facile à l'information et à différentes données mises à jour quotidiennement permet au gestionnaire de bien prévoir les événements à venir et, par le fait même, de prendre des décisions plus éclairées tout en réduisant les risques d'erreurs et les coûts supplémentaires. Par exemple, Avon utilise les codes barres pour tout l'acheminement de ses produits et l'appariement avec les commandes (Knill, 1992).

LES SYSTÈMES D'INFORMATION DE FABRICATION

Nous utilisons l'expression *système d'information de fabrication* pour décrire les sous-systèmes qui permettent de gérer l'information reliée aux opérations du processus de fabrication. Cette information est utilisée par les gestionnaires chargés de la création et des opérations reliées au processus physique de fabrication. Toute entreprise qui doit planifier, superviser, contrôler les achats et les flux de stock a besoin de tels systèmes. Il existe des systèmes (par exemple le logiciel Scala) qui offrent un soutien complet pour le contrôle de la qualité en vue d'une certification ISO 9000 (Westlake, 1993).

Il existe plusieurs systèmes informatisés qui permettent d'aider les gestionnaires dans les différentes étapes du processus de fabrication. Dans le secteur du textile, dont nous discuterons ici pour illustrer l'utilité d'un système d'information de fabrication, toute la fonction de fabrication est informatisée. On peut concevoir, voir et même modifier les patrons à l'écran grâce aux systèmes de conception assistée par ordinateur qui servent à créer les plans des produits. Ces systèmes permettent également une certaine flexibilité par la suite. L'utilisation d'un tel système a pour avantage de permettre aux dessinateurs (ou aux ingénieurs dans un autre domaine comme celui de l'automobile) de concevoir de meilleurs produits et de raffiner leurs croquis par la même occasion. Ces croquis peuvent par la suite être analysés et compris par le supérieur qui doit entériner la fabrication de ce produit.

Une fois que le vêtement répond à toutes les attentes du chef de projet, il suffit d'envoyer les données du patron vers la machine à coupe, qui est reliée au système de fabrication assistée par ordinateur. Ce système sert dans la fabrication de produits en surveillant et en contrôlant le processus de production de l'usine. L'ordinateur peut être relié à la machine à couper ou être relié à un robot ayant des fonctions presque humaines. Un tel système permet à l'entreprise d'avoir une meilleure réceptivité aux besoins des clients puisque des changements peuvent être apportés plus facilement au processus de fabrication.

L'utilisation de tels systèmes vise à simplifier les processus de production grâce à l'automatisation de ses composantes et des fonctions de l'organisation qui la soutiennent. Elle vise également à intégrer tous les processus de production afin de réduire les pertes, les délais inutiles et les ressources mal utilisées. Dans notre usine de textile, la machine organise sa coupe de tissu de façon à perdre le moins de tissu possible tout en tentant d'agencer les motifs des tissus, comme les lignes ou les carreaux. L'assemblage et l'empaquetage peuvent être effectués par des robots qui, contrôlés par ordinateur, coudront les pièces afin d'en faire des vêtements.

L'utilisation d'un système d'information de fabrication mène à une efficience accrue qui est entraînée par la simplification du travail, à l'automatisation et à une meilleure planification des étapes de production. Le système amène également une utilisation accrue des capacités de production et un meilleur contrôle grâce à une surveillance accrue. L'amélioration de la gestion des stocks permet de réduire l'investissement dans les stocks en favorisant la politique du juste-à-temps.

Chez Tenite Plastics Manufacturing (division de Eastman Chemical), on utilise une base de données pour avoir accès à toutes les spécifications des billes de plastique que la firme vend. On peut ainsi vérifier les tests qui ont été effectués sur chaque produit, comparer les produits et offrir cette information au client. Cela permet également de modifier très rapidement les cycles de production et de respecter les standards ISO 9000 (Kim, 1994).

Cannondale Corp, un fabricant de bicyclettes, utilise également un système sophistiqué pour contrôler sa production. On peut varier les spécifications et les grandeurs d'un modèle d'une simple touche de clavier. Le système modifie automatiquement les angles de coupe des pièces et effectue les ajustements entre elles. On peut ainsi produire un nouveau modèle en quelques heures. C'est une amélioration radicale des standards de l'industrie. Cela permet à Cannondale de modifier régulièrement ses produits, d'offrir une gamme plus étendue et d'être plus innovateur. En effet, on peut produire des modèles différents en petites quantités afin de tester le marché. C'est un mode bien différent du mode traditionnel où la durée de vie d'un produit était de trois ans (Burrows, 1994).

Il existe de nombreux autres systèmes d'information de fabrication qui permettent d'optimiser les ressources mises à la disposition du service de production. Un système de logistique et d'entreposage permet de veiller à ce que la chaîne de montage ne manque de rien en coordonnant l'achat et la distribution des matériaux et en contrôlant les stocks. Chez GM à Oshawa, ce sont des robots qui vont chercher toutes les pièces et les apportent sur la chaîne de montage. Comme ils sont reliés directement à l'ordinateur, ils savent si les pièces sont en stock en tout temps. Anecdote intéressante, l'entrepôt n'a même pas besoin d'être éclairé puisque les robots n'ont pas besoin de lumière.

Indal, fournisseur de produits de construction sur mesure, utilise un système sophistiqué lui permettant de faire du juste-à-temps. Les spécifications sont données sur l'ordinateur qui modifie toute la configuration des machines servant à la production. C'est le système qui effectue également l'ensemble des activités d'optimisation. Ce système permet à la compagnie d'être beaucoup plus flexible et d'offrir des produits sur mesure à ses clients (Repath, 1993).

Bien souvent, un système d'information d'entretien surveille l'équipement afin d'effectuer les ajustements nécessaires et de diagnostiquer les défauts. Un tel système assure donc un entretien préventif et correctif, ce qui permet de limiter les erreurs au minimum. Ce système peut très efficacement être appuyé par un système de contrôle de qualité qui teste les matériaux à l'entrée et les produits finaux à la sortie de la chaîne de montage afin d'assurer le niveau de qualité désiré.

Il faut cependant être prudent lorsque l'on informatise un secteur de l'entreprise puisqu'un problème de taille est souvent rencontré: les employés qui faisaient le travail à la main avant l'introduction de la technologie ne sont pas qualifiés pour utiliser la nouvelle technologie, ce qui oblige l'entreprise à donner des séances d'information et de formation afin de préparer ces employés à faire face au changement tout en l'acceptant bien.

Certains employés peuvent avoir peur de perdre leur emploi et seront réticents à ce changement. Il est donc important de veiller à rassurer le personnel tout en commençant à le former grâce à un programme tel qu'un essai pilote. Dans un essai pilote, l'entreprise a pour objectif d'enseigner le système à ses principaux employés et de les initier à son application, et de mettre à contribution leurs connaissances en gestion pour définir la façon d'utiliser le système dans l'exploitation de l'entreprise[3]. L'acceptation du nouveau système par ces employés facilitera le changement aux yeux des autres travailleurs.

NRS Consulting offre un système de production lié à la vente. Les informations sur la fabrication, les dates de livraison, les quantités disponibles aux différentes dates sont accessibles en tout temps au personnel de vente. Celui-ci est donc en mesure d'informer les clients sur les dates précises de production de leurs commandes. De plus, le système permet de faire l'estimation, en fonction des heures de travail, des matériaux et des heures d'utilisation des équipements, pour toute soumission que le personnel de vente veut faire. Si la soumission est acceptée et la vente confirmée, le système crée automatiquement le fichier de production et ordonne les travaux dans l'horaire de travail. Tout ceci se fait en temps réel (Barth, 1994).

LA GESTION DES RESSOURCES HUMAINES

L'objectif principal de la gestion des ressources humaines est l'emploi efficace et efficient du personnel de l'entreprise. « Le service des ressources humaines contribue directement à l'amélioration de la productivité en recherchant de meilleures façons d'atteindre les objectifs et indirectement en améliorant la qualité de vie au travail des employés[4]. » Les ressources humaines sont une des ressources les plus importantes de l'entreprise. Il est donc essentiel de veiller à ce que tout aille pour le mieux à ce niveau. Depuis longtemps déjà, certaines opérations sont effectuées à partir de l'informatique, comme la production des chèques et des rapports de paye, la tenue à jour des dossiers du personnel ainsi que l'analyse de l'emploi du personnel au sein de l'entreprise.

Les besoins en information sont cependant toujours plus grands étant donné les soucis qu'ont les dirigeants d'être toujours plus efficaces, et

---

3. Repath (1993), p. 31.
4. Werther, Davis et Lee-Gosselin (1990), p. 9.

donc plus compétitifs. Un meilleur accès à l'information dans des domaines comme le recrutement, l'affectation des ressources humaines, l'évaluation du rendement, l'établissement d'un système de rémunération équitable, le perfectionnement et la formation des employés peut permettre à un gestionnaire de prendre de meilleures décisions puisqu'il aura accès à des bases de données pouvant montrer les équivalences en termes de salaire au sein d'entreprises présentes sur un même marché, par exemple. Il est important pour un gestionnaire d'avoir de l'information toujours mise à jour étant donné la rapidité à laquelle évolue le monde des affaires en cette fin de XXe siècle. On ne prévoit d'ailleurs pas une baisse de régime pour le début du XXIe siècle.

LES SYSTÈMES D'INFORMATION DES RESSOURCES HUMAINES

Grâce à l'informatique, le système d'information des ressources humaines peut rendre l'information beaucoup plus accessible aux gestionnaires. Cette information décrit l'entreprise, ce qui est arrivé dans le passé, ce qui s'y passe actuellement et ce qui est probable qu'il arrivera dans le futur. Cette information peut être présentée sous forme de rapports périodiques, de rapports spécialisés ou de simulation mathématique. L'information qui en ressort est utilisée par les gestionnaires de l'organisation afin de les soutenir dans la prise de décisions pouvant mener à la résolution de problèmes.

Les gains apportés par l'automatisation des rapports (notamment ceux produits pour répondre aux exigences gouvernementales) ne sont pas négligeables. Par exemple, chez Woodward Communication, on produisait jusqu'à tout récemment une série de rapports (de structure identique à chaque année) sur l'emploi de manière manuelle. En automatisant ces rapports, on peut maintenant les produire à une journée de préavis (Larson, 1993).

Un système d'information de ressources humaines peut apporter un soutien important aux gestionnaires dans plusieurs domaines de la gestion des ressources humaines. Un tel système peut faire bien plus que de simplement aider à préparer les chèques de paye, les rapports de paye et les mises à jour des dossiers du personnel. Il permet également de soutenir le recrutement, la sélection, l'embauche, l'affectation des ressources, l'évaluation du rendement, l'analyse des avantages sociaux, la formation, le perfectionnement et la santé et sécurité au travail. La gestion des ressources humaines a pour but d'utiliser de façon efficace et efficiente les ressources en personnel de l'entreprise.

Les systèmes de dotation enregistrent et effectuent le suivi des ressources humaines en mettant à jour les dossiers des employés, le répertoire des compétences et les prévisions des besoins en personnel. Il est essentiel, grâce aux dossiers mis à jour des employés, de pouvoir effectuer un suivi adéquat de la main-d'œuvre afin de connaître tous les changements relatifs à la fonction et à la rémunération de chacun, aux embauches et aux mises à pied au sein de l'entreprise. Le système de répertoire des compétences permet aux gestionnaires, lorsqu'il y a un poste à combler, d'aller voir à l'interne si des ressources humaines sont disponibles avant d'aller voir à l'extérieur. Parfois, lorsque l'entreprise est syndiquée, le syndicat oblige les dirigeants à afficher le poste à l'interne avant d'aller voir à l'externe. Le fait d'avoir un tel répertoire permet de gagner du temps tout en rendant le processus plus efficace. Le système d'information de prévisions sur les besoins en personnel permet à l'entreprise de veiller à éviter les urgences en ce qui a trait au recrutement et à l'embauche de personnel, de façon à avoir le temps de bien procéder à toutes les étapes du processus de sélection de ressources humaines de haute qualité. Dans chaque fonction de l'entreprise, les prévisions sur les besoins en personnel doivent permettre de gérer ce processus de façon à optimiser tous les types de ressources investies.

Les systèmes d'information permettent aux gestionnaires de planifier et contrôler les programmes de recrutement, de formation et de perfectionnement en évaluant le succès des activités qui ont eu lieu dans le passé. Ils permettent également, grâce à une bonne connaissance des situations professionnelles des employés, d'établir les programmes de formation et d'évaluation du rendement qui seraient les plus bénéfiques pour l'entreprise. Les programmes de formation assistée par ordinateur permettent de soutenir cet aspect de la gestion des ressources humaines. Le multimédia, par exemple, permet de faire de la formation à distance, ce qui a pour avantage de faire économiser temps et coûts de transports à l'entreprise. Hewlett Packard utilise la formation à distance pour ses ingénieurs. Les modules de formation sont accessibles en tout temps, par réseau, sur les micro-ordinateurs des employés. Ceux-ci peuvent donc avoir accès aux modules de formation qui les intéressent, au moment où cela leur convient, sans même sortir de leur bureau (Geber, 1994).

Dans le domaine de l'aéronautique, principalement dans l'assemblage d'avion, on utilise un système expert pour simuler un environnement de production et entraîner les employés. Le système effectue également des tests d'habiletés pour évaluer l'apprentissage des employés. De plus, un autre système expert associe les profils d'emploi avec les profils d'employés, afin d'assurer que la répartition des tâches est la meilleure possible (Tracy, 1994).

Les systèmes d'information permettant l'administration de la rémunération au sein d'une organisation permettent d'analyser, de planifier et de surveiller les politiques salariales au sein de l'entreprise, les salaires au rendement et les avantages sociaux offerts par l'entreprise. Ce type de système permet également des comparaisons avec les salaires offerts par d'autres entreprises présentes dans le même domaine. Ces comparaisons servent à éviter de sous-payer les employés qui pourraient être tentés de quitter l'entreprise ou de faire la grève, voyant que les conditions sont meilleures ailleurs. Elles servent également à éviter de surpayer les employés, ce qui risquerait de rendre l'entreprise moins concurrentielle en raison de coûts d'exploitation trop élevés. Cette information est d'ailleurs très utile lorsque vient le temps de négocier la convention collective.

L'information inscrite sur les chèques et talons de chèque est également très utile car elle permet aux employés d'avoir plus de renseignements sur leur salaire et sur les déductions qui y sont faites. ADP est une entreprise d'envergure nationale qui fournit à de nombreuses compagnies des feuilles de paye (*payroll*) informatisées très compréhensibles et faciles à lire pour les employés. Cela permet aux employés de planifier un peu plus et fournit l'information qui facilite leurs décisions dans des domaines comme les régimes de retraite, par exemple. Ce système permet aux gestionnaires de l'entreprise qui fait affaire avec ADP d'avoir de l'information déjà compilée sur l'utilisation de sa main-d'œuvre pour pouvoir par la suite analyser l'efficacité de l'utilisation qu'ils font de leurs ressources humaines. ADP offre donc, en plus de la production de la paye, toute une gamme d'analyses à ses clients. Ces derniers possèdent donc une bien meilleure connaissance de ses ressources humaines (Morris, 1993).

LA COMPTABILITÉ

La comptabilité est un bien vaste domaine qui vient, par son essence même et sa raison d'être, appuyer toutes les autres fonctions de l'organisation. Les systèmes de comptabilité opérationnelle actuels font appel à la tenue d'archives et à la production de rapports financiers qui permettent de générer des prévisions des conditions futures comme des états financiers prévisionnels et des budgets prévisionnels. Les deux principaux types de systèmes sont les systèmes de traitement transactionnels et les systèmes de comptabilité de gestion.

Lorsque l'on parle de système de traitement transactionnel, on fait allusion aux systèmes de traitement des commandes, de contrôle des stocks, des comptes clients, des comptes fournisseurs, des salaires et du grand livre. Les systèmes de comptabilité de gestion mettent davantage l'accent sur la planification et le contrôle de l'exploitation de l'entreprise. En comparant les anciens budgets prévisionnels d'une année au budget réellement utilisé, on peut contrôler la situation et y remédier par les correctifs nécessaires si le budget prévisionnel n'a pas été respecté. Les rapports analytiques permettent donc de comparer le rendement actuel au rendement prévu.

Un bon système d'information est très important dans ce domaine étant donné que la quantité de données à traiter, majoritairement chiffrées, est considérable et que les délais permettant aux gestionnaires de les analyser sont beaucoup moins considérables. Il est donc primordial que cette information soit accessible, bien structurée et très facile à utiliser.

LES SYSTÈMES D'INFORMATION COMPTABLES

Les systèmes d'information comptables sont les systèmes les plus vieux et les plus utilisés en ce moment et sont basés sur un concept vieux de plusieurs centaines d'années: la tenue de livre à double entrée. Ces systèmes permettent d'enregistrer et de rapporter les flux de capitaux d'une entreprise et produisent les états des résultats et les bilans de l'organisation. Grâce à des applications informatiques sans cesse améliorées, les gestionnaires peuvent avoir accès à des prévisions telles que les résultats financiers prévisionnels et les budgets prévisionnels.

La Richmond Saving Credit Union, une caisse populaire ayant six succursales dans la région de Vancouver, a élaboré en 1988 un système d'informatique de gestion lui permettant d'effectuer ses rapports comptables grâce à l'ordinateur. Depuis que ce système a été installé, il s'est avéré si efficace qu'on n'y produit plus de rapports comptables à la main. Ce système d'informatique de gestion a été édifié avec l'aide de la Prologic Corp. de Californie. La caisse a affiché cette année-là un taux de croissance de 20%. Selon ses dirigeants, cette hausse est reliée directement au micro-ordinateur qui a radicalement changé sa culture d'entreprise et qui a apporté une arme stratégique de marketing et un avantage concurrentiel qui peut être soutenu à long terme. Sur le plan comptable, les améliorations remarquées à la Richmond Saving Credit Union sont la réduction du temps requis pour la comptabilité de fin de mois, qui est passé de huit à cinq jours. Le personnel du service de comptabilité a pu être réduit en nombre de 20 %, ce qui représente une économie importante. Les données sont maintenant plus accessibles et plus adaptées aux différents changements, ce qui a éliminé le besoin de collecter les données nécessaires aux fonctions comptables (Howell et Lacroix, 1989).

Il existe plusieurs systèmes d'information comptables dont les plus courants sont les systèmes de traitement des commandes, les systèmes de contrôle des stocks, les systèmes de gestion des comptes clients et des comptes fournisseurs, les systèmes de gestion de la paye et les systèmes de grand livre. Tous ces systèmes viennent soutenir l'exploitation et la gestion de l'entreprise et sont tous reliés entre eux sur le plan des flux d'entrée et de sortie de fonds.

Un système de traitement des commandes est un système qui enregistre et traite les commandes des clients et qui compose les factures tout en fournissant les données permettant d'analyser les ventes et de contrôler les stocks. Un système informatisé de traitement des commandes, tout en évitant à plusieurs employés de faire un travail répétitif et ennuyeux, permet de suivre les commandes jusqu'à ce que la livraison soit effectuée. Il s'agit là d'un procédé plus précis, plus rapide et plus efficace que la méthode traditionnelle.

Un système de contrôle des stocks, comme son nom l'indique si bien, traite les données relatives aux variations de niveau des stocks et prépare les documents d'expédition nécessaires. Il signale au gestionnaire, selon le seuil critique indiqué par l'utilisateur, les articles nécessitant un réapprovisionnement, et ce, en faisant clignoter l'article ou en le mettant d'une couleur qui attire l'attention afin de faire prendre conscience au gestionnaire de la situation à rétablir. Un tel système, tout en produisant une variété de rapports sur les stocks, permet de gérer les stocks de façon à satisfaire les clients tout en réduisant les coûts reliés aux stocks de marchandise.

Un système de comptes clients met à jour les sommes restant impayées par les différents clients de l'entreprise. À la fin de chaque mois, ce système produit des états de compte qu'il est possible d'envoyer aux clients afin de leur rappeler leur solde et ainsi d'accélérer leur paiement, réduisant les risques de perte dus aux mauvaises créances et augmentant substantiellement les profits reliés aux ventes à crédit.

Red Line Medical Supply et Medi Mart sont deux filiales du groupe Prudent Supply inc., une compagnie de produits pharmaceutiques installée aux États-Unis. Red Line est responsable de l'entreposage et de la distribution des produits tandis que Medi Mart s'occupe de facturer les clients, leurs assureurs ou toute autre personne responsable du paiement de telles factures. Le service de Medi Mart responsable de compiler les documents qui se rapportent à la facturation doit faire le traitement de 500 000 documents par année. Le traitement manuel de ces dossiers représentait un travail long et intensif nécessitant un personnel important, qui engendrait des coûts tout aussi importants, sans compter l'espace incroyable requis pour stocker tous ces papiers. Ces deux facteurs ont poussé Red Line Medical Supply et Medi Mart à opter pour un système d'information assisté par ordinateur qui permet de remédier de brillante façon à la situation (Westlake, 1994).

Un système de comptes fournisseurs tient à jour les achats et les paiements aux différents fournisseurs de l'entreprise. Il prépare même les chèques adressés aux fournisseurs pour régler une facture, et ce, dans des délais qui permettront de bénéficier des escomptes normalement offerts par les fournisseurs (2/10, n/30 par exemple). Cette politique de paiement permet d'avoir une bonne image auprès des différents fournisseurs. Les gestionnaires peuvent consulter les différents rapports de paiements afin d'effectuer un contrôle plus efficace des sorties de fonds de l'entreprise.

Un système de paye enregistre la durée du travail des employés et produit les chèques de paye qui leur seront remis. Ce système permet de payer les employés plus rapidement tout en réduisant le personnel affecté à cette seule tâche, ce qui a pour effet direct de réduire les coûts reliés à cette opération. Des rapports sur les revenus, les impôts et autres retenues à la source des employés sont également préparés et remis aux employés, aux gestionnaires et au gouvernement. Ces rapports permettent entre autres aux gestionnaires d'analyser les coûts de la main-d'œuvre ainsi que l'efficacité de celle-ci, en comparant coûts et résultats.

Un système de grand livre rassemble les données des autres systèmes comptables et produit les états financiers de l'organisation. À la fin de l'exercice financier de l'entreprise, il ferme les livres et prépare la balance de vérification, l'état des résultats ainsi que le bilan. Il fournit également aux gestionnaires des rapports très bien détaillés sur les dépenses et les revenus de l'entreprise, ce qui favorise un meilleur contrôle des flux monétaires et des activités de gestion. Un tel système permet de réaliser une économie importante puisqu'il nécessite moins de personnel que la méthode traditionnelle.

La vérification n'est pas oubliée. WK Information Systems Ltd. (Toronto) offre un logiciel intégré qui effectue tous les audits demandés ou suggérés dans les procédures de l'ICCA. Ce logiciel s'intègre directement à des programmes d'impôt et est tout à fait compatible avec le populaire logiciel ACCPACC des services intégrés (Morochove, 1990).

LA FINANCE

La fonction finance de l'entreprise est étroitement reliée à celle de comptabilité étant donné que l'information traitée par le service de finance provient en grande partie des rapports, bilans et états des résultats produits par le service de comptabilité. Les gestionnaires de ce service ont des décisions capitales à prendre pour l'avenir et l'essor de l'organisation. Ces décisions portent sur le type de financement qu'une entreprise devrait adopter pour maximiser ses capitaux dans une situation donnée et sur l'allocation et le contrôle des ressources financières. Les dirigeants ne doivent pas deviner quelle est la meilleure solution pour l'entreprise, ils doivent, à l'aide de l'information adéquate, analyser les données avec minutie et rapidité à la fois afin d'être le plus efficaces possible. Comme en comptabilité, l'information doit être livrée de façon précise et très bien structurée. Il est important que cette information soit mise à jour très régulièrement étant donné la vitesse à laquelle les choses évoluent dans le milieu de la finance.

LES SYSTÈMES D'INFORMATION FINANCIERS

Les systèmes d'information financiers viennent appuyer les gestionnaires financiers dans les décisions relatives à trois tâches très importantes: identifier les besoins futurs de fonds, choisir les types de financement favorisant l'entreprise et contrôler les ressources financières qui en découleront. Les systèmes d'information comptables sont liés aux systèmes d'information financiers et sont parfois même considérés comme une catégorie de systèmes financiers. Le système d'information financier peut rendre de grands services aux décideurs grâce aux données qu'il rassemble sur les différentes transactions effectuées par l'entreprise, à l'analyse qu'il effectue à partir des données issues de l'environnement et surtout grâce à des prévisions et des simulations permettant de situer l'entreprise dans une situation quelconque, après des changements financiers importants. Ces informations viennent faciliter la décision du gestionnaire tout en réduisant les risques d'erreur dus à une décision prise dans une situation où l'on ne possède pas les informations nécessaires.

Les systèmes d'information financiers viennent donc répondre à plusieurs besoins des gestionnaires en assistant ceux-ci dans les fonctions de gestion de la trésorerie et des titres, de budgétisation des investissements, de prévisions et de planification financières.

Par exemple, les systèmes d'accès aux données boursières sont maintenant monnaie courante, de même que plusieurs logiciels d'analyse financière. Un système de gestion de la trésorerie et des titres permet d'enregistrer les données relatives aux sorties et aux entrées de fonds, ce qui permet à l'entreprise de gérer les surplus de fonds en les investissant dans des titres à court terme comme les bons du Trésor ou les certificats de dépôt, ce qui augmentera les gains de l'entreprise à court terme. Ce système permet donc de mieux gérer les liquidités de l'entreprise puisqu'il assure que l'on ne sera pas pris de court par un placement quelconque. Un tel système permet de faire des prévisions de la variation de l'encaisse, ce qui permet au gestionnaire de prévoir un déficit ou un surplus à venir. De tels systèmes viennent aider le gestionnaire à créer un portefeuille de titres qui maximise le rendement tout en réduisant le risque au minimum.

Un système de budgétisation des investissements vient soutenir le gestionnaire financier en l'appuyant dans une perspective à plus long terme. Il permet d'évaluer la rentabilité et les conséquences financières de projets d'investissements à long terme, comme l'achat d'équipement. Un système de budgétisation des investissements permettra de ramener tous ces coûts en dollars d'aujourd'hui en tenant compte de l'inflation et des taux d'intérêt prévus. Si la VAN est positive, le système recommandera probablement l'investissement. Si la VAN est négative, il est déconseillé d'investir dans un tel projet.

Un système d'information financier peut, à l'aide de progiciels possédant des techniques analytiques spécifiques, effectuer des prévisions financières comme prévoir les tendances économiques locales et nationales sur le plan des salaires, des prix et des taux d'intérêt. Ces prévisions sont faites grâce aux données historiques recueillies auprès d'entreprises spécialisées dans la conception de banques de données financières et démographiques.

Un système de planification financière évalue la rentabilité actuelle et future d'une organisation, et ce grâce à différents modèles de planification. Un tel système permet à l'entreprise de déterminer ses besoins en financement et d'analyser les moyens de financement afin d'identifier celui qui convient le mieux aux besoins de l'entreprise. On permet ainsi à l'entreprise d'établir un plan optimal grâce à différentes informations sur la situation économique, les opérations de l'entreprise, les types de financement disponibles, les taux d'intérêt et le prix des actions et des obligations. Les SAD (systèmes d'aide à la décision) et les SIAD (systèmes interactifs d'aide à la décision) permettent de faire des simulations afin de connaître a priori les résultats découlant d'une action quelconque.

* * *

Il est important de prendre conscience que les systèmes d'information fonctionnels qui soutiennent les activités (marketing, fabrication, gestion des ressources humaines, gestion des opérations et de la production, comptabilité et finance) d'une entreprise ne sont pas entièrement indépendants les uns des autres. Chacun de ces systèmes a besoin de l'information originalement destinée à un système d'information fonctionnel en particulier. Les données sur les salaires des employés, par exemple, servent à la fois au service de comptabilité qui doit fournir les différents rapports gouvernementaux et autres rapports, au service de gestion des ressources humaines qui doit négocier les conventions collectives, fixer les échelles salariales relatives aux différents postes et comparer les salaires offerts par l'organisation avec ceux offerts ailleurs. Ce n'est là qu'un exemple mais le fait existe pour toutes les données, et ce, dans tous les services. Il n'existe pas de service isolé au sein d'une entreprise, c'est à la base même de la définition d'une organisation. Il est donc primordial que tous les systèmes au sein d'une même entreprise soient compatibles afin que l'information circule bien sans avoir à la transférer sans cesse, ce qui serait en fait une perte de temps.

À mesure que les dirigeants d'entreprise s'apercevront des avantages concurrentiels incroyables qu'offre l'informatisation des systèmes d'information fonctionnels dans de nombreux domaines, l'utilisation de ces systèmes ne pourra que croître davantage. Si la demande augmente pour ce type de système, de plus en plus d'entreprises spécialisées dans le développement de systèmes d'information fonctionnels verront le jour et s'adonneront à la recherche informatique dans le but d'offrir un système d'une qualité toujours supérieure, ce qui accroîtra davantage l'efficacité de ces systèmes, qui offriront des avantages concurrentiels toujours plus grands. L'escalade de la *guerre* technologique ne fait que commencer dans le domaine des systèmes d'information fonctionnels au sein de l'impitoyable monde des affaires...

BIBLIOGRAPHIE

BARTH, C., 1994, «NRS Consulting Software», *Management Accounting* (janvier), p. 66.

BURROWS, D., 1994, «Giant Killers on the Loose», *Business Week* (18 mai), p. 108-110.

DARMON, R.Y., LAROCHE, M., PETROF, J.V., 1990, *Le marketing: Fondements et applications*, 4e édition, Montréal, McGraw-Hill.

DAVIS, G.B., OLSON, M.H., AJENSTAT, J., PEAUCELLE, J.-L., 1986, *Systèmes d'information pour le management*: volume 1. Boucherville, G. Vermette, p. 313-319.

GEBER, B., 1994, «Re-Engineering the Training Department», *Training* (mai), p. 27-34.

HOWELL, B., LACROIX, A., 1989, «Les systèmes d'informatique de gestion; de vastes possibilités», *CGA Magazine* (mars), p. 38-41.

JOHNSTON, M., 1994, «Electronic Commerce Speeds Benetton Business Dealings», *Software Magazine*, vol. 14, n° 1 (janvier), p. 93-95.

KIM, I., 1994, «Information Management Improves Plastics Production», *Chemical Engineering* (mai), p. 181-182.

KNILL, B., 1992, «Automatic Data Collection: Winning with Partnerships», *Automatic Data Collection*, vol. 47, n° 8 (août).

LARSON, S., 1993, «Selecting New Payroll/Human Resources Information System», *Management Accounting* (octobre), p. 28-31.

MARKETING NEWS (1985), «A.M.A. Board Approves New Marketing Definition» (1er mars).

MCLEOD, JR., R., 1990, *Management Information Systems*, 5e édition, New York, Macmillan, p. 567-739.

MICHELSEN, JR., M.W., 1994, «GIS Unearths Hidden Markets», *Software Magazine* (octobre), p. 117-118.

MOROCHOVE, R., 1990, «Caseware Audit Package Is a Diamond in the Rough», *The Financial Post* (16 août), p. 13.

MORRIS, K., 1993, «Technology Helps To Design Paycheck That Really Pay Off», *HR Focus* (mars), p. 22.

MOSS, K., 1994, «Putting the Byte on Family», *Marketing Intelligence & Planning*, vol. 12, n° 6, p. 18-20.

MULLER, C., INMAN, C., 1994, «The Geodemographics of Restaurant Development».

NEAL, M., 1994, «Fingerhut Movin' Ahead», *Direct Marketing*, (septembre), p. 30-32, 72.

O'BRIEN, J.A., 1993, *Management Information Systems*, Richard Irwin, Homewood, Fl., p.418.

REPATH, K., 1993, «Les systèmes à base de connaissances», *CMA*, vol. 67, n° 4 (mai), p. 27-31.

TRACY, S., 1994, «HR Puts Brainy Expert Systems to Work», *Canadian HR Reporter*, vol. 7, n° 11 (6 juin), p. 10-11.

WERTHER, W., DAVIS, K., LEE-GOSSELIN, H., 1990, *La gestion des ressources humaines*, 2e édition, Montréal, McGraw-Hill.

WESTLAKE, M., 1993, «Business War Games», *Far Eastern Economic Review* (5 août), p. 52.

WESTLAKE, M., 1994, «Automated Records Management Provides a Path Through the Paper Maze», *Managing Office Technology*, vol. 39, n° 10 (octobre), p. 45-46.

CHAPITRE 3 | # La planification des systèmes d'information

avec la collaboration de François Ringuette

> En mai 1993, le Canadien National a annoncé qu'il investissait plus de 100 millions de dollars en deux ans dans l'implantation d'un nouveau système informatique afin de mener, selon le président-directeur général, M. Paul Tellier, « à une reconfiguration radicale des systèmes d'information du CN » qui modifiera grandement leur mode de gestion du trafic de marchandise. L'ancien ordinateur central situé à Montréal est en fonction depuis la fin des années 60 et est maintenant désuet. Le progiciel utilisé a été mis au point par Santa Fe Railroad, un transporteur américain qui est reconnu comme un chef de file en ce qui a trait aux services ferroviaires informatisés. Les changements importants survenus dans l'industrie ferroviaire au cours des 30 dernières années ont forcé l'installation d'un nouveau système. Le volume d'échange sans cesse croissant de convois avec des compagnies américaines ainsi que la chaîne de transport de plus en plus complexe du CN exigent des technologies mieux adaptées. Le P.-D.G. espère, grâce à son système, réduire les délais d'acheminement.
>
> L'entreprise faisait alors face à d'importants problèmes de rentabilité, devant mettre à pied 11 000 employés en trois ans. La réussite du projet est donc d'autant plus importante puisque la survie de l'entreprise peut en dépendre. L'importance d'un bon plan d'informatisation est ici très facile à démontrer étant donné les enjeux énormes auxquels se rattache ce projet. Les besoins en informatique ne sont pas évidents à établir dans une entreprise aussi imposante. Il faut donc prendre le temps de bien les identifier afin d'élaborer les bons scénarios qui mèneront au choix d'une solution optimale pour l'entreprise.
>
> Source: Dupaul (1993), p. C-3.

POURQUOI RÉFLÉCHIR À UN PLAN D'INFORMATISATION ?

Il n'existe pas de solution informatique universelle puisque chaque entreprise vit une situation différente dans un environnement qui peut également varier beaucoup d'une organisation à l'autre. Chaque entreprise a une mission particulière, vise des objectifs différents et a des besoins qui lui sont propres. Les gestionnaires ne peuvent donc subvenir adéquatement à leurs besoins en information et à ceux des autres membres de l'organisation qu'en sachant exactement ce qui comblera ces besoins, et ce de la façon la plus efficace et efficiente possible. Informatiser les systèmes d'information de l'entreprise peut être la solution optimale recherchée par les gestionnaires. Cependant, pour implanter un tel système de manière appropriée, on ne se lance pas dans les achats de matériel et de logiciels les yeux fermés, en regardant ce qui se vend le plus ou en observant simplement comment un concurrent a édifié son nouveau système informatique. Il est indispensable de bien planifier toutes les étapes de cette informatisation afin de réduire au minimum les risques d'erreur, ce qui est très important étant donné les sommes parfois faramineuses qui y sont consacrées.

De plus, les efforts d'informatisation ne se font que rarement à partir de zéro, et encore plus rarement de manière instantanée. On construit les architectures technologiques en les intégrant à ce qui existe déjà dans l'organisation et on les pense en fonction de ce que l'on voudra y ajouter dans les années subséquentes. Dès lors, il est nécessaire de planifier.

Un plan d'informatisation mène, en comparant les enjeux et les risques rattachés à chaque solution proposée, à l'élaboration d'un scénario de développement des différentes applications nécessaires au bon fonctionnement de l'organisation. Ces scénarios se basent sur les projections à moyen et long terme des activités de l'entreprise et de son environnement ainsi qu'à l'élaboration de méthodes, de structures et de moyens permettant la réalisation des systèmes d'information. Le scénario choisi comme le plus approprié devra être finement détaillé. Dans le but d'assurer une utilisation optimale des ressources limitées de l'organisation, ce scénario définira clairement les contraintes logistiques, humaines, matérielles ou autres qui entourent la réalisation du plan d'informatisation.

L'IMPORTANCE D'UN BON PLAN D'INFORMATISATION

Il existe plusieurs raisons pour réaliser un bon plan d'informatisation qui viendra déterminer quel type de système d'information sera le mieux adapté à l'entreprise. La raison la plus concrète pour les gestionnaires est sans doute que l'erreur dans ce domaine peut coûter extrêmement cher à l'entreprise. L'investissement important qu'amène l'informatisation ainsi que les risques inhérents à ce projet font de la planification une étape essentielle du processus d'informatisation des systèmes d'information. Il est important d'y contrôler les dépenses et de s'assurer que la mission et les objectifs de l'entreprise et du service chargé des systèmes d'information soient respectés.

Les services informatiques fournis en entreprise sont variés. Dans la classification faite par Ahituv et Neumann (1986), les activités informatiques sont séparées en trois groupes : les opérations, la technologie et les systèmes. Ces trois groupes font le lien entre les usagers et l'ordinateur : *usager–systèmes–technologie–opérations–ordinateur*. Cette typologie ne différencie pas les activités de leur gestion (ou de leur planification).

Norton (1974) et Rockart et Leventer (1979) ont également séparé les activités faites par la fonction système d'information en trois catégories. Ce sont les activités de développement des systèmes, d'exploitation des systèmes et de gestion des systèmes.

L'exploitation des systèmes est l'ensemble des activités quotidiennes. Ce sont, par exemple : les mises à jour des fichiers, les entrées et sorties, la maintenance du système d'exploitation et de l'équipement, le contrôle des erreurs et de la qualité. L'organisation dépend souvent de ces activités d'exploitation pour l'ensemble de ses opérations quotidiennes. Elles doivent être effectuées avec diligence et exactitude.

Les activités de développement sont l'analyse, le design et l'implantation des systèmes informatiques. La maintenance des programmes d'application est incluse dans ce groupe. Le développement de systèmes d'information est principalement formé de deux phases. La première est l'analyse, où l'on élabore la structure générale et détaillée des programmes. C'est cette structure, fixant les fonctionnalités du système, qui est soumise à l'évaluation des gestionnaires. La seconde étape est le design où l'on raffine l'analyse en un ensemble de codes et d'instructions correspondant à la structure détaillée et finalement le codage et la mise en œuvre des programmes. Cette deuxième partie est beaucoup plus technique que la précédente. Le développement d'applications est une activité complexe et risquée. Les projets informatiques ont derrière eux une tradition d'échecs spectaculaires et, même maintenant, ils présentent toujours une part de risque (Barki, Rivard et Talbot, 1993 ; Lyytinen *et al.*, 1987). La planification et la gestion de ces projets est critique pour leur succès.

La troisième fonction est la gestion des systèmes. Cette fonction effectue la planification de la fonction système d'information et définit la stratégie et les standards des services informatiques. C'est à ce niveau que l'on établit les budgets et que l'on gère le personnel. La conduite des deux premières fonctions dépend bien entendu de cette planification. C'est à ce niveau que l'on s'assure que l'ensemble des services informatiques correspondra aux besoins de l'organisation.

Les services informatiques

Gestion des services	
• Planification de la fonction système • Gestion des ressources humaines, matérielles et financières • Cadre et standards technologiques	
Développement	**Exploitation**
• Analyse et design des systèmes • Implantation des systèmes • Maintenance des logiciels	• Mise à jour • Entrées/sorties, traitements • Maintenance du système d'exploitation • Maintenance de l'équipement • Contrôle des erreurs

COMMENT L'ÂGE DE L'INFORMATION CHANGE LE MONDE DES AFFAIRES

L'évolution de la technologie a un impact important sur le monde des affaires, sur ses travailleurs ainsi que sur les fournisseurs et les clients qui traitent avec l'organisation. Cette évolution technologique influence l'organisation en plusieurs domaines. Si l'organisation veut rester concurrentielle dans le monde des affaires, il vaut mieux pour elle, en matière de technologie comme dans les autres domaines, être innovatrice plutôt que de tenter simplement de réagir aux différents changements apportés par les concurrents. À la vitesse où les choses se passent aujourd'hui, on prend vite « un wagon de retard » face à la concurrence si on adopte ce genre d'attitude[1].

---

1. Sager (1994), p. 101.

L'effet principal de ces changements est sûrement sur l'organisation même. Les nouveaux systèmes électroniques brisent de vieilles barrières inhérentes aux différentes entreprises en leur permettant d'échanger des informations capitales d'un service à l'autre, d'un pays à l'autre et même d'un continent à l'autre. Ces organisations peuvent, grâce aux technologies de l'information, fonctionner de manière étroitement coordonnée (ou même centralisée) tout en étant géographiquement dispersées. Obtenir l'information nécessaire plus rapidement peut changer radicalement les règles du jeu d'un marché si on sait bien s'en servir.

Les opérations sont également affectées par ce phénomène. Les manufacturiers utilisent les technologies de l'information afin de raccourcir le temps des différents cycles de production, réduire le nombre d'imperfections et diminuer le gaspillage. On utilise cette technologie notamment pour diminuer les prix des produits et offrir un meilleur service aux consommateurs.

Le personnel est fortement influencé par ces changements. La création de bureaux portatifs et de cahiers de commande électroniques vient grandement modifier les habitudes des travailleurs, rendant leur travail moins fastidieux et plus efficace. La baisse du prix et l'amélioration des possibilités de ces équipements a fait découvrir aux petites compagnies ainsi qu'aux travailleurs autonomes qu'ils pouvaient maintenant posséder des armes pour pouvoir «jouer du coude» avec les grosses compagnies. La proximité et l'accessibilité de l'information faciliteront la tâche des gestionnaires lorsque des décisions devront être prises (Burrows, 1994).

Le développement de nouveaux produits est également influencé par les technologies de l'information. L'identification de consommateurs cibles est grandement facilitée par l'avènement de bases de données très complètes qui permettent de définir plus précisément ces consommateurs, ce qui facilite le développement de produits répondant à leurs besoins.

Les relations entre les clients et l'entreprise sont également grandement modifiées. On peut désormais répondre aux demandes de ceux-ci beaucoup plus rapidement étant donné que l'information est dorénavant beaucoup plus accessible aux différents employés qui traitent avec le public, du simple changement d'adresse à la mise à jour du compte-client, en passant par l'inventaire même du client et sa cédule de production.

Il faut cependant être prudent parce que ce ne sont pas toutes les entreprises qui font un succès de l'informatisation de leurs différents systèmes. Le problème, selon les consultants, est que la vision traditionnelle de la technologie comme étant simplement un outil servant uniquement à soutenir des opérations déjà existantes persiste toujours chez un bon nombre de gestionnaires. Au début des années 80, General Motors Corp. était persuadée qu'un investissement majeur dans la robotique afin d'automatiser la chaîne de montage allait permettre d'augmenter la productivité de l'entreprise. Après plusieurs milliards en investissement, GM dut se rendre à l'évidence que l'entrée de technologie ne réglait pas tous les problèmes.

QU'EST-CE QUE LA PLANIFICATION ORGANISATIONNELLE ?

En gros, les différentes étapes du processus de la planification organisationnelle consistent à évaluer ce qui a été accompli et les ressources qui ont été acquises par les gestionnaires, à analyser l'environnement, à prévoir les événements, à décider des objectifs à atteindre pour l'organisation et finalement à choisir la conduite à adopter afin d'atteindre les objectifs fixés. Le plan qui en résulte vient structurer les actions vues précédemment comme nécessaires à l'atteinte des objectifs (O'Brien, 1993).

CINQ BONNES RAISONS POUR PLANIFIER

Martin *et al.* (1991) dégagent cinq raisons justifiant la planification au niveau des technologies. Ces raisons sont autant d'arguments poussant vers un effort de planification. Paradoxalement, elles sont en même temps un défi à la planification puisqu'elles démontrent une croissance de l'incertitude quant à l'évolution des technologies, de l'organisation, de ses structures et de son environnement. Ces cinq raisons sont les suivantes:

1. La croissance incroyable du nombre de micro-ordinateurs, de postes de travail, de logiciels et d'outils de gestion informatisés a créé une grande demande pour des réseaux possédant des capacités de transfert de données plus importantes. Les montants alloués à l'installation de micro-ordinateurs sont devenus astronomiques et demandent une planification formelle de ces ressources.

2. La progression rapide des technologies et des méthodes de développement de logiciels, alliée à un accès plus facile à ces technologies, a mené à une augmentation importante du nombre d'utilisateurs finaux. Ces utilisateurs considèrent avoir besoin de plus de conseils afin de planifier leurs activités, ce qui a entraîné un changement

d'orientation (et souvent une décentralisation) du service chargé des systèmes d'information.

3. La pénurie de main-d'œuvre qualifiée et de ressources à allouer aux technologies de l'information rend la planification très importante, même si le coût de cet équipement a baissé de façon significative au cours des dernières années. Les ressources humaines spécialisées sont tellement rares qu'il ne faut pas mettre d'efforts sur un projet qui n'a pas été soigneusement planifié.

4. La disparition progressive des démarcations entre les types de technologie (postes de travail, réseaux, multimédia, télécommunication) crée une pression accrue pour lier différents systèmes entre eux. Il est devenu essentiel de planifier les achats de matériel informatique en prenant soin de s'assurer qu'il n'y aura pas de problème de compatibilité pour utiliser ces différentes technologies.

5. La mondialisation des marchés rend la concurrence encore plus féroce et la technologie de l'information devient un avantage concurrentiel pour l'entreprise qui sait bien l'utiliser. Afin de rester en affaires, les entreprises, par souci de compétitivité, doivent toujours mieux planifier dans tous les domaines (dont les technologies de l'information) afin d'être le plus efficaces possible, et ce, à un coût le plus bas possible.

LES DIFFÉRENTS TYPES DE PLANIFICATION

La planification se fait généralement à trois niveaux. Au niveau stratégique, on se concentre sur la définition des buts, politiques et pratiques d'une organisation. C'est à ce stade que la fonction systèmes d'information s'assure de réaliser les objectifs organisationnels. La planification stratégique s'attarde principalement aux considérations à long terme. Au niveau tactique, on cherche plutôt à traduire les objectifs stratégiques sous forme de projets concrets et à déterminer les ressources nécessaires à ces projets. Finalement, le niveau opérationnel se concentre sur les considérations à court terme, liées à l'accomplissement des activités à l'intérieur des contraintes organisationnelles (O'Brien, 1993).

La planification stratégique des systèmes d'information

Avant d'essayer de planifier les besoins, les objectifs ou les avenues possibles d'une organisation, il est essentiel d'évaluer l'environnement dans lequel l'organisation aura à fonctionner dans un avenir d'environ trois à cinq ans. Parallèlement à cela, il est important d'analyser les forces et les faiblesses du service chargé des systèmes d'information. Ces forces et faiblesses serviront soit de leviers ou de facteurs limitatifs lorsque viendra le temps d'établir de nouvelles initiatives stratégiques. Certaines initiatives peuvent générer des coûts plus ou moins importants pour l'entreprise mais peuvent également lui apporter un avantage concurrentiel important.

Le plan stratégique informatique définit les politiques et les objectifs des systèmes d'information dans l'organisation. Ce plan indique comment les systèmes d'information répondront aux besoins de l'organisation. Il s'agit là du premier plan qui devrait être élaboré au sujet des technologies de l'information. On essaie de planifier des systèmes d'information qui amélioreront le rendement de l'organisation en lui conférant un avantage concurrentiel. Ces initiatives viennent souvent nourrir le plan stratégique de la firme au complet. Comme le mentionnait Joe Carter, de la firme Andersen Consulting: «Aujourd'hui, la technologie est la stratégie[2].» On définit une configuration technologique.

Les technologies de l'information doivent offrir le meilleur soutien possible au traitement, au stockage et à la transmission de l'information dans l'organisation. Ce rôle de soutien est essentiel au succès de l'entreprise. Toutefois, les technologies de l'information peuvent également servir de déclencheur pour remettre en cause les modes de fonctionnement de l'organisation. C'est de cette manière que l'organisation peut se démarquer radicalement de ses concurrents. De cette façon, il devient possible d'instaurer des initiatives stratégiques qui apporteront à l'entreprise un avantage concurrentiel durable. Un exemple d'initiative stratégique pourrait être de décider d'encourager les clients à créer un système interorganisationnel permettant d'ajuster les cycles de production du fournisseur et des clients afin de diminuer les stocks conservés par chacun des partenaires, ce qui réduit leurs coûts et accroît leur flexibilité.

Il est important de noter qu'un plan à moyen ou à long terme n'est jamais coulé dans le béton. De nombreux changements peuvent survenir au sein d'un environnement aussi changeant que celui des entreprises des années 90. Les réalités sociales, politiques, économiques et concurrentielles sont appelées à changer continuellement durant un plan quinquennal et ces changements sont difficilement prévisibles par les dirigeants d'entreprise. Ce que l'on attend de la planification, c'est une vision

---

2. Sager (1994), p. 104.

d'ensemble avec des objectifs savamment instaurés. Il serait utopique de vouloir un plan fixe de cinq ans. C'est pourquoi il est indispensable de mettre ce plan à jour, souvent une fois par année, quelquefois plus, en tenant compte des contraintes imposées par le plan stratégique, des innovations technologiques et des actions des concurrents.

La planification tactique des systèmes d'information

La planification tactique compte plusieurs étapes dont la première consiste à évaluer avec précision les besoins informationnels présents et futurs de l'entreprise. Ensuite, il faut élaborer plusieurs projets afin d'améliorer les systèmes d'information existants ou en créer de nouveaux si le besoin est bien réel. L'étape suivante consiste à évaluer ces projets, à les classer et à les inclure dans un plan de développement à long terme. En dernier lieu, il est important de préparer un plan d'allocation des ressources montrant la liste des ressources nécessaires — le matériel, les logiciels, le personnel et les installations de télécommunication — et qui précisera les engagements financiers reliés à la réalisation du plan de développement.

Par exemple, si le plan stratégique indique que des liens clients-fournisseurs seront établis avec les clients clés de l'organisation, le plan tactique définira quelles sont exactement les données à échanger avec ces fournisseurs. Il spécifiera également le type de technologie à mettre en place, les différentes options possibles, les coûts associés à chacune, l'échéancier de développement et d'implantation.

La planification opérationnelle des systèmes d'information

Lors de la planification opérationnelle des systèmes d'information, on prépare les budgets annuels d'exploitation et on planifie les différents projets de développement de chacun des systèmes d'information. La répartition des ressources (financières et autres) nécessaires au bon fonctionnement des systèmes d'information est définie dans ces budgets annuels. La répartition des ressources est également faite pour les activités de développement et l'entretien des systèmes. Des budgets sont également alloués pour les utilisateurs finaux et pour les autres groupes de travail étant donné que ceux-ci effectuent par eux-mêmes une grande partie de leur traitement d'information et de leur développement d'applications. Une des fonctions les plus importantes de la planification opérationnelle est celle de la planification de projet. Les plans, les procédures et les échéanciers y sont élaborés en détail pour chacun des projets. Lors de la gestion de projet, qui inclut la planification de projet, on procède à la planification et au contrôle de la mise en œuvre des projets de développement des systèmes.

LES OUTILS DE PLANIFICATION

Il existe différents outils conceptuels de planification stratégique qui permettent de soutenir le processus de planification de l'information. Ces outils s'appliquent à différents niveaux de la planification, à différentes étapes. Ils peuvent souvent être utilisés simultanément. Chaque méthode possède des avantages et des inconvénients. On ne connaît pas de méthode qui soit absolument meilleure que les autres dans les nombreuses situations possibles.

Le modèle de Nolan

Un des outils les plus connus est sans doute le modèle des stades de croissance de Nolan. Ce modèle peut servir de cadre dans l'évaluation du rôle du service chargé des systèmes d'information au sein de l'entreprise. Selon Nolan (1979), ce service passe par six périodes de développement qui sont caractérisées par des différences notoires quant au type de projets reliés aux systèmes d'information que l'entreprise met en branle, à l'organisation des systèmes d'information, au niveau d'efforts investis dans la planification et le contrôle et au niveau de connaissance des utilisateurs. Pendant que l'entreprise passe par ces six phases, les possibilités des systèmes et les méthodes de contrôle deviennent de plus en plus claires et sophistiquées. Les six étapes de croissance sont le démarrage, la contagion, la régulation, l'intégration, l'administration des données et la maturité. On remarque à la figure 3.1 que les dépenses en informatique augmentent de façon significative à chaque stade de croissance.

Lors du démarrage, les mesures de contrôle sont assez peu nombreuses, on laisse beaucoup d'autonomie aux utilisateurs. La planification des systèmes d'information est pratiquement nulle, on laisse plutôt l'initiative aux individus.

Lors de la contagion, on encourage les initiatives des individus en leur laissant une très grande autonomie. La planification demeure sensiblement au même niveau qu'à la phase précédente, on prend ainsi le risque d'assister à une importante augmentation des coûts qui fera apparaître la crise et la nécessité de passer à l'étape suivante afin de remédier à la situation.

FIGURE 3.1 Le modèle de Nolan

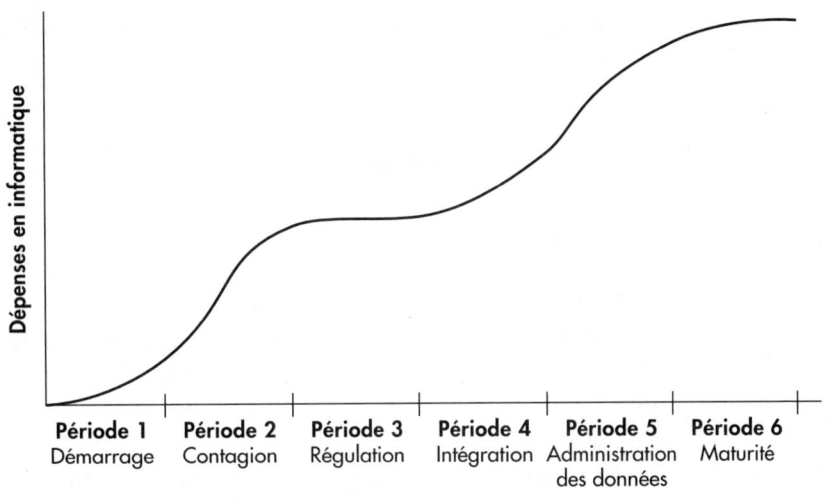

Lors de la régulation, on assiste à une reprise en main d'une situation devenue exagérée et on commence à effectuer un contrôle plus sévère sur les décisions prises en matière de système d'information. On élabore donc un schéma directeur informatique en s'assurant qu'il sera mis en application de façon fidèle.

Dans la phase de l'intégration, les données communes aux différentes applications sont intégrées dans la base de données et les interfaces entre les applications sont spécifiées et normalisées. À cette phase, on met beaucoup l'accent sur la performance et la limitation des coûts.

Lors de la phase de l'administration des données, le grand nombre de données communes exige une gestion plus spécifique de leur définition et de leur cohérence. On laisse de nouveau l'autonomie aux individus lors de l'utilisation des données à condition qu'ils ne modifient pas la base de données communes.

Lorsque la phase de maturité est atteinte, le dossier application est maintenant complet. On a développé des applications spécifiques à l'entreprise et qui lui donnent un avantage stratégique intéressant. On a atteint les objectifs organisationnels en termes de services et de coûts.

Même si plusieurs croient que toutes les entreprises ne traversent pas chacune de ces six phases, relier une technologie à ces stades permet tout de même de mieux établir des initiatives stratégiques très utiles. Cette méthode permet, à partir d'un diagnostic, de déterminer les étapes à venir dans l'évolution d'une technologie. Il faut bien noter que différentes technologies, à l'intérieur de la même organisation, peuvent toutefois être à des stades différents. De plus, il existe souvent des discontinuités technologiques, des innovations qui font que l'on remplace une technologie donnée par une autre plus performante sans pour autant avoir atteint la maturité avec la première.

La planification des systèmes d'affaires

Cette méthode, élaborée à l'origine par IBM dans les années 1960, suppose que les besoins en information d'une organisation ne peuvent être compris qu'en regardant toute l'organisation dans son ensemble, en incluant ses services, ses fonctions, ses processus d'affaires et ses données. La méthode consiste premièrement à interviewer un grand échantillon de gestionnaires, en leur demandant quelle information ils utilisent, d'où provient cette information, ce qu'ils en font, etc. Ces résultats sont ensuite agrégés par unités, services et servent à fournir l'image globale de l'organisation (Laudon et Laudon, 1993).

Lors de la planification des systèmes d'affaires, il est essentiel de bien définir la mission de l'entreprise ainsi que la mission, au sein de l'organisation, du service chargé des systèmes d'information. Il est aussi important d'établir une liste qui décrit les différents types d'information qui seront nécessaires aux nombreux groupes d'utilisateurs et à l'organisation en tant que telle. Définir les objectifs du service chargé des systèmes d'information est au cœur de ce type de planification. On décrit ainsi la direction que veut prendre le service. Même si ces objectifs peuvent être révisés par la suite, ils décrivent assez bien les buts globaux que vise le service. On doit également décrire les contraintes parfois nombreuses qui pèsent sur le service. Ces contraintes peuvent être reliées à la technologie en tant que telle ou plutôt aux ressources disponibles pour la compagnie, que ce soit sur le plan financier ou de la main-d'œuvre.

Les facteurs critiques de succès

Une autre méthode bien connue d'identification des opportunités stratégiques est de définir les informations nécessaires à l'entreprise ainsi que les processus qui s'avèrent nécessaires au succès de l'entreprise. Cette méthode s'appelle l'approche des facteurs critiques de succès. On peut utiliser cette approche seule ou l'associer à d'autres méthodes de planification en tant que composante clé de leur processus de planification.

Rockart (1979) indique que les besoins en information d'une organisation sont déterminés par un nombre limité de facteurs (appelés facteurs critiques de succès). Ces facteurs dépendent des industries, des entreprises et peuvent varier dans le temps. Ils correspondent à ceux que les dirigeants considèrent comme déterminants et qui, s'ils sont utilisés adéquatement, contribueront le plus au succès de la firme ou à la performance de toutes les fonctions de l'organisation. Les facteurs critiques de succès orientent à court comme à long terme les choix technologiques de l'organisation.

On identifie les technologies les plus appropriées pour fournir l'information requise aux gestionnaires pour qu'ils puissent agir rapidement sur ces facteurs. On détermine ainsi, à l'aide d'une analyse approfondie, comment la technologie de l'information peut être utilisée pour accomplir les tâches nécessaires. Les systèmes d'information ainsi conçus mesurent continuellement la performance de chaque facteur critique de succès et communiquent cette information aux gestionnaires.

Plusieurs étapes importantes sont nécessaires pour définir les facteurs critiques de succès d'une organisation. On commence par réunir divers groupes de gestionnaires afin de leur faire passer deux ou trois entrevues qui serviront à déterminer leurs facteurs critiques de succès ainsi que leurs points de vue sur ces facteurs. Ils définissent ensuite leurs buts ainsi que les facteurs critiques de succès pour l'atteinte de chacun de ces buts tout en tenant bien compte des stratégies concurrentielles de l'organisation, de sa position dans l'industrie ainsi que de la conjoncture économique et politique. Un facteur critique de succès est défini comme un domaine clé où «les choses doivent bien se dérouler» et où «les erreurs sont plus dommageables». On peut développer à partir de ces facteurs une architecture et un portefeuille d'applications de systèmes d'information. L'ordre des priorités d'élaboration des différents projets, les critères de conception des systèmes d'information ainsi que les différentes bases de données nécessaires à l'entreprise peuvent alors être définis grâce à cette méthode.

L'approche des facteurs critiques de succès apporte évidemment plusieurs avantages indéniables, mais elle présente également quelques inconvénients. Le point caractéristique de cette méthode est son point de mire étroit, c'est-à-dire qu'elle met l'accent sur un très petit nombre de facteurs. On peut considérer cette caractéristique à la fois comme un avantage et comme un inconvénient. Cette méthode se situe à un niveau organisationnel plus élevé et est plus adaptée aux gestionnaires que l'approche de la planification des systèmes d'affaires. Cette méthode demande également un investissement de temps et d'argent moins important. Elle est donc considérée par plusieurs comme l'une des meilleures méthodes de développement de systèmes d'information de gestion.

On reproche à cette méthode de ne pas être assez exhaustive ni assez structurée. Elle est donc plus vulnérable aux erreurs dans l'établissement des facteurs critiques de succès individuels et de leur regroupement dans un ensemble de facteurs critiques de succès organisationnel. Elle ne tient pas compte des besoins des systèmes transactionnels.

L'analyse des forces concurrentielles

Une analyse des avantages concurrentiels à travers les technologies de l'information peut commencer par une évaluation de la concurrrence. Il est indispensable de savoir qui sont les concurrents, quelle est leur position dans l'industrie et quelles sont les barrières à l'entrée pour les concurrents potentiels. Le rôle des technologies de l'information doit être développé à travers le contexte global du monde des affaires et à travers de nouvelles façons d'améliorer les avantages concurrentiels. Il est maintenant généralement accepté que l'avantage concurrentiel peut faire pencher la balance du pouvoir entre une entreprise et ses concurrentes.

Les buts de cette analyse sont fort simples et également très concrets. Un premier but est d'empêcher l'entrée de nouveaux concurrents sur le marché en érigeant des barrières à l'entrée ou en redéfinissant les bases de la concurrence sur au moins un point (le prix, l'image, le service). Un autre but de l'analyse des forces concurrentielles est d'éviter l'apparition de produits ou services substituts en rendant les produits de l'organisation difficiles à copier. L'analyse sert également à rendre les produits ou services plus attrayants aux yeux des clients que ceux des concurrents en offrant des caractéristiques et des services uniques ou en changeant les critères de choix des consommateurs. On veut également tenter, grâce à cette analyse, de créer des liens plus forts avec les consommateurs en leur rendant la tâche plus facile lorsque vient le temps de faire affaire avec l'entreprise et en rendant plus difficile le départ de clients au profit des concurrents (barrières à la sortie). On veut aussi tenter, grâce aux technologies de l'information, de créer des liens plus forts avec les fournisseurs tout en les obligeant à offrir des produits de meilleure qualité à un prix moindre.

Si les concurrents découvrent et mettent à profit en premier les avantages concurrentiels qu'apportent les technologies de l'information, l'entreprise peut devenir plus vulnérable. Il existe pour une organisation différentes façons de réagir qui sont basées, selon le modèle des opportunités et vulnérabilités de l'application des technologies de l'information, sur deux variables : la qualité des ressources offertes par les systèmes d'information actuels de l'entreprise et le niveau potentiel d'avantages concurrentiels apportés par l'utilisation des technologies de l'information au sein de l'industrie.

Par exemple, si le potentiel pour obtenir des avantages concurrentiels est élevé dans une industrie et que la qualité des ressources offertes par les systèmes d'information de l'organisation est plutôt faible, l'entreprise doit se méfier des menaces de ses concurrents. Par contre, pour une entreprise implantée dans une industrie ayant un niveau potentiel d'avantages concurrentiels élevé à travers les technologies de l'information et possédant déjà des systèmes de qualité, il serait grand temps pour ses dirigeants d'attaquer la concurrence en utilisant des applications qui feront bénéficier l'entreprise de nouvelles opportunités sur les marchés visés (voir figure 3.2).

Les quadrants «Être prudent» et «Explorer» suggèrent également des stratégies pour ces deux situations lorsqu'il n'y a pas vraiment d'opportunités d'avantages concurrentiels apportés par les technologies de l'information. Cette grille de répartition peut aider à tracer une approche appropriée afin de considérer les différentes applications stratégiques.

FIGURE 3.2 Opportunités et vulnérabilités

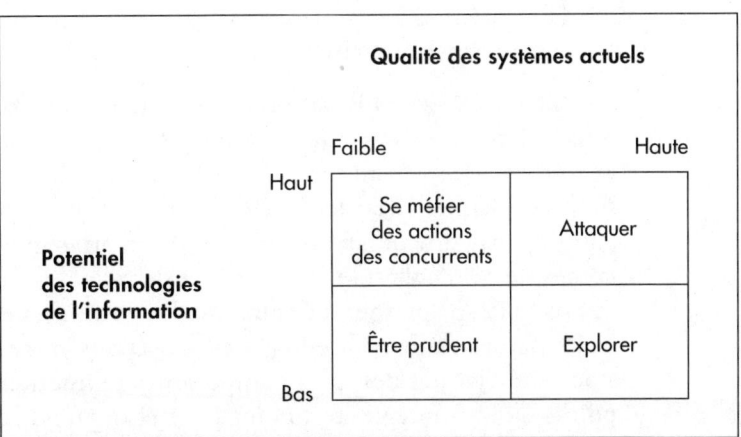

Source : Adaptée de Martin et al. (1991).

L'alignement stratégique

Plusieurs auteurs (Venkatraman, 1989; Chan, 1992) proposent de mesurer formellement l'orientation stratégique d'une organisation et d'aligner les activités de l'organisation en fonction de cette orientation. Les travaux réalisés par Chan (1992) et Chan et Huff (1993) mesurent l'adéquation entre la stratégie d'entreprise et les composantes stratégiques des systèmes d'information. Le modèle élaboré par Chan (1992) et Chan et Huff (1993) repose sur les travaux de Venkatraman (1989), qui s'est intéressé particulièrement aux composantes d'une stratégie d'entreprise. Il est possible d'utiliser cet outil pour modifier l'orientation des systèmes d'information afin de s'adapter de près aux orientations stratégiques de la firme.

Les composantes de l'orientation stratégique telles que définies par Venkatraman (1989) et Chan et Huff (1993) sont les suivantes:

- l'agressivité d'entreprise: la tendance à accroître la part de marché occupée par la firme;
- la capacité d'analyse: la propension à utiliser des études détaillées, numériques afin de guider l'action;
- la défensive interne: l'accent mis sur la réduction des coûts et l'efficience (*lean and mean*);
- la défensive externe: l'accent mis sur les alliances stratégiques, que ce soit avec les clients, les fournisseurs ou les distributeurs;
- les efforts de prévision: la vision à long terme de l'entreprise;
- l'aversion pour le risque: la réticence à participer à des projets risqués;
- la capacité d'innovation: la forte créativité de la firme et son goût pour l'expérimentation.

Chan (1992) a mis au point une mesure de l'orientation stratégique des systèmes d'information et évalué les liens entre stratégie d'entreprise et stratégie des systèmes d'information. Ces travaux fournissent une base solide sur laquelle vérifier l'adéquation entre des solutions technologiques adoptées par une organisation et sa vision stratégique. Une adaptation de la mesure de Venkatraman (1989) et de celle de Chan (1992) et de Chan et Huff (1993) permet d'évaluer quelles seront les axes stratégiques privilégiés par les choix technologiques. Les écarts entre les différentes dimensions stratégiques des deux composantes permettent ainsi d'identifier les points ou les stratégies technologiques et organisationnelles qui diffèrent.

Ainsi, cette mesure permet d'évaluer a priori les différentes avenues technologiques offertes et les différentes utilisations possibles des technologies. D'après les objectifs d'entreprise, il serait dès lors possible d'évaluer différentes composantes technologiques, d'identifier leurs points forts sur le plan stratégique et de choisir celles permettant de maximiser leur contribution à la performance de l'organisation.

Autres outils

Il existe plusieurs techniques de gestion de projet qui permettent de produire des graphiques servant à planifier et à contrôler les projets. Une des techniques les plus connues est celle du diagramme de Gantt qui précise le temps alloué à chacune des activités du développement d'un système. Le PERT (Programme d'évaluation et de révision des techniques) est une autre technique qui permet de concevoir un diagramme de réseau des activités qui sont nécessaires. Le PERT voit le projet comme un réseau de tâches distinctes tout en précisant la durée prévue pour chacune d'elles.

* * *

Pour s'assurer que l'utilisation qui est faite des différentes technologies de l'information est efficace et remplit bien son rôle dans un monde où règne un niveau de compétitivité très élevé et où les changements apparaissent à un rythme impressionnant, l'organisation doit s'engager dans une planification proactive des systèmes d'information. Une planification des systèmes d'information claire et compréhensible est indispensable au succès du développement et de l'utilisation de ces systèmes dans l'organisation. La planification des systèmes d'information fait partie intégrante de la planification organisationnelle dans son ensemble.

Pour élaborer un tel plan, l'organisation doit bien comprendre les différentes implications de la technologie et d'un processus de planification. Il est très important de bien identifier le service qui sera chargé des systèmes d'information ainsi que la mission de ce même service. Cette mission deviendra la base du plan stratégique des systèmes d'information qui sera mis en application à travers le plan opérationnel relatif aux systèmes d'information. Ceux qui feront cette planification doivent bien comprendre l'environnement où se trouve l'entreprise et au sein duquel ils feront cette planification. Ils doivent aussi être bien au courant des types de concurrence auxquels ils font face dans les différents marchés où l'entreprise est positionnée et être bien conscients des forces et des faiblesses de leur organisation.

La planification mise sur des technologies de l'information susceptibles de satisfaire les besoins de l'organisation dans son ensemble. Une planification pièce par pièce serait plutôt inadéquate, ne tenant pas compte des interrelations des différents systèmes de l'entreprise. Un plan des systèmes d'information devrait être relié directement au plan d'affaires de l'entreprise. Il existe différentes stratégies afin d'établir efficacement ces liens de façon à satisfaire aux objectifs fixés. La stratégie à choisir dépendra du type d'entreprise et de son environnement.

Il existe un bon nombre d'outils servant à l'élaboration d'un plan des systèmes d'information. Le choix des outils les plus appropriés doit se faire à la suite d'une mûre analyse qui permettra par la suite d'isoler ceux qui seront les plus adéquats pour identifier les opportunités stratégiques pouvant être intégrées au plan des systèmes d'information.

Plus les entreprises réaliseront l'importance croissante d'un bon plan, plus l'accent sera mis sur des méthodes de planification plus complètes mais également plus flexibles. Cette pratique prendra beaucoup d'importance dans un futur assez rapproché étant donné que la concurrence est de plus en plus forte année après année. La mondialisation des marchés exige des réseaux d'accès à l'information très importants et beaucoup plus coûteux, ce qui rend les décisions d'autant plus importantes. La course aux avantages concurrentiels ne s'achèvera pas de sitôt. De plus, ces facteurs amplifient le besoin, pour les gestionnaires, d'avoir une vision dynamique du rôle des technologies de l'information dans leur organisation.

BIBLIOGRAPHIE

AHITUV, N., NEUMANN, S., 1986, *Principles of Information Systems for Management*, 2ᵉ édition, Dubuque, Oowa, W.C. Browne.

BARKI, H., RIVARD, S., TALBOT, J., 1993, «Toward an Assessement of Software Development Risk», *Journal of Management Information Systems*, vol. 10, n° 2 (automne), p. 203-225.

BURROWS, P., 1994, «Giant Killers on the Loose», *Business Week/The Information Revolution*, p. 108-110.

CHAN, Y., 1992, *Business Strategy, Information Systems Strategy, and Strategic Fit: Measurement and Performance Impacts*, thèse de doctorat, University of Western Ontario, London, Ontario, 609 pages.

CHAN, Y.E., HUFF, S.L. 1993, «Investigation Information Systems Strategic Alignment», *ICIS Proceedings*, Orlando, p. 345-363.

DUPAUL, R., 1993, «Le Canadien National investit 100 millions dans l'informatique», *La Presse* (27 mai) p. C-3.

LAUDON, K., LAUDON, J., 1994, *Management Information Systems, Organization and Technology*, 3ᵉ édition, Macmillan Publising Company, NY, 818 pages.

LYYTINEN, K., HIRSCHHEIM, R., 1987, «Information Systems Failures-A Survey and Classification of the Empirical Literature», *Oxford Surveys in Information Technology*, vol. 4, Oxford University Press, p. 257-309.

MAGLITTA, J., 1993, «Squeeze Play», *Computerworld* (19 avril) p. 86-91.

MARTIN, W., DE HAYES, D., HOLFER, J., PERKINS, W., 1991, *Managing Information Technology*, New York, Macmillan, p. 439-465.

NOLAN, R.L., 1973, «Managing the Computer Resources: A Stage Hypothesis», *Communications of the ACM*, vol. 16, n° 7 (juillet), p. 399-405.

NOLAN, R.L., 1979, «Restructuring the Data Processing Organization for Date Resource Management», *Information Processing 77*, B. Gilchrist éditeur, IFIP, North Holland Publishing Company, p. 261-265.

NORTON, P., 1974, «Organizing for the Computer: To Centralize or not to Centralize», *Administration: Organizational Issues*, p. 187-205.

O'BRIEN, J.A., 1993, *Management Information Systems, A Managerial End User Perspective*, 2ᵉ édition, Irwin.

ROCKART, J.F., LEVENTE, 1979, «Chief Executives Define Their Own Data Needs», *Harvard Business Review*, (mars-avril).

SAGER, I., 1994, «The New Face of Business», *Business Week/The Information Revolution*, p. 100-107.

VENKATRAMAN, N., 1989, «Stragegic Orientation of Business Entreprises: The Construct, Dimensionality, and Measurements» *Management Science*, vol. 35, n° 8 (août), p. 942-962.

CHAPITRE 4 | # Le développement des systèmes informatiques

Le développement des systèmes informatiques est une activité complexe, risquée et faisant appel à plusieurs intervenants. Ce texte présente les différentes étapes traversées durant un projet de développement de système informatique. Il ne s'agit pas d'une description des méthodes de gestion des projets mais simplement d'une brève présentation des activités principales réalisées à l'intérieur d'un projet de développement.

Deux approches sont présentées. La première est le cycle de développement des systèmes. Cette approche, bien établie, fournit un guide structuré et les outils nécessaires au développement des systèmes informatiques. Elle permet également à un client de suivre et contrôler le travail effectué par les développeurs.

La seconde approche est la méthode du prototype. Cette approche itérative, plus flexible, fut développée pour répondre à certaines limites du cycle traditionnel. Elle permet le développement de systèmes dans des contextes moins structurés, plus flous. Elle présente toutefois des inconvénients tels qu'une efficience souvent douteuse et une difficulté de maintenance accrue.

LE CYCLE DE DÉVELOPPEMENT DES SYSTÈMES INFORMATIQUES

Le cycle de développement constitue une série d'activités permettant de mener à bien un développement de système. Plusieurs versions de ce cycle existent ont été largement documentées (voir la bibliographie pour une liste non exhaustive). Ces différentes visions ou approches du développement conservent quand même une philosophie commune, une séquence d'activités comparables.

Ces activités ont été regroupées en cinq grandes classes: l'évaluation, l'analyse, la conception, la réalisation et l'implantation des systèmes. Ces activités se déroulent en cascade, chacune utilisant le produit de la précédente et fournissant l'intrant à la suivante.

Ces activités visent à transformer un besoin en information, exprimé par un gestionnaire, en quelque chose d'exécutable par un ordinateur. On peut voir ces différentes étapes comme des abstractions de ce besoin en information. Les premières étapes utilisent le langage du gestionnaire alors que les dernières utilisent le langage formel de la machine. Les étapes intermédiaires servent à effectuer la traduction d'une forme à l'autre.

Le tableau 4.1 de la page suivante présente différentes visions du cycle classique de développement, présentées par divers auteurs. Même si le découpage des activités varie, certains faisant une partition plus fine des activités que d'autres, même si la dénomination de certaines activités change, l'ordre de celles-ci et la logique restent remarquablement stables.

La colonne de gauche présente les activités telles qu'elles seront discutées dans le texte qui suit. Les autres colonnes indiquent les activités correspondantes telles que définies par les auteurs nommés en tête de colonne.

En plus des objectifs de chacune des étapes, quelques outils utilisés dans la conduite de ces activités sont présentés. L'objectif n'est pas de fournir une description détaillée de chacun des outils afin de pouvoir les utiliser, mais bien de donner un aperçu des instruments disponibles pour l'équipe de développement.

Un gestionnaire sera en effet régulièrement confronté à des documents fournis par les analystes ou les consultants, utilisant le formalisme correspondant à ces outils. Une compréhension de base de ceux-ci est essentielle pour juger de la qualité du travail de l'équipe de développement.

TABLEAU 4.1 Le cycle de développement

Auteurs(s) / Étapes du cycle	Kendall et Kendall (1992)	Pressman (1987)	Rivard et Talbot (1993)	Senn (1987)
Évaluation	Identification des problèmes, des opportunités et des objectifs	Analyse du système général	Évaluation de la demande	Analyse préliminaire
Analyse	Identification des besoins en information / Analyse fonctionnelle	Analyse des besoins	Analyse détaillée / Conception logique	Analyse détaillée
Conception	Conception du système	Conception du système	Proposition de scénarios de solutions / Conception physique externe	Conception du système
Réalisation	Production du logiciel / Test et entretien du système	Codage / Test du système	Réalisation technique	Développement du logiciel / Test du système
Mise en place et entretien		Maintenance	Mise en place et exploitation	Mise en œuvre

L'évaluation

Cette phase constitue une étape cruciale dans le développement de systèmes d'information. C'est à ce moment que l'on évalue les différents problèmes à résoudre comme les opportunités dont il faut profiter. Dans cette phase, les usagers, de concert avec les analystes et la direction de l'entreprise, évaluent la situation de l'organisation et le potentiel des technologies de l'information pour en améliorer le rendement. Plusieurs activités sont effectuées durant l'étape d'évaluation.

On procède d'abord à une évaluation de la situation actuelle. Les éléments du contexte organisationnel, l'état des systèmes d'information, l'identification des personnes potentiellement affectées par le ou les projets doivent être déterminés. On définit également une proposition préliminaire du nouveau système. Cette proposition, forcément incomplète, sert de base à l'évaluation de la faisabilité de la solution.

L'étude de faisabilité couvre plusieurs aspects. Il est nécessaire, avant d'investir des sommes importantes dans un projet, de savoir si celui-ci est réalisable. L'équipe de projet doit déterminer la faisabilité technique du projet en déterminant si les solutions technologiques envisagées sont réalisables. De plus, il est essentiel de définir la faisabilité organisationnelle du projet. L'organisation devra avoir les ressources humaines disponibles pour assurer la réalisation de celui-ci. De plus, toute solution entraîne des modifications pour l'organisation. On doit donc s'assurer que celle-ci pourra adopter la solution retenue. Il peut être nécessaire de modifier la structure organisationnelle, de déménager certaines activités ou de modifier substantiellement la main-d'œuvre de l'organisation. Les modifications technologiques sont souvent accompagnées de modifications majeures de l'organisation. Dès lors, le personnel de l'organisation devra avoir les connaissances, les habiletés et les qualifications requises pour effectuer le travail ainsi redéfini. Il est important de vérifier a priori s'il sera possible d'implanter avec succès de tels changements. Il faut évidemment mesurer la faisabilité financière du projet. Il est inutile de s'engager dans un projet que la firme ne pourra mener à bien, faute de ressources financières.

C'est également à cette étape que l'on effectue une étude de rentabilité du projet proposé. Même si le projet est réalisable pour l'organisation, il doit générer des revenus ou des économies suffisantes pour justifier son existence. Les bénéfices attendus d'un projet peuvent être difficiles à évaluer. Bien souvent, on aura des bénéfices intangibles comme l'amélioration des conditions de travail, l'amélioration de la qualité des décisions ou l'amélioration du moral des employés. Il est difficile d'évaluer de telles améliorations. Les gestionnaires responsables du démarrage du projet devront jauger ces bénéfices et les comparer, qualitativement, aux coûts estimés du projet. Cette phase est essentielle puisque l'organisation ne voudra pas compromettre des ressources pour un projet non rentable. C'est bien souvent à la suite de cette étude que l'on décidera soit d'aller de l'avant ou d'abandonner tout simplement le projet.

L'analyse

La phase d'analyse vise à définir en premier lieu quelles sont les informations nécessaires pour les usagers afin que ceux-ci puissent mener leurs activités et pour dresser un portrait formel de ces flux d'information. Plusieurs méthodes et outils sont disponibles afin de réaliser cette phase avec succès.

Pour définir les besoins en information auxquels le système devra répondre, on peut examiner les documents et les procédures existants, interviewer les utilisateurs, leur demander de répondre à un questionnaire, observer leur travail ou même construire un prototype. Chacune de ces méthodes possède des avantages et des inconvénients (voir la figure 4.1).

Le choix des méthodes à utiliser est largement tributaire du niveau d'incertitude entourant le processus de détermination des besoins. En effet, plus un processus est incertain, plus il sera important d'utiliser des méthodes flexibles permettant de réduire cette incertitude. Plusieurs éléments peuvent être responsables de cette incertitude. Le facteur primordial est sans conteste l'application à développer. Une application très complexe, impliquant plusieurs services ou des liens interorganisationnels, sera entourée de beaucoup plus d'incertitude qu'une petite application pensée pour un seul utilisateur. De même, les applications nouvelles, peu ou mal structurées, seront plus incertaines que les applications très connues telles les applications comptables courantes, par exemple.

FIGURE 4.1 Méthode de définition des besoins

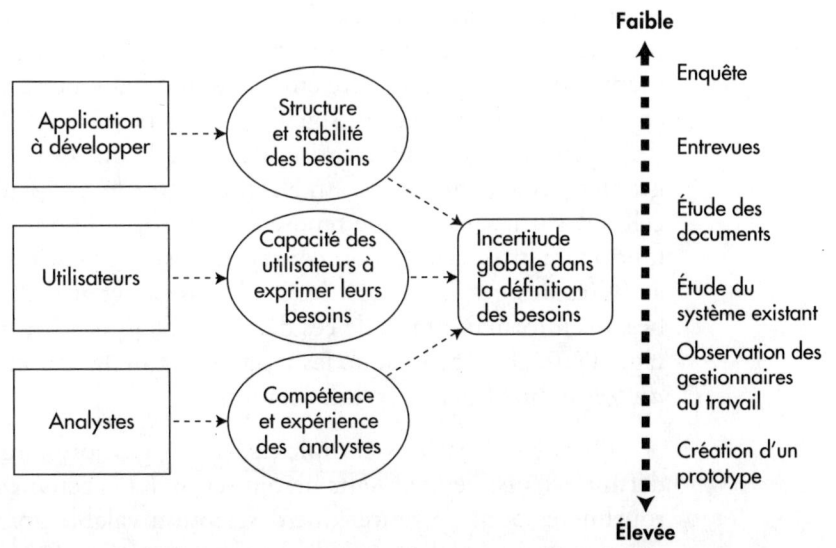

Source : Inspirée de Davis *et al.* (1986), p. 267.

Les utilisateurs sont une autre source d'incertitude. Des utilisateurs expérimentés, connaissant à la fois leur domaine d'expertise et les technologies de l'information, seront en mesure d'exprimer leurs besoins et leurs activités beaucoup plus clairement que des utilisateurs néophytes. D'autre part, les utilisateurs pourront être plus ou moins intéressés à définir les fonctionnalités du système. Les avantages ou les désavantages perçus du projet de développement seront souvent un facteur déterminant pour leur implication dans le projet. Tous ces éléments affectent le niveau d'incertitude de celui-ci.

Finalement, les analystes sont un autre élément clé de l'incertitude entourant le processus de définition des besoins en information. Leur compétence, alliée à leur connaissance du domaine d'application, peuvent réduire grandement le flottement dans la définition des besoins pour le nouveau système. Des analystes moins expérimentés, novices dans le domaine d'application du nouveau système, auront beaucoup plus de difficulté à définir les besoins en information et accroîtront le risque associé à une mauvaise ou incomplète définition des besoins (Davis *et al.*, 1986).

Plusieurs outils et méthodes sont disponibles afin de cerner les besoins des usagers. Ces moyens vont de l'enquête très structurée à l'exploration par prototype. Chaque moyen présente des avantages et des inconvénients. L'enquête suppose que l'on connaît l'ensemble des besoins possibles. On demande alors simplement aux utilisateurs d'indiquer ceux qui les concernent. C'est une méthode qui convient aux situations extrêmement bien structurées. Les entrevues sont un peu plus flexibles puisqu'elles permettent aux personnes interviewées d'identifier des éléments qui n'auraient pas été envisagés ultérieurement. Dans ces deux cas, ce sont les utilisateurs qui signalent leurs besoins aux analystes. L'étude des documents et l'observation du travail sont des méthodes plus exigeantes pour les analystes. En effet, c'est sur leurs épaules plutôt que sur celles des utilisateurs, que repose la définition des besoins. En observant les documents échangés ou conservés, les informations transmises et les activités des gestionnaires, les analystes peuvent dresser une image des besoins informationnels de ces derniers. Ce groupe de méthodes a l'avantage d'être efficace lorsque les usagers ont de la difficulté à identifier *in abstracto* leurs besoins en information.

Dans les situations complexes, où les gestionnaires n'arrivent pas à définir exhaustivement leurs besoins et où leurs activités ne sont pas assez routinières pour en retirer une description valable grâce à l'observation, on peut recourir à la méthode du prototype. En effet, même lorsque les utilisateurs du système n'arrivent pas à identifier l'ensemble des besoins a priori, ils peuvent généralement donner leur évaluation d'un système en l'essayant. On simule donc leur environnement de travail en leur demandant d'essayer certaines fonctions possibles du système. En se basant sur leurs commentaires, il est alors possible d'ajouter, d'enlever ou de modifier les fonctions du système. Cette approche, qui permet de définir les besoins dans les situations complexes, peut être vue comme une méthodologie de développement en soi. Elle sera discutée dans une section subséquente.

Cette définition des besoins en information permet de connaître l'ensemble des fonctionnalités que le système devra posséder afin de répondre aux attentes des utilisateurs.

L'étape suivante de la phase d'analyse correspond à ce que nous identifions couramment comme l'analyse fonctionnelle ou conception logique (Rivard et Talbot, 1993). Cette phase permet de formaliser les flux d'information spécifiés dans l'analyse des besoins. À cette étape, plusieurs éléments sont produits dont les diagrammes des flux d'information et le dictionnaire de données. Ces différents outils visent à fournir une image structurée de ce qui fut recueilli pendant l'analyse des besoins.

Le diagramme des flux d'information permet la représentation graphique de l'information dans le système, de son entrée et à sa sortie, en indiquant toutes les transformations effectuées. Ces diagrammes permettent de représenter différents niveaux d'abstraction. Il est important de noter que ces diagrammes ne présentent que les mouvements d'information et qu'ils sont totalement indépendants des supports physiques servant à la transformation des informations. Par exemple, dans la figure 4.2, le flux « Examen » représente l'information transmise dans un examen. Cet examen peut aussi bien être écrit qu'oral. Ce n'est pas la copie physique de l'examen qui est représentée mais bien l'information. De même, les notes transmises peuvent l'être sur un formulaire, par un lien électronique ou simplement verbalement. Le flux indique seulement que cette information est transmise d'une entité à une autre, indépendamment du mode de transmission (Pressman, 1987).

Dans ce mode de représentation, les *cercles* représentent des traitements de l'information, indiquant que l'information qui sort du traitement a subi une modification (par rapport à l'intrant). Les *carrés* constituent des entités externes, extérieures au système représenté mais avec lesquelles des informations sont échangées. Le rectangle représente des dépôts d'information. Finalement, les flèches sont des flux d'information qui indiquent les mouvements de ceux-ci. Des conventions formelles existent sur l'agencement de ces différents symboles.

FIGURE 4.2 Diagramme de flux d'information

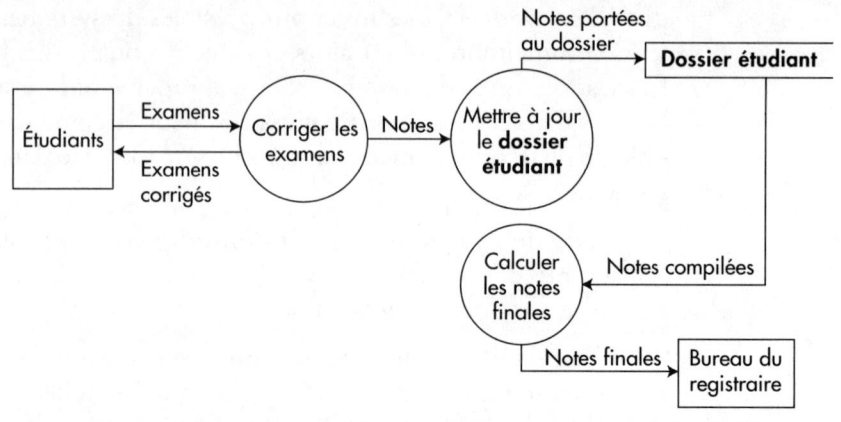

Source: Adaptée de Suzanne Rivard et Jean Talbot (1993), p. 112.

Tout diagramme de flux d'information (DFD) est accompagné d'un dictionnaire de données. Ce dictionnaire sert à définir formellement les différents éléments du diagramme. Les dépôts, les flux et les différents traitements y sont décrits de manière explicite. On indique par exemple, pour chacun des flux, la source et la destination du flux, la structure des données incluses, la fréquence de transmission des données ainsi qu'une description du flux. Les dépôts sont également détaillés en spécifiant leur contenu, les flux entrants et sortants et, si elle est déjà spécifiée, l'organisation physique du dépôt. De même, pour les traitements, une description est accompagnée des entrées et des sorties du traitement, avec un résumé de la logique de traitement. Les entités externes sont également décrites de manière formelle. Cette liste d'éléments à définir est loin d'être exhaustive (Gane et Sarson, 1982). Ces éléments fournissent une part importante de la documentation du système.

Tous ces éléments créent le plan détaillé de toutes les transformations de l'information qui devront être faites dans le système en développement. La phase d'analyse se concentre sur le «quoi» du système. La phase de conception, qui suit, se concentre sur le «comment».

La conception

La conception vise à définir l'architecture du système, les procédures et les structures de données afin de pouvoir les programmer dans la phase ultérieure. Cette phase continue l'effort de formalisation entrepris lors de l'analyse. C'est également lors de cette étape que l'on effectue la conception des interfaces.

Une des différences fondamentales entre l'analyse et la conception est l'introduction des contrôles dans les différentes représentations des traitements de l'information. Si l'analyse présentait les différents flux possibles (le «quoi»), la conception présente les choix, les arbres de décision, les vérifications et les validations (le «comment»). Les différentes conditions, accompagnées des actions correspondantes, sont donc spécifiées.

Plusieurs modes de représentation sont utilisés. Deux exemples sont donnés ici. Le premier (voir figure 4.3) est une table de décision. Cette représentation est claire lorsqu'il existe un nombre limité de conditions et d'actions correspondantes. Le second, illustré par les figures 4.4 et 4.5 (voir page suivante), permet la représentation de procédures plus complexes. Il fut développé par Nassi-Shneiderman (1973). C'est un modèle très visuel de représentation facilitant une vision modulaire des différentes parties du système. La figure 4.4 montre les différents éléments pouvant faire partie du diagramme. Ces éléments sont les opérations de base des procédures. La figure 4.5 est un exemple d'agencement de ces différents éléments. Les conditions, boucles et opérations sont imbriquées afin de représenter une opération complexe. Il est possible de représenter tous les traitements identifiés durant la phase d'analyse avec un tel mode de représentation. Ces diagrammes s'approchent encore plus du formalise nécessaire à la programmation du système.

FIGURE 4.3 Table de décision

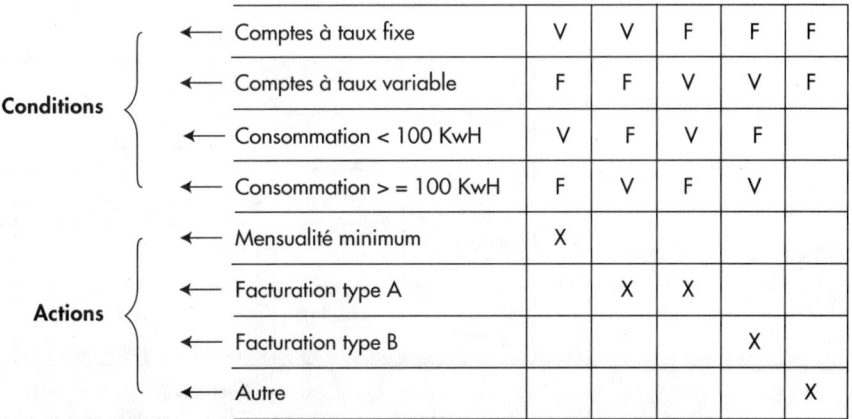

Source : Pressman (1987), p. 245. Reproduit avec la permission de McGraw-Hill Companies.

FIGURE 4.4 Diagramme de Nassi-Shneiderman (1973)

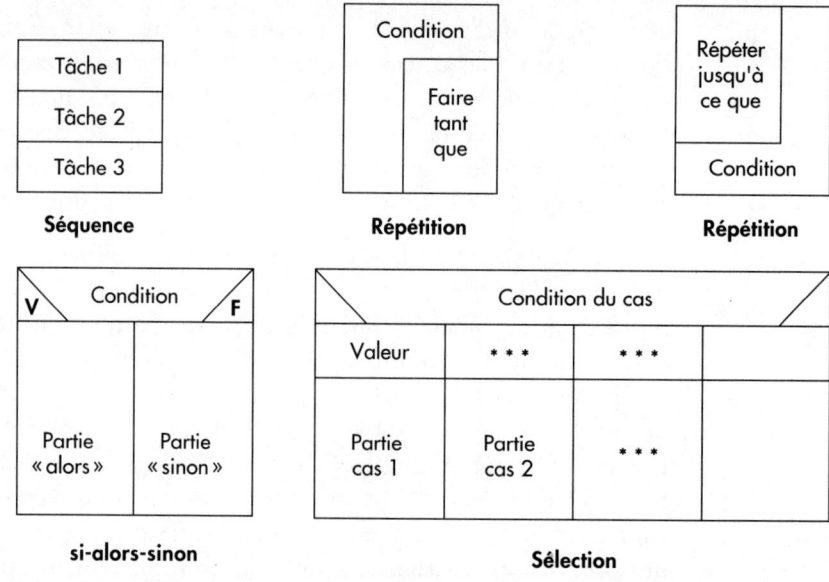

Source : Pressman (1987), p. 243. Reproduit avec la permission de McGraw-Hill Companies.

FIGURE 4.5 Agencement de procédures

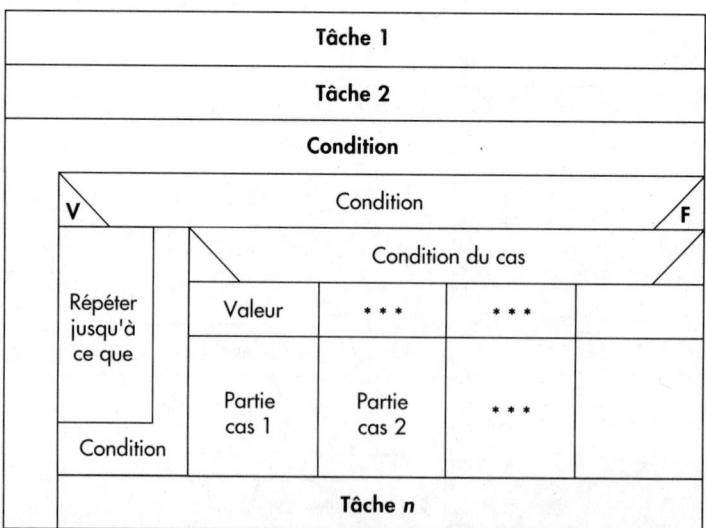

Source : Pressman (1987), p. 244. Reproduit avec la permission de McGraw-Hill Companies.

La figure 4.5 présente un agencement de procédures représenté par un diagramme en boîte (Nassi-Shneiderman). Dans cet exemple, deux tâches sont exécutées successivement. Elles sont suivies d'une série de conditions diverses imbriquées (une boucle « tant que », une condition « si alors », etc.). Finalement, une tâche « n conditions » est exécutée.

Cette procédure est entièrement formée des opérations de base décrites dans la figure 4.4. C'est une représentation structurée très proche d'un langage de programmation.

Une fois l'ensemble des procédures, des entrées et des sorties décrites, le projet est prêt à passer à la phase de réalisation. Ces description forment le rapport de conception et s'ajoutent à la documentation.

La réalisation

Cette phase consiste à produire le logiciel. Les analystes travaillent de concert avec les programmeurs pour traduire les spécifications de la conception dans un langage interprétable par l'ordinateur. On effectue systématiquement des tests des différents modules afin de s'assurer qu'ils respectent les spécifications et qu'ils sont exempts d'erreur. De plus en plus, les développeurs utilisent des outils comme les générateurs de code afin d'effectuer ces tâches. Ces générateurs permettent la production automatique de codes (programmes) à partir des diagrammes faits durant la conception. Les programmeurs n'ont plus que des ajustements mineurs à faire.

L'implantation

Une fois le système développé et validé, il ne reste qu'à le mettre en place dans l'organisation. C'est souvent l'étape la plus difficile et la plus longue du cycle de développement. Il peut être nécessaire de repenser sévèrement les procédures de travail, l'agencement des tâches, et ces modifications entraînent souvent des mouvements importants du personnel. Il arrive que les utilisateurs résistent à ces changements et compliquent l'implantation du système. Ces résistances sont généralement explicables. Dans certains cas, les utilisateurs ne voient pas les avantages du nouveau système. Il peut même arriver qu'ils perçoivent le nouveau système comme désavantageux pour eux.

Si le projet de développement a été bien mené, les responsables du projet se seront préoccupés simultanément du développement du logiciel et de la préparation de l'implantation. Les usagers devraient donc avoir reçu l'information requise sur le nouveau système et sur les effets prévus de l'implantation. Ainsi, ils seront familiarisés avec les changements à venir et ils auront pu faire valoir leurs commentaires, leur suggestions et leurs craintes durant l'étape d'analyse afin d'ajuster le système à leurs besoins.

Malgré ces recommandations, l'implantation est souvent une étape ardue. L'information fournie aux utilisateurs n'empêche pas les luttes de pouvoir entre les services ou les groupes de l'organisation, ni les jeux d'influence entre les individus. Ces éléments sont intrinsèques aux organisations et les systèmes informatiques sont un outil régulièrement utilisé par les membres de l'organisation afin d'acquérir plus de pouvoir ou d'influence.

Lors de l'implantation physique du système, on aura le choix entre plusieurs stratégies. On pourra basculer complètement vers le nouveau système, sans transition. Cette méthode est risquée puisqu'on abandonne l'ancien système sans être vraiment certain que le nouveau système fonctionnera adéquatement. C'est toutefois une solution moins coûteuse et assez régulièrement utilisée. On pourra également faire fonctionner les deux systèmes (l'ancien et le nouveau) en parallèle durant une période donnée afin de s'assurer que le nouveau système est exempt d'erreur. Cette solution est la plus sécuritaire mais nettement plus coûteuse puisqu'elle demande un double effort de la part des membres de l'organisation afin de maintenir les deux systèmes opérationnels. Il est également possible d'utiliser une stratégie de site pilote. On implantera le nouveau système sur un site pilote, isolé afin de vérifier s'il fonctionne correctement. Si c'est le cas, le système sera implanté dans les autres sites. Cette approche, souvent peu coûteuse, permet de limiter les dégâts advenant une faille dans le nouveau système. Finalement, il est possible d'effectuer une implantation graduelle, mettant en application les fonctions du système d'une façon progressive, les unes après les autres. Cette approche, relativement sécuritaire, requiert que l'ancien et le nouveau système soient compatibles, ce qui n'est pas toujours le cas. Ces stratégies d'implantation ne sont pas sans lien avec la perception qu'auront les utilisateurs du nouveau système et le niveau d'enthousiasme (ou de résistance) manifesté lors de l'implantation.

Les modifications ainsi apportées au système peuvent être de plusieurs ordres. Certaines seront cosmétiques. On pourra modifier certains écrans ou certains rapports afin de les rendre plus attrayants pour les usagers. D'autres modifications seront obligatoires. Par exemple, lors de l'introduction d'une nouvelle taxe (comme l'introduction de la TPS), il devient obligatoire de modifier les systèmes financiers afin qu'ils tiennent compte du nouveau contexte légal.

Une documentation exhaustive du système informatique et le respect des règles fondamentales de développement facilitent grandement l'entretien. Bien souvent, les analystes qui auront participé au développement du système ne seront pas là pour effectuer des modifications au système, plusieurs années après le projet. Même s'ils y étaient, ils ne se souviendraient probablement plus de tous les détails du système. De là l'importance d'une documentation fidèle du travail de développement. Cette documentation est formée des rapports faits à la fin de chacune des activités décrites précédemment. L'ensemble des écrits, descriptions, diagrammes, graphiques et autres représentations, de même que le code général, constitue la documentation du système.

Les outils CASE

Les outils CASE proposent une aide automatisée tout au long du cycle de développement. Ce sont des logiciels informatiques qui permettent une réalisation plus facile des différentes étapes du cycle. Ainsi, ils fournissent des aides graphiques pour les différents outils présentés dans la section précédente. Ils vérifient automatiquement les erreurs et détectent les incohérences ou les diagrammes incomplets. Ils assurent la correspondance entre les différents niveaux d'abstraction. Ils sont un outil précieux pour assurer la qualité de la documentation et diminuent grandement le temps passé à reproduire, corriger ou raffiner les différents modèles. Ils permettent également le partage plus facile de l'information entre les membres d'une équipe de développement. Ils incluent souvent des générateurs de code afin de produire les programmes à partir des résultats de la conception. Ces outils permettent de tirer le meilleur parti des méthodes de développement.

LA MÉTHODE DU PROTOTYPE

La méthode du prototype est une alternative au cycle de développement des systèmes. Cette approche s'est développée afin de combler une lacune du cycle traditionnel (voir figure 4.6). Dans ce dernier, les besoins des utilisateurs doivent être définis *ex ante*, dès le début du développement. Cette façon de faire est peu appropriée lorsque les utilisateurs possèdent

FIGURE 4.6   Développement par la méthode du prototype

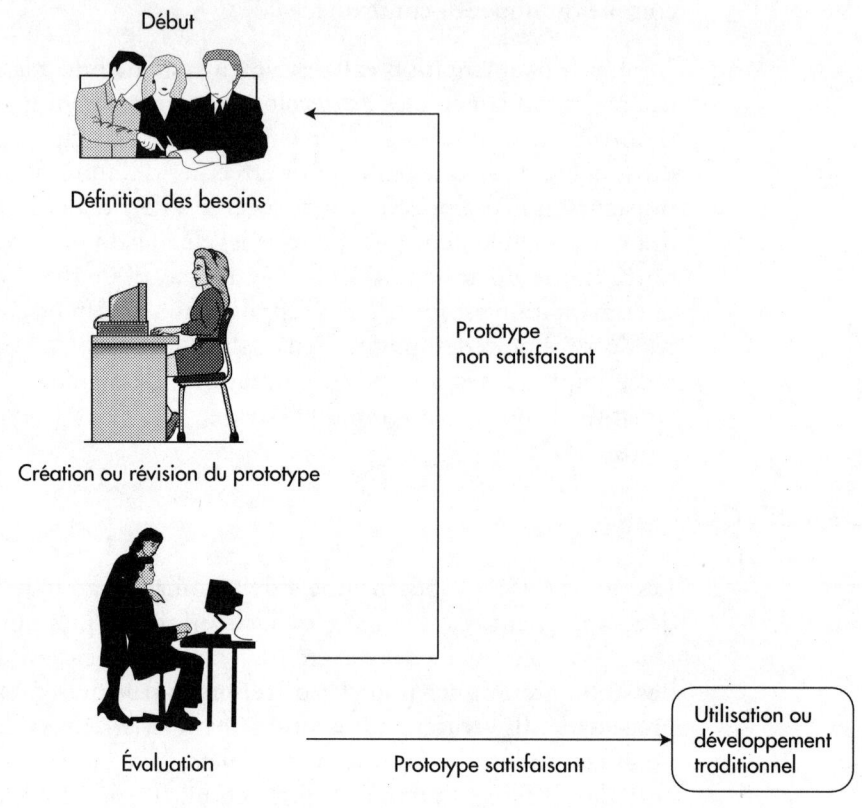

peu de connaissances en informatique et voient difficilement comment intégrer ce nouvel outil dans leur environnement de travail.

La philosophie de ce procédé est simple: rien ne vaut un essai pour savoir. La méthode consiste à définir très sommairement et rapidement des besoins et à réaliser une version préliminaire du système présentant quelques fonctions. Cette première fonction est essayée par l'utilisateur qui peut ainsi vérifier la justesse des besoins exprimés et la capacité du système à répondre à ces besoins. À partir de cette évaluation, l'utilisateur est en mesure de fournir une meilleure description de ses besoins.

À la suite des commentaires exprimés, la première version peut être améliorée, révisée en profondeur ou même abandonnée. On refait ce même cycle (amélioration–évaluation) jusqu'à ce que l'utilisateur soit satisfait du système proposé.

Une fois le système jugé satisfaisant, il est possible de laisser à l'utilisateur la dernière version du prototype comme version opérationnelle ou de redévelopper, de manière plus traditionnelle, une version opérationnelle. Ce choix est important. Si on conserve le prototype comme version opérationnelle, on se retrouve souvent avec un système peu documenté, qui sera difficile à entretenir. On diminue ainsi la vue utile du système. De plus, il est possible que ce système soit peu efficient. Par contre, on évite les coûts reliés au développement.

Si on décide de refaire le système, on peut produire un système fiable, documenté et beaucoup plus facile à entretenir. Dans cette optique, la création d'un prototype a servi à définir les besoins de l'usager. Une fois ceux-ci identifiés, on continue le développement en fonction du cycle traditionnel de développement.

Bien souvent, l'utilisateur sera réticent à abandonner sa version «prototype» si elle fonctionne, pour attendre après une version développée selon les règles de l'art. C'est un dilemme entre les coûts de maintenance et les coûts de développement que doivent résoudre l'utilisateur et le développeur. Il n'y a pas de solution miracle!

* * *

Deux approches du développement des systèmes informatiques ont été présentées. La première: le cycle de développement des systèmes convient au développement des systèmes informatiques complexes, impliquant souvent plusieurs intervenants. Cette approche fournit un guide structuré et les outils nécessaires au développement des systèmes informatiques. La méthode du prototype est une approche itérative, plus flexible, qui fut développée pour répondre à certaines limites du cycle de développement. Elle permet le développement de systèmes dans des contextes moins structurés, plus flous. Elle présente toutefois des inconvénients tels une efficience souvent douteuse et une difficulté de maintenance accrue.

Une bonne connaissance des méthodes permet à un client de suivre et contrôler le travail effectué par les développeurs. Généralement, les rapports remis à la fin de chacune des étapes du cycle constituent des rapports d'étape et sont accompagnés d'une demande de paiement pour le travail effectué. Le client valide et accepte ce rapport, paie son développeur et autorise la poursuite du projet. Il est dès lors essentiel pour le gestionnaire de comprendre les objectifs de chaque étape.

Il est également crucial pour le gestionnaire de s'assurer que la définition des besoins, élément clé du processus, a été faite correctement. Cette assurance est essentielle puisque c'est sur cette définition que repose tout le développement du système. De plus, cette étape est la dernière produisant un rapport rédigé dans le vocabulaire du gestionnaire. Toute erreur sera plus difficile à identifier ultérieurement et plus coûteuse à corriger.

BIBLIOGRAPHIE

COAD, P., YOURDON, E., 1991, *Object Oriented Analysis*, Englewood Cliffs, New Jersey, Yourdon Press, 233 pages.

DAVIS, G., OLSON, M., AJENSTAT, J., PEAUCELLE, J.-L., 1986, *Systèmes d'information pour le management: volume 1. Les bases*, Boucherville, G. Vermette, 356 pages.

GANE, C., SARSON, T., 1980, *Analyse structurée des systèmes: outils et techniques*, Saint-Louis, Missouri, McDonnel Douglas, 445 pages.

KENDALL, KENDALL, 1993, *Systems Analysis and Design*, McGraw-Hill, U.S.A.

PRESSMAN, R., 1987, *Software Engineering: A Practioner's Approach*, McGraw-Hill Companies, U.S.A. 567 pages.

RIVARD, S., TALBOT, J., 1993, *Le développement de systèmes d'information: méthode et outils*, Sillery, Presses de l'Université du Québec, 419 pages.

SENN, J., 1987, *Analyse et conception de systèmes d'information*, McGraw-Hill, Canada, 648 pages.

CHAPITRE 5 | # L'acquisition des services informatiques

avec la collaboration de Geneviève Hamel

> Pour plusieurs, choisir un fournisseur informatique peut paraître simple. Mais tout dépendant de l'ampleur du bien ou du service dont une firme a besoin, cette étape peut devenir critique. En effet, la sélection d'un fournisseur vise souvent bien plus que la simple recherche d'un vendeur; il s'agit plutôt du choix d'un partenaire. C'est pourquoi la préparation de l'appel d'offres et du contrat liant les deux parties (client et fournisseur) devient une étape importante dans le développement informatique d'une entreprise.
>
> Une entreprise peut faire appel à un fournisseur informatique (consultant, vendeur, etc.) pour acquérir rapidement de l'information sur un sujet précis. Par exemple, une entreprise peut avoir recours à une firme de consultants telle que CGI, DMR ou LGS pour obtenir des renseignements sur le fonctionnement et l'utilité commerciale d'un réseau comme Internet. Les entreprises peuvent aussi demander l'aide d'un fournisseur afin d'acquérir des connaissances et des ressources matérielles et humaines leur faisant défaut, mais leur étant essentielles pour lancer un nouveau projet ou encore pour le mener à terme.

L'ACQUISITION DES SERVICES INFORMATIQUES

Pour plusieurs, choisir un fournisseur informatique peut paraître simple. Mais tout dépendant de l'ampleur du bien ou du service dont une firme a besoin, cette étape peut devenir critique. En effet, la sélection d'un fournisseur vise souvent bien plus que la simple recherche d'un vendeur; il s'agit plutôt du choix d'un partenaire. C'est pourquoi la préparation de l'appel d'offres et du contrat liant les deux parties (client et fournisseur) devient une étape importante dans le développement informatique d'une entreprise. Le présent texte s'intéresse d'abord aux différents biens et services que peut offrir un fournisseur informatique. Il traite ensuite de la préparation des appels d'offres et contrats ainsi que des éléments qui doivent y être inclus. Plusieurs exemples seront fournis afin d'illustrer les divers propos abordés.

Après une brève description de ce qu'est la relation entre un fournisseur informatique et son client, cette section fera un survol de ce qui est offert sur le marché des biens et services informatiques. Il est important de déterminer ce qui est possible d'acquérir sur ce marché afin de maximiser l'utilité de l'intervention d'un fournisseur dans une entreprise.

LA RELATION CLIENT-FOURNISSEUR

Les deux raisons habituellement invoquées par les entreprises pour justifier le recours à un fournisseur informatique sont soit l'obsolescence du système informatique déjà en place, soit le changement de la nature des activités commerciales, créant une désuétude des logiciels utilisés jusque-là, ou encore le passage de l'exécution manuelle de certaines fonctions à une exécution informatisée (Doyle, 1988).

Plus spécifiquement, une entreprise peut faire appel à un fournisseur informatique (consultant, vendeur, etc.) pour acquérir rapidement de l'information sur un sujet précis. Par exemple, une entreprise peut avoir recours à une firme de consultants telle que CGI, DMR ou LGS pour obtenir des renseignements sur le fonctionnement et l'utilité commerciale d'un réseau comme Internet. Les entreprises peuvent aussi demander l'aide d'un fournisseur afin d'acquérir des connaissances et des ressources matérielles et humaines leur faisant défaut, mais leur étant essentielles pour lancer un nouveau projet ou encore pour le mener à terme. Bref, faire affaire avec un fournisseur est surtout utile lorsque l'entreprise ne possède pas à l'interne certaines ressources nécessaires à son fonctionnement ou à son développement. Un recours au fournisseur lorsque les ressources internes sont aptes à fournir le service ou le bien dont l'entreprise a besoin constituerait une perte de temps et d'argent. De plus, cela contribuerait à la démotivation des individus. Finalement, il est surtout important de se rappeler que le recours à un partenaire informatique ne doit pas être utilisé pour faire la gestion ou l'administration de l'entreprise. Ceci pourrait créer une dépendance de celle-ci envers son fournisseur. Ces questions d'ordre plus stratégique doivent rester sous la direction de l'organisation. Les conseillers externes doivent s'en tenir à leur rôle (conseil).

Les avantages reliés au recours à un fournisseur sont multiples. Parce qu'il amène une vision impartiale et externe, ce dernier peut fournir une nouvelle solution à un problème et une évaluation objective de la situation. De plus, parce que c'est un spécialiste dans son domaine, il fournit une expertise de pointe et permet une économie de temps et d'efforts (donc d'argent). Finalement, il peut contribuer à un accroissement des connaissances des ressources humaines à l'interne puisqu'elles auront généralement à collaborer avec les gens travaillant pour le fournisseur.

Toutefois, il est évident que certains problèmes peuvent surgir lorsqu'une entreprise a recours à un fournisseur informatique. Il peut y avoir un «choc culturel» entre les deux firmes, de la résistance de la part des employés du «client», des recommandations du fournisseur qui s'avèrent inutiles (parce que non reliées au contexte de l'organisation, par exemple), un produit ou un service inadéquat par rapport à la réalité du client, une ingérence du fournisseur dans les décisions du client et des coûts qui peuvent parfois dépasser certaines limites.

Afin d'éviter ces problèmes, il est d'abord important de s'assurer que le fournisseur choisi fonctionne selon un mode de gestion compatible avec celui du client. Les deux parties devront bien comprendre l'approche utilisée par leur partenaire afin de supprimer toute surprise pouvant survenir lors de la livraison finale du produit ou du service. Si le fournisseur doit travailler quelque temps avec le client, il est essentiel de le considérer comme un partenaire d'affaires plutôt qu'un vendeur externe et de l'intégrer dans l'équipe de travail à l'interne. Enfin, il est primordial d'établir un bon contrat entre les deux parties afin de réduire au minimum les malentendus qui pourraient faire surface. (Ce point sera abordé plus en profondeur, plus tard dans le texte.)

CE QUE PEUT OFFRIR UN FOURNISSEUR

Les fournisseurs informatiques peuvent offrir des biens technologiques, des services d'évaluation du matériel existant dans la firme ou disponible sur le marché, des conseils sur la planification stratégique, financière ainsi que sur la gestion de l'information, etc. Les biens ou services offerts par l'ensemble des fournisseurs informatiques se retrouvent sous trois formes: le logiciel (*software*), le matériel (*hardware*) et le support. Un fournisseur peut offrir un seul type de ces biens et services ou encore une combinaison. De plus en plus de fournisseurs offrent une gamme de services. IBM offre par exemple à la fois le matériel, plusieurs logiciels et les services conseils.

Le logiciel

Gottlieb[1] fait la différence entre quatre types de produits offerts par les fournisseurs de logiciels. Le premier est le logiciel conçu pour l'usager final qui en fait une utilisation personnelle et dont la reproduction et la revente sont interdites. C'est le type de logiciel qui peut être acheté dans la plupart des boutiques informatiques et qui est conçu pour fonctionner sur les différents ordinateurs personnels. C'est le cas par exemple des logiciels comme Word, Excel, etc., que les particuliers acquièrent pour leurs fins personnelles. L'avantage de ce type de logiciel est qu'il n'est pas dispendieux. Son principal inconvénient est son manque de flexibilité (il ne peut être modifié selon les besoins spécifiques de l'utilisateur).

Le second type de logiciel est celui qui est vendu en licence à des entreprises qui se chargent de le reproduire et de le revendre aux utilisateurs finaux. C'est le cas de tous les «vendeurs autorisés». Par exemple, pour obtenir les produits Novell, l'utilisateur fait affaire avec le détaillant autorisé et non pas directement avec Novell. Un autre exemple serait la licence obtenue par une université pour le logiciel SPSS. Les professeurs, chercheurs, ou autres, qui désirent se le procurer doivent payer une certaine somme à l'université. Celle-ci est donc autorisée à reproduire et à revendre ce logiciel.

Le troisième type de logiciel est celui qui est développé et créé spécifiquement pour un utilisateur final. Cette option est très dispendieuse puisqu'il faut payer pour un système qui est unique et qui, souvent, est développé pour la première fois (ce qui peut prendre beaucoup de temps...). Bien sûr, ce type de logiciel peut être très performant et il est habituellement très bien adapté aux besoins de l'utilisateur final.

---

1. Gottlieb (1989), p. 61-64.

Le quatrième et dernier type de logiciel est celui qui est offert directement par des firmes qui en sont propriétaires. L'utilisateur paie des frais d'abonnement et d'utilisation afin d'accéder au système. C'est le cas des compagnies comme Stardata qui offre aux entreprises ou aux particuliers des services de cotes boursières en temps réel. Par exemple, le Fonds Alpha (fonds d'investissement des étudiants en administration de l'Université Laval) paie un montant fixe par mois afin de se prévaloir d'un tel système. Les gens peuvent ainsi consulter les cotes boursières en temps réel, et ce à partir de l'ordinateur du Fonds, sans avoir à se rendre chez le fournisseur.

Le matériel

Le matériel consiste en toute une panoplie de micro-ordinateurs, mini-ordinateurs, ordinateurs centraux, matériel de télécommunication, scanners, souris, etc. En fait, cette catégorie de produits offerts par les fournisseurs regroupe tout le matériel physique sur lequel fonctionnent les logiciels. La plupart des entreprises possèdent au moins un ou des micro-ordinateurs. Une compagnie comme *Le Soleil* peut avoir un mini-ordinateur qui traite les données fournies par les micro-ordinateurs. Les grandes universités ont souvent un ordinateur central, des mini-ordinateurs ainsi que des micro-ordinateurs. En fait, les choix en matière de matériel se feront selon les différents besoins de l'entreprise et le montant qu'elle désire y allouer.

Peu importe le choix que fera l'entreprise, il faut retenir que la caractéristique principale d'un produit, ce qui est primordial pour le client, selon une étude faite en 1994 par la revue *Datamation*, est la qualité et la fiabilité du système. Vient ensuite la performance du produit. De toutes les compagnies qui ont été évaluées dans cette étude, Compaq était en tête de liste pour la qualité et la fiabilité de ses produits. Elle était suivie de près par Hewlett Packard et Sun.

Le soutien

La qualité du soutien informatique est la troisième caractéristique la plus importante citée par les gestionnaires ayant participé à l'étude de *Datamation* mentionnée plus tôt. Initialement, le fournisseur de logiciel et/ou de matériel pouvait offrir cette aide technique quant à ses produits. Ce soutien pouvait aussi être assuré par des consultants. Toutefois, comme ce secteur du marché est de plus en plus développé, il semblerait que la plupart des fournisseurs informatiques offrent maintenant ce service. Mais le soutien informatique ne concerne pas seulement les logiciels et le matériel. Il se réfère à toute forme de conseil ayant trait au domaine des systèmes d'information. Un infocentre est un exemple du soutien apporté aux utilisateurs. En outre, comme il a été dit en introduction à cette section, une entreprise peut recourir au service d'un fournisseur afin d'obtenir des renseignements sur un sujet précis.

LE CHOIX D'UN FOURNISSEUR

Une fois que l'entreprise qui désire faire affaire avec un fournisseur connaît ce qui est offert sur le marché, elle doit procéder à l'étape de sélection des biens et/ou services dont elle aura besoin et, par le fait même, elle devra opter pour un ou des fournisseurs. Cette section vise donc à détailler le processus d'appel d'offres, les éléments à considérer lors du choix d'un fournisseur et les garanties qui devraient être incluses dans les contrats de fourniture ou de partenariat.

Responsables du choix de l'équipement et du fournisseur

La première étape à franchir dans le processus de sélection d'un fournisseur, avant même de faire l'appel d'offres, est la formation à l'interne d'un comité (ou encore la nomination d'une personne) dont le rôle sera de procéder au choix du fournisseur, de rédiger un appel d'offres et de négocier un contrat. Lorsqu'il est question de l'acquisition de nouveaux systèmes informatiques, ce comité devrait être formé de gens responsables de la gestion du système informatique (ceux qui auront à l'exploiter, à en assurer le bon fonctionnement) et d'utilisateurs finaux (ceux qui en auront besoin afin d'effectuer leurs tâches quotidiennes). Il est évident que l'implantation d'un nouveau système sans l'avis des gens directement concernés par un tel changement ne peut qu'entraîner des problèmes.

Avant de commencer leur travail de sélection du fournisseur et de l'équipement, ces individus devront être informés des nouveaux services et produits technologiques présents sur le marché. Il existe plusieurs sources d'information à ce sujet: les salons d'information (*trade shows*), les journaux professionnels, les séminaires et même les vendeurs de produits et/ou services. On devra s'assurer que les membres du comité sont aptes à faire le croisement entre les biens et les services offerts et les nécessités de l'organisation. En fait, ils devront être capables de déterminer ce dont l'entreprise a besoin afin de mieux performer. À la suite de cette préparation, les responsables d'un tel projet pourront déterminer exactement quel logiciel, matériel ou service ils devront acquérir. Cette étape doit précéder toute rédaction d'appel d'offres ou toute sélection d'un quelconque fournisseur. En effet, il est essentiel de savoir ce que l'on veut et ce que l'on ne veut pas avant de faire appel à un vendeur ou à un consultant.

Appel d'offres

Une fois que les responsables savent quels sont les besoins de leur firme et des utilisateurs, ils peuvent procéder à la rédaction d'un appel d'offres. Cette étape est une des plus importantes du processus de sélection d'un partenaire puisque l'appel d'offres est ce qui incitera le fournisseur à offrir ses services à un client potentiel. En effet, comme le partenariat consiste en une interaction entre deux entités, il est essentiel que chacune d'elles ait envie de faire affaire avec l'autre. Ainsi, un appel d'offres mal fait peut dissuader un fournisseur de traiter avec un éventuel client. Ce dernier pourrait alors avoir repoussé un fournisseur très intéressant.

L'appel d'offres doit convaincre le vendeur ou le consultant qu'il doit prendre le risque d'investir du temps et de l'argent dans la rédaction d'une soumission. L'appel d'offres devrait servir à deux choses: fournir au vendeur ou consultant de l'information concernant l'entreprise et ses besoins et permettre de recueillir de l'information de ce vendeur rapidement afin d'être en mesure de prendre une décision éclairée quant aux produits ou services à choisir. Afin de bien rédiger cet appel d'offres, Terry (1988) propose aux gens qui en sont responsables de considérer les trois éléments suivants:

1. La simplicité est de rigueur. L'appel d'offres doit être rédigé avec des termes simples, standardisés (compris et acceptés de tous) et qui ne sont pas uniquement utilisés dans l'entreprise (issus du jargon de l'entreprise).

2. Il est important de décrire l'entreprise, ses buts, la nature de ses activités, etc.

3. Plusieurs entreprises oublient de donner le nom et le numéro de téléphone des gens à contacter. Le fournisseur peut toujours avoir besoin de contacter l'entreprise afin d'avoir plus d'information ou encore des explications quant au contenu de l'appel d'offres.

FIGURE 5.1 Le cahier des charges relié à l'appel d'offres

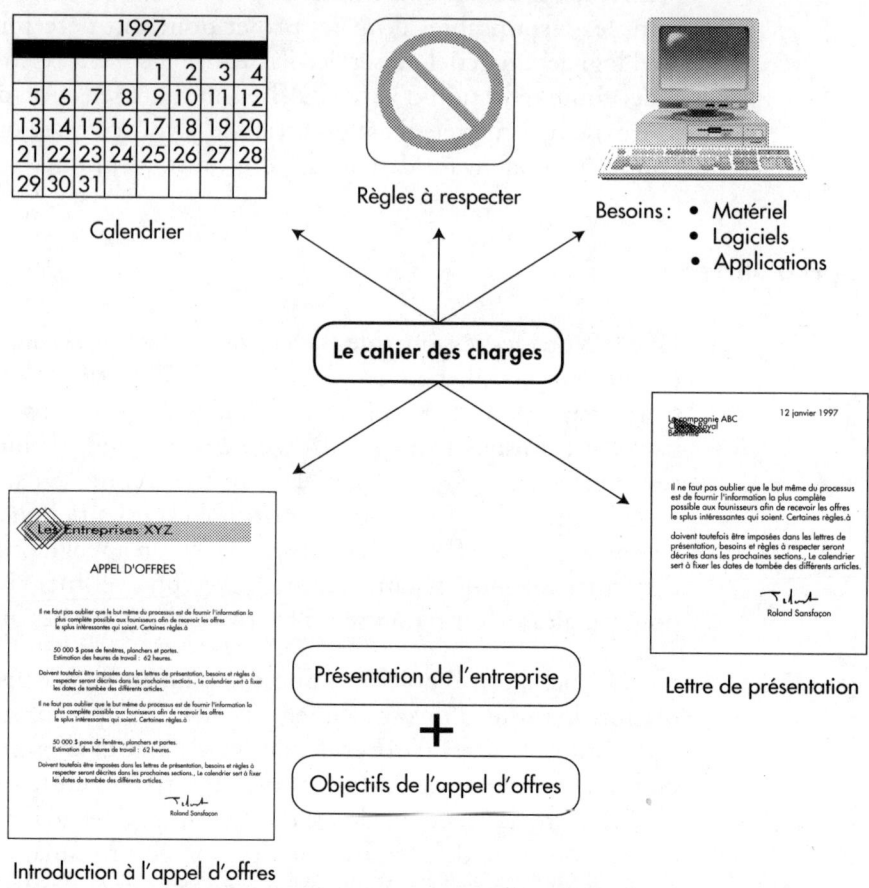

Source : Adaptée de Bergeron, Raymond et Reix (1992), p. 169.

Afin de mener à bien le processus d'acquisition de services informatiques, le cahier des charges accompagnant l'appel d'offres (voir figure 5.1) donne une bonne idée des éléments à prendre en considération. Le but du cahier des charges « est de décrire [ses] besoins auprès des fournisseurs potentiels de façon qu'ils [...] proposent des équipements et des services correspondants. Le cahier des charges permet d'éviter certains malentendus[2] ». En effet, en procédant à l'aide d'un document écrit plutôt que

---

2. Bergeron, Raymond et Reix (1992), p. 169.

par échanges verbaux, l'entreprise s'assure de transmettre la même information à tous les fournisseurs.

La lettre de présentation, les besoins et les règles à respecter seront décrits dans les prochaines sections. Le calendrier sert à fixer les dates de tombée des différentes activités du processus. Il permet de déterminer l'échéancier des travaux.

Il ne faut pas oublier que le but même du processus est de fournir l'information la plus complète possible aux fournisseurs afin de recevoir les offres les plus intéressantes qui soient. Certaines règles doivent toutefois être imposées dans des situations particulières. Par exemple, il faut spécifier aux fournisseurs choisis, si désiré, que les documents qui leur sont transmis doivent demeurer confidentiels. Il peut aussi être pertinent de demander aux fournisseurs de fournir le nom des personnes à contacter dans le cas où de l'information supplémentaire quant aux soumissions serait nécessaire.

Il faut également préciser aux fournisseurs que les soumissions et documents annexes expédiés à l'entreprise ne seront pas retournés aux fournisseurs. Ainsi, ils demeurent la propriété de l'entreprise qui les reçoit. De plus, il est essentiel pour les fournisseurs de connaître la durée durant laquelle leur soumission est valide. Il est donc important de les avertir de la durée de cette période. L'endroit où devront s'effectuer les travaux contenus dans l'appel d'offres doit aussi être mentionné. Il faut également spécifier aux fournisseurs qu'un compte-rendu régulier des travaux sera demandé par l'entreprise. Ceci dans le but de s'assurer que le travail effectué convient aux besoins de cette dernière.

Lamkin (1989) énonce une série d'éléments à intégrer dans un appel d'offres. Bien que ce ne soient que des lignes directrices, cette liste d'éléments donne toutefois une bonne idée ce que devrait contenir un appel d'offres.

1. Brève description de la compagnie.
2. Description de la fonction d'entreprise ou des activités à informatiser.
3. Description du matériel et des systèmes déjà existants dans la compagnie.
4. Description des critères utilisés pour évaluer les soumissions, des questions auxquelles le fournisseur devra répondre (il faut aussi spécifier que le fournisseur devra répondre à toutes les questions concernant l'entretien des équipements, le soutien technique, la formation du personnel, etc.).

5. Identification des exigences de la demande de services qui sont immuables (c'est-à-dire qui doivent être remplies tel que spécifié dans l'appel d'offres) et de celles qui peuvent être modifiées.

6. Demande d'une liste de prix détaillée pour tout ce dont l'entreprise a besoin. Cette liste devrait comprendre les frais engagés pour l'équipement, la formation du personnel, les logiciels, la maintenance, le soutien technique, etc.

Ce qu'il est important de retenir est que l'appel d'offres ne sert pas à générer la bonne réponse au problème ou à la situation de l'entreprise. Il est surtout utile pour l'orienter dans la bonne direction. Comme l'acquisition de services informatiques repose souvent sur des critères autant qualitatifs que quantitatifs, l'appel d'offres ne peut contenir tous les aspects dont il faut tenir compte afin de réussir cette opération. Dans le même sens, il faut se rappeler aussi que l'appel d'offres peut être interprété de manières différentes par les fournisseurs ou encore autrement que l'entendait l'entreprise. D'où l'importance de garder l'appel d'offres le plus simple possible.

Sélection du fournisseur et de l'équipement

Après la rédaction de l'appel d'offres, les responsables devront déterminer à quels fournisseurs ils le feront parvenir. Le choix des fournisseurs à qui l'appel d'offres devrait être envoyé est très important puisqu'il s'agit pour l'entreprise, comme il a déjà été fait mention, de s'allier un partenaire. Afin de repérer les fournisseurs intéressants, les responsables peuvent s'informer auprès de leurs collègues ou de leurs connaissances. Plusieurs consultants et vendeurs peuvent être classés dans des répertoires ou des journaux professionnels. Finalement, les responsables peuvent vouloir aller chercher des fournisseurs qu'ils connaissant déjà soit pour avoir déjà fait affaire avec eux, soit à cause de leur bonne réputation.

Il faut noter que, dans le secteur public, cette possibilité de choix n'existe pas. En effet, afin de limiter les possibilités de patronage ou de favoritisme, les organismes publics sont soumis à des règles strictes quant à la publication des appels d'offres. Ceux-ci doivent obligatoirement être publics (pour tous les contrats d'importance) et faire l'objet de publication dans les principaux journaux.

Toutefois, dans tous les cas le choix des fournisseurs à qui envoyer un appel d'offres doit se soumettre à certains critères d'appréciation.

Green (1990) détermine les éléments essentiels à considérer lors du choix d'un fournisseur de logiciel ou de matériel:

Avant de choisir un fournisseur de logiciel, les responsables devront:

1. s'assurer que le fournisseur a une certaine expérience dans le domaine d'application du projet en cours. Un fournisseur ne possédant pas cette expérience pourra difficilement connaître les limites réelles des logiciels ou encore le matériel nécessaire pour faire fonctionner ces derniers. Par exemple, un fournisseur doit se tenir à jour dans sa connaissance des logiciels de conception graphique s'il désire que ses produits soient retenus par une firme publicitaire voulant faire de la conception assistée par ordinateur. S'allier un fournisseur qui connaît peu notre domaine d'activités risque d'être périlleux et fort coûteux;

2. vérifier si le fournisseur connaît bien le domaine dans lequel se trouve la compagnie. Tout type d'entreprise possède des particularités qu'il est bon de connaître avant d'y intégrer un quelconque logiciel. En effet, il est essentiel de comprendre les activités d'une entreprise afin de lui proposer le système adéquat;

3. demander des références sur le fournisseur. Appeler un fournisseur pour lui demander des renseignements sur ce qu'il offre, le visiter, s'informer auprès de compagnies ayant déjà fait affaire avec lui, sont autant de façons de diminuer le risque de choisir un partenaire inadéquat;

4. vérifier s'il est possible de communiquer facilement avec le fournisseur. Cette recommandation peut paraître futile, mais il est important de s'assurer qu'il n'existe pas de barrière de communication (par exemple des fuseaux horaires trop différents) avec le fournisseur choisi.

Avant de choisir un fournisseur de matériel, les responsables devront:

1. s'enquérir du nombre d'années d'expériences du fournisseur. *The longer the better.* Un fournisseur qui est en affaires depuis un bon nombre d'années semble plus solide et être davantage apprécié par les clients. Pour vérifier cette «solidité», il est toujours possible de demander à voir certains résultats financiers ou encore à faire évaluer l'entreprise. Pour ce type de fournisseur, la taille de la compagnie peut être un bon indicateur de succès financier. Le succès financier

est la seule garantie que le fournisseur sera encore présent pour offrir le service après-vente une fois le produit livré;

2. vérifier la durée des garanties. Le matériel informatique est généralement acheté pour être utilisé intensivement et sur une longue période. On doit s'assurer que les garanties sont adéquates;
3. visiter (si possible) les autres entreprises ou endroits où le matériel du fournisseur a été installé. Il faut vérifier si les gens sont satisfaits du matériel obtenu. Il est aussi intéressant de demander aux utilisateurs leur avis sur l'équipement qu'ils utilisent. Toutefois, il faut s'assurer qu'ils sont indépendants du fournisseur en question!

En plus de se questionner sur certains éléments ayant trait aux biens offerts par le fournisseur, il est important de vérifier quel est le service après-vente qu'il donne. Walton (1990) mentionne quelques éléments dont il faut tenir compte lors du choix d'un fournisseur de logiciel ou de matériel informatique. Ces éléments sont:

1. les politiques et les pratiques du fournisseur en ce qui concerne la formation des utilisateurs finaux (le personnel du client) sur le nouvel équipement;
2. l'aide fournie par le vendeur lorsqu'il sera temps d'implanter le nouveau système;
3. le genre de soutien que le vendeur s'engage à offrir à ses clients en cas de problème avec ses produits;
4. l'accessibilité du soutien informatique le jour, mais aussi les soirs, les nuits, les fins de semaine et les jours fériés (Y a-t-il toujours quelqu'un de disponible pour dépanner un client? Y a-t-il un service «1-800»?)

Choix du fournisseur et de l'équipement

Une fois toutes les étapes du cahier des charges complétées, il faut donc procéder au choix du fournisseur et de l'équipement. Pour ce faire, il est possible de recourir à une grille d'évaluation qui permet de comparer les soumissions reçues des fournisseurs. La grille suivante (voir page 95) est un exemple de la manière dont une soumission est évaluée.

Cette grille comporte une série de critères auxquels est attribué un poids (déterminé en fonction de l'importance du critère dans le processus d'acquisition de services informatiques). Tous ces critères sont évalués

Critères	Poids	Fournisseur 1		Fournisseur 2		...	n
		Note	N pondérée	Note	N pondérée		N pondérée
MATÉRIEL							
- Fiabilité							
		... ...	...	... ...	...	...	...
- Mémoire							
TOTAL							
LOGICIELS		... ...	...	... ...	...	...	...
- Coût							
TOTAL							
AUTRES							
- Maintenance							
		... ...	...	... ...	...	...	...
- Garanties							
TOTAL							
Total général par fournisseur						...	

pour chacune des soumissions. La note pondérée est ensuite calculée. Le total peut alors être fait pour chaque fournisseur. La grille présentée ici n'est qu'un exemple des moyens d'évaluer les soumissions. Elle permet surtout de déterminer laquelle des propositions reçues correspond le plus aux besoins de l'entreprise (besoins qui avaient été déterminés au tout début du processus d'acquisition de services informatiques).

LES GARANTIES

À la suite du choix du fournisseur et de l'équipement, les gens du comité de sélection devront négocier un contrat. Ce dernier doit inclure toutes les garanties que le vendeur ou consultant a promis d'appliquer lors de sa soumission. Bien que les fournisseurs soient peu enclins à faire de ces promesses des obligations écrites, il est important de les spécifier dans le contrat. En fait, ce sont souvent ces garanties qui ont incité l'entreprise à choisir un fournisseur plutôt qu'un autre. C'est pourquoi il faut les intégrer dans le contrat même. Les garanties peuvent couvrir, par exemple, toute défectuosité apparaissant lors d'un usage normal de l'équipement. Le fournisseur peut aussi garantir que le système implanté est conforme aux lois réglementant de telles installations. Un autre élément de garantie pourrait couvrir la capacité du système (qui peut se traduire par la longueur du temps de réponse, par exemple). De plus, le contrat pourrait prévoir que le fournisseur a le devoir de donner une formation adéquate aux utilisateurs finaux. Si la compagnie n'est pas satisfaite de cette formation, elle pourrait être en droit d'exiger une formation différente ou supplémentaire.

Le contrat peut aussi comporter une garantie quant au soutien technique donné par le fournisseur après l'implantation du système. Comme il a déjà été fait mention, ce type de service est de plus en plus répandu car, selon un sondage effectué auprès des clients de Software AG, les gens seraient davantage vulnérables en ce qui concerne l'entretien de leur environnement technologique. Microsoft, par exemple, a mis sur pied un service (le Microsoft Plus) qui, pour une somme de 39$ par année, permet aux utilisateurs d'obtenir de l'aide rapidement par l'intermédiaire d'une ligne téléphonique sans frais. Cette ligne est distincte de la ligne réservée aux questions concernant les garanties normales, assurant ainsi à l'utilisateur une réponse «express» à son problème.

* * *

L'acquisition de services informatiques est donc un processus qu'il est important de planifier convenablement puisqu'il consiste en une activité dont les impacts dans l'entreprise peuvent être très grands. L'acquisition de services informatiques est utile dans bien des cas, mais elle ne constitue pas une réponse à tous les maux de l'entreprise. Comme il a déjà été fait mention en introduction, recourir à un tel processus est utile dans certains cas précis. Dans les autres cas, cela pourrait même être nuisible pour l'entreprise. Finalement, même si l'entreprise fait confiance aux fournisseurs sélectionnés, il est essentiel de rédiger un contrat qui lie le fournisseur et le client et qui comporte toutes les garanties ayant fait partie de la négociation.

BIBLIOGRAPHIE

ANTHES, G.H., 1993, «Software AG Rolls Out Options», *Computerworld*, vol. 27, n° 40, p. 79.

BERGERON, F., RAYMOND, L., REIX, R., 1992, *Informatiser son entreprise*, Boucherville, Gaëtan Morin Éditeur, 256 p.

DES ROBERTS, G., 1993, «MSP offrira ses logiciels d'évaluation de la rémunération aux États-Unis», *Les Affaires*, p. 22.

DOYLE, O., 1990, «Making the Most of Information System Consultants», *Healthcare Financial Management*, vol. 44, n° 6, p. 34-44.

GARDNER, E., 1991, «Software Upgrade Can End With Hard Landing», *Modern Healthcare*, p. 48.

GILMAN, J., 1992, «Sidestep Customization Pitfalls, *Computerworld*, (septembre), p. 103.

GOTTLIEB, M., 1989, «Accounting», *CPA Journal*, vol. 59, n° 9, p. 61-64.

GREEN, S., 1990, «Selecting a Computer System for a Small Business», *Management Accounting*, vol. 72, n° 4, p. 62-65.

HARD, R., 1992, «Hospitals Draw IS Vendors Into Consulting Market», *Hospitals*, p. 66.

JOHNSTON, S., SCANNELL, E., 1994, «Microsoft Plus: Support in the Fast Lane», *Computerworld*, vol. 28, n° 7, p. 41.

LAMKIN, S.H., 1989, «Computer Basics, First Steps Toward Automation», *The National Public Accountant*, vol. 34, n° 5, p. 20-22.

LARSON, S.A., 1993, «Selecting a New Payroll/Human Resources Information System», *Management Accounting*, p. 28-31.

MEACHIM, N., 1994, «Users to Vendors: Quality, Quality», *Datamation*, vol. 40, n° 12, p. 38-46.

NEWMAN, W.B., 1991, «The Use of Consultants in Information Systems», *Bulletin of the American Society for Information Science*, vol. 17, n° 2, p. 23-25.

PISACRETA, E., MILLSTEIN, J., KHATCHERIAN, S., RAYSMAN, R., 1993, «Contracts Dangers Lurk in Turnkey Implementation», *Computers in Healthcare*, p. 38-41.

TERRY, J.E., 1988, «Software Requests for Proposal - How To Get the Right Answers, *Manufacturing Systems*, vol. 6, n° 7, p. 48-51.

VAN KIRK, D., 1994, «What To Do When Your Vendor Pulls the Plug», *Infoworld*, p. 61.

WALTON, D., 1990, «Choosing the Right Fund-raising Software», *Fund Raising Management*, vol. 21, n° 8, p. 26-31.

CHAPITRE 6 — L'impartition des services informatiques

avec la collaboration de
Suzanne Rivard, Michel Patry et Jean-Philippe Beausoleil

> La Banque Nationale a conclu un contrat de 10 ans avec la compagnie ISM, filiale d'IBM. Selon les termes de ce contrat, ISM/IBM a fait l'acquisition de l'édifice abritant le service informatique ainsi que l'équipement informatique de la Banque Nationale. Ce contrat, d'une valeur estimée à 124 millions de dollars par année, est le plus gros jamais conclu au Québec par ISM et ce fournisseur compte se servir de la publicité entourant cette entente pour décrocher d'autres contrats. Comme le dit si bien monsieur Georges Courteau, vice-président d'ISM-Québec: «Ce n'est pas à chaque semaine ou à chaque année que vous faites un marché d'une telle envergure...» (Kerr, 1994).

DÉFINITION

L'impartition des services informatiques consiste en la cession d'une partie ou de la totalité des activités informatiques d'une firme à un contractant externe spécialisé dans le domaine. L'impartition (en anglais: *outsourcing*) est un phénomène d'une ampleur sans cesse grandissante. Depuis quelques années, des contrats majeurs ont été octroyés engageant des centaines de millions et quelquefois même des milliards de dollars, ainsi que le replacement de milliers d'employés.

Ces contrats affectent plusieurs firmes québécoises. Récemment, la firme de consultants CGI de Montréal annonçait la signature de deux contrats, dont un avec la compagnie Alcan et l'autre avec deux hôpitaux, soit le Royal Victoria et l'Hôpital général de Montréal (Slofstra, 1993). De son côté, le gouvernement du Québec a évalué la possibilité d'impartir une partie de ses activités dans le domaine informatique (*Le Devoir*, 1994). Ces contrats vont beaucoup plus loin que la simple location de temps machine que l'on retrouvait au cours des années 70; ce sont désormais des services informatiques entiers qui passent d'une firme à un impartiteur.

L'IMPARTITION, EST-CE VRAIMENT UNE NOUVEAUTÉ?

Comme nous venons de le mentionner, l'impartition, dans une forme restreinte, est apparue vers les années 70. À cette époque, il s'agissait surtout de sous-traitance au niveau du partage de temps machine. Des fournisseurs permettaient à plusieurs entreprises de partager un ordinateur plus puissant et ainsi de réaliser des économies d'échelle. Aujourd'hui, ce sont des services complets qui sont cédés à des fournisseurs. Étant donné l'ampleur des changements qu'occasionne l'impartition, il est important pour l'organisation d'évaluer le plus correctement possible le pour et le contre d'une telle décision, car celle-ci touche non seulement le service informatique de l'entreprise, mais aussi toute l'organisation. Les conséquences que peut avoir l'impartition sont non négligeables. Ces dernières peuvent être positives et permettre à l'entreprise de prendre une longueur d'avance sur les concurrents, ou bien elles peuvent s'avérer négatives, allant même jusqu'à compromettre la survie de l'entreprise.

La grande différence entre l'impartition que nous connaissons maintenant et celle des années 70 est l'ampleur des contrats accordés et la variété des activités qui sont cédées. Par exemple en 1993, Postes Canada a signé avec SHL un contrat d'une durée de 10 ans, d'une valeur de un milliard de dollars (Buchok, 1993). Des contrats majeurs allant même jusqu'à trois milliards de dollars ont été octroyés au cours des trois dernières années (Wilder, 1991). De plus, si l'on se fie aux dires de John R. Oltman, président de SHL Systemhouse, les contrats d'impartition totaliseront 100 milliards de dollars en 1996.

Dans le passé, l'impartition touchait majoritairement les petites entreprises, incapables de s'offrir toutes seules la technologie requise pour leurs opérations étant donné leur capacité financière limitée. Ce peut être le cas encore aujourd'hui. Par exemple, Marsulex inc., une compagnie de Toronto œuvrant dans la fabrication et la distribution d'acide sulfurique, a imparti ses activités informatiques. En effet, en 1989, lorsque ICI Canada inc., la maison mère, s'est départie de Marsulex inc., les dirigeants de Marsulex se sont retrouvés devant un dilemme à savoir s'ils devaient investir quelques millions de dollars pour se doter d'un nouveau centre informatique, ou bien demander les services d'un fournisseur, évitant ainsi d'investir une somme astronomique dans la reconstruction d'un centre. En effet, ICI Canada avait toujours effectué les opérations informatiques pour Marsulex. Ayant choisi d'impartir, ils ont donc signé un contrat avec Andersen Consulting Canada pour assurer la poursuite de leurs activités informatiques (Safer, 1992).

Les contrats d'impartition sont maintenant beaucoup plus variés. Des entreprises de moyenne et de grande taille utilisent l'impartition. Fait surprenant, des entreprises de services ayant comme tâche première de traiter de l'information font aussi appel à des fournisseurs. Nous pouvons penser ici aux banques, aux compagnies d'assurances, etc.

Bell Canada a un nouveau partenaire: Bell Sygma inc. Au départ, Bell devait signer un contrat d'une durée de 10 ans (d'une valeur de 350 millions de dollars par année) avec SHL Systemhouse. Au tout dernier moment avant la signature du contrat, les parties ont décidé de ne pas conclure cette entente. Une des particularités de celle-ci est que Bell devait transférer 2000 employés dans une entreprise en participation (*joint venture*) qui devait être créée avec SHL, en plus de 750 autres qui étaient directement mutés chez SHL.

Comme l'entente n'a pas été conclue, aucune entreprise en participation n'a vu le jour et aucun employé n'a été muté chez SHL. À la suite de cet échec, Bell a décidé de créer une compagnie (Bell Sygma), qui se veut une firme spécialisée dans le domaine de l'impartition des services informatiques. Bell a donc muté 2500 de ses employés dans

> cette nouvelle entreprise. Cette dernière s'occupe des services informatiques de Bell en plus des nombreux autres contrats qu'elle a signés. Bell Sygma prévoit avoir un chiffre d'affaires de trois milliards cinq cent millions (3 500 000 000) d'ici 1997 (Yankee, 1993).
>
> L'impartition s'adresse même aux différents paliers de gouvernement comme nous pouvons le constater dans les Maritimes. En effet, le gouvernement de la Nouvelle-Écosse a conclu avec SHL Systemhouse inc. un contrat d'une valeur de 100 millions de dollars et d'une durée de sept ans (Barker, 1992). Aux dires du premier ministre, il s'agit d'une opportunité extraordinaire pour les contribuables d'épargner en accordant un tel contrat. D'après les évaluations faites, les économies au terme de l'entente seraient de 14 millions de dollars.
>
> SHL Systemhouse inc. prend par le fait même le contrôle du centre informatique du gouvernement ainsi que de l'équipement s'y rattachant. Par ailleurs, la firme Maritime Telegraph & Telephone Company (MT&T) verra ses équipements informatiques passer aux mains de SHL inc. pour une durée de sept ans également. Cette entente a été conclue parallèlement à celle entre SHL inc. et le gouvernement.
>
> Les retombées de cette entente sont importantes. En effet, 35 nouveaux emplois seront créés chez SHL inc., en plus de l'embauche de 50 employés chez MT&T et au gouvernement de la Nouvelle-Écosse.

L'IMPARTITION DES SERVICES INFORMATIQUES AU CANADA

Une enquête pancanadienne sur les activités d'exploitation des systèmes d'information a été effectuée récemment (Aubert, Rivard et Patry, 1995). Cette enquête a été conduite auprès des grandes entreprises canadiennes. Un questionnaire fut envoyé à quelque 1410 gestionnaires. Parmi ceux-ci, 641 ont retourné le questionnaire, soit un taux de réponse de 45%. Spécifions que les entreprises participantes sont représentatives de l'ensemble des grandes firmes canadiennes.

Description des 641 entreprises participantes

Les 641 entreprises participantes proviennent de toutes les régions du Canada. Les entreprises exercent leurs activités dans différents secteurs industriels. Parmi ceux-ci, les secteurs les plus fortement représentés sont ceux de la fabrication (34%) et des finances, assurances et immeubles (21%). Les entreprises participantes sont représentatives de l'ensemble des 2000 plus grandes firmes canadiennes (voir figure 6.1).

Profil des 641 répondants

	Moyenne	Écart-type
Actifs ('000)	945 493 $	5 607 163
Chiffre d'affaires ('000)	348 169 $	877 080
Nombre d'employés	1996	5186

FIGURE 6.1 Répartition sectorielle des entreprises participantes

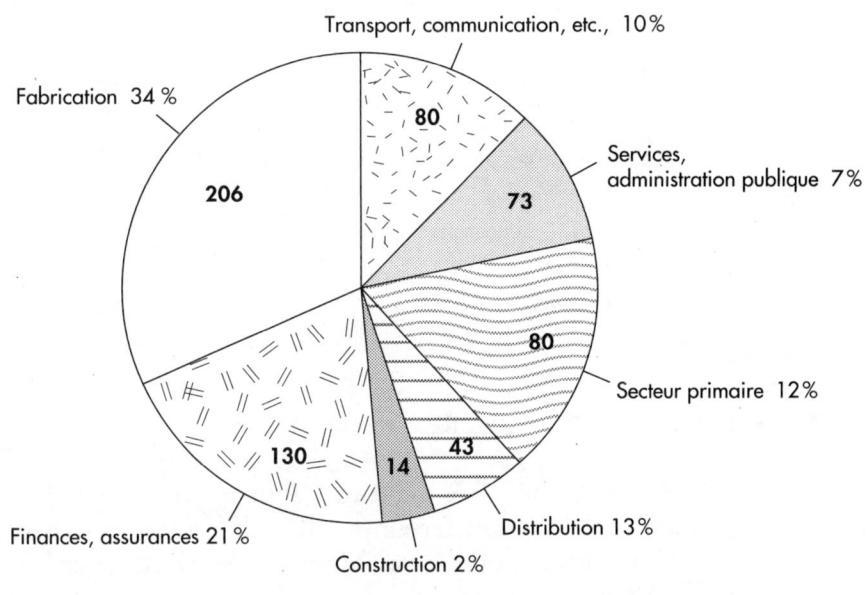

RÉSULTATS

Un premier constat de cette étude est que peu d'entreprises canadiennes impartissent totalement leurs activités informatiques. On assiste plutôt à une situation mixte où certaines activités sont imparties et d'autres continuent d'être effectuées à l'interne. Comme on pouvait s'y attendre, il appert que la décision d'impartir une activité informatique est influencée par le type d'activité informatique présent et les caractéristiques qui y sont inhérentes.

Description des activités informatiques reliées à l'exploitation des systèmes

Activité informatique	Interne	Impartie
Ordonnancement des travaux	93 %	7 %
Contrôle des travaux	94 %	6 %
Services techniques de soutien	83 %	17 %
Opération unité centrale	87 %	13 %
Opération système d'exploitation	87 %	13 %
Opération logiciels d'application	92 %	8 %
Entretien du système d'exploitation	65 %	35 %
Gestion de l'espace disque	87 %	13 %
Opération logiciels de télécommunication	83 %	17 %
Opération imprimantes	95 %	5 %
Entretien du matériel	16 %	84 %
Entretien des imprimantes	21 %	79 %
Entretien des micro-ordinateurs	37 %	63 %
Entretien des réseaux	70 %	30 %
Entretien des lignes de télécommunication	18 %	82 %
Saisie des données	97 %	3 %
Installation des micro-ordinateurs	83 %	17 %

PROFILS D'IMPARTITION DES RÉPONDANTS

Si la majorité des entreprises pratiquent peu ou pas du tout l'impartition, il demeure qu'un certain nombre d'entreprises impartissent une bonne partie de leurs opérations informatiques et même de la gestion de ces opérations.

RAISONS D'IMPARTIR

Les gestionnaires ont indiqué les raisons qui les ont motivés à céder leurs activités informatiques. Près de 4 entreprises sur 10 ont indiqué que l'impartition représentait un désinvestissement complet, c'est-à-dire la disparition définitive de cette activité dans l'entreprise. D'autre part, près des deux tiers des entreprises ont recours à l'impartition de façon ponctuelle. Trois types d'impartition temporaire furent relevés, soit le soutien à la transition, lorsqu'une entreprise doit assurer la migration de ses systèmes sur une plate-forme différente, la réadaptation et le retour lorsque l'organisation doit surmonter un problème particulier, et finalement, l'augmentation des capacités quand une entreprise a besoin d'une capacité excédentaire pour une période de temps limitée.

CARACTÉRISTIQUES DES ACTIVITÉS IMPARTIES

L'impartition d'une activité informatique est tributaire des caractéristiques de celle-ci. Les activités susceptibles d'être imparties sont celles qui exigent davantage d'habiletés techniques qu'organisationnelles. Pour une entreprise, il peut s'avérer moins coûteux d'engager un fournisseur possédant les ressources humaines capables de réaliser des tâches informatiques d'une plus grande difficulté technique que de former un employé pour effectuer ces tâches. Si, par contre, une activité est très complexe, il y a de fortes chances qu'elle soit réalisée à l'interne afin de conserver le contrôle sur ces tâches dont l'exploitation peut se révéler difficile à mesurer pour l'entreprise cliente.

INVESTISSEMENTS

Lorsqu'une entreprise conclut une entente d'impartition, il y a souvent des investissements nécessaires de la part des parties afin de permettre la réalisation de ces ententes. Ces investissements peuvent prendre des formes variées. Il peut s'agir de formation à donner aux employés, de matériel ou de logiciels à acheter, de locaux à récupérer, etc. Ces divers types d'investissements furent évalués afin de voir dans quelle mesure ils étaient requis dans les ententes d'impartition conclues entre partenaires commerciaux.

Les investissements exigés lors de l'impartition des activités informatiques concernent à la fois le fournisseur et l'entreprise cliente. La nature de ces investissements permet de mieux saisir la spécificité des activités informatiques imparties. On remarque que les entreprises ayant un profil d'impartition plus prononcé ont mentionné un plus grand nombre d'investissements et des formes d'investissements plus variées de la part de leur fournisseur. On notera alors une plus grande responsabilité du fournisseur dans la location ou l'achat de logiciels ou dans l'achat de matériel. La durée plus longue de ces ententes et leur caractère plus permanent expliquent sans doute la plus grande portée des investissements requis.

Notons que les investissements du fournisseur exigent dans la majorité des cas peu de modifications de la configuration matérielle ou logicielle. Ces faits semblent indiquer que les investissements réalisés par les fournisseurs ne sont pas très spécifiques. Les investissements spécifiques présentent un risque puisqu'ils lient le client et le fournisseur dans leur relation contractuelle et demandent l'ajout de garanties diverses au contrat. Ces investissements pourraient par exemple permettre au fournisseur de demander, lors du renouvellement du contrat, un prix plus élevé puisque les concurrents auraient à refaire l'investissement spécifique pour offrir le même service.

Les résultats indiquent que les services informatiques sont relativement standards et que les investissements faits pour un client sont en grande partie transférables à un autre client, donc peu spécifiques.

Les investissements effectués par l'entreprise cliente furent également mesurés. En général, une entreprise qui choisit d'impartir ses activités investit principalement dans la formation de ses propres employés, soit pour les réorienter vers d'autres tâches, soit pour les préparer à travailler avec le fournisseur. De même que pour les investissements faits par le fournisseur, la décision d'impartir entraîne peu de modifications dans les procédures de travail de la firme cliente.

DURÉE DU CONTRAT

Pour les compagnies qui impartissent les activités informatiques, la durée moyenne des contrats varie entre un an et demi et trois ans et demi selon l'activité. Les entreprises qui ont un profil d'impartition plus étendu sont liées par de plus longs contrats que les entreprises qui ont moins d'activités imparties. Les entreprises qui ont les profils d'impartition plus globale ont en moyenne, un contrat de 3,5 ans pour l'impartition de l'opération de l'unité centrale.

GESTION DU CONTRAT

Les mesures de contrôle des activités inscrites dans les contrats d'impartition ont été évaluées. L'analyse des contrats a porté uniquement sur les entreprises impartissant une portion importante de leurs activités informatiques. Ces mesures formelles sont spécifiées dans le contrat liant l'entreprise au fournisseur. Les mesures les plus souvent utilisées sont facilement quantifiables et diminuent le risque encouru lors de la rédaction de l'entente entre les parties en définissant clairement le service attendu.

FIGURE 6.2   Mesures de contrôle formelles utilisées

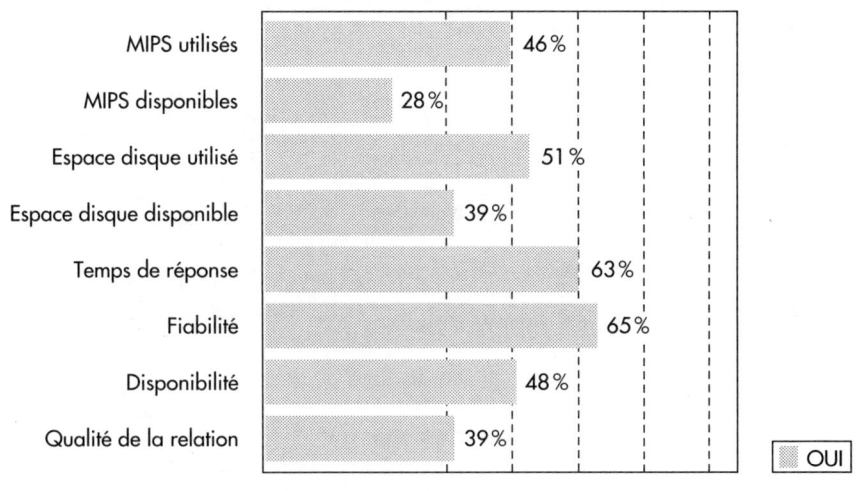

Comme on peut le constater en observant la figure 6.2, plusieurs mesures sont peu utilisées dans l'ensemble des ententes conclues. Il semble que les parties n'utilisent pas tout l'arsenal de mesures formelles permettant de définir les paramètres contractuels.

MÉCANISMES D'AJUSTEMENT ENTRE LES PARTIES

Lorsque l'exécution des activités prévues au contrat est complexe, il est souvent nécessaire d'établir des mécanismes de gestion du contrat plus sophistiqués. On prévoit, par exemple, différents comités permettant un échange d'information accru et un meilleur ajustement des efforts des parties. On peut également établir des mécanismes d'échange d'employés entre le client et le fournisseur ou différentes formes de partenariat. Toutes ces activités visent à aligner les efforts du client et du fournisseur et à favoriser une vision commune des activités. Les mécanismes les plus souvent utilisés sont les réunions avec les usagers et les affectations temporaires d'employés du fournisseur chez le client (voir figure 6.3).

Deux raisons peuvent expliquer l'utilisation plutôt limitée de ces mécanismes. En premier lieu, ils ne sont peut-être pas très utilisés parce que la plupart des activités imparties sont tangibles et facilement mesurables. Les activités plus complexes demeurent souvent à l'intérieur de la firme. Deuxièmement, ces mécanismes peuvent se révéler difficiles à

FIGURE 6.3 Mécanismes d'ajustement entre les parties

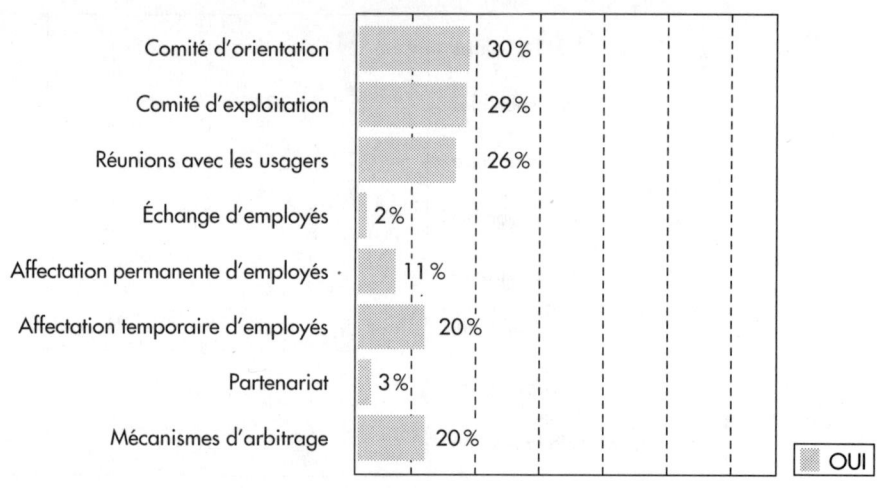

prévoir et sont peut-être mis en place de façon ponctuelle seulement lorsque le besoin se présente.

SITUATION FACE AUX FOURNISSEURS

Si l'entreprise doit remplacer un fournisseur, elle peut avoir à supporter certains coûts de transition ou avoir plus ou moins de facilité à changer de fournisseur. Ainsi, on remarque que les entreprises qui ont les profils d'impartition plus globale estiment pouvoir compter sur un nombre moins élevé de fournisseurs (moyenne = 2,7) pour remplacer leur fournisseur actuel que les entreprises utilisant l'impartition de manière partielle (moyenne = 5,0) Par ailleurs, plus de la moitié de ces entreprises ont indiqué qu'un retour à l'interne des activités informatiques était impossible. Parmi celles qui ont pu évaluer qu'un tel rapatriement est possible, le coût du retour est estimé à 125 % du coût annuel du contrat.

L'IMPARTITION DU DÉVELOPPEMENT DES SYSTÈMES INFORMATIQUES

L'enquête décrite dans les pages précédentes concernait des activités d'exploitation informatique. Les activités informatiques incluent également les activités de développement: l'analyse, la conception et l'implantation des systèmes informatiques.

Le développement d'applications est une activité complexe et risquée. Les projets informatiques ont derrière eux une tradition d'échecs spectaculaires et, même maintenant, ils présentent toujours une part de risque (Barki, Rivard et Talbot, 1991; Lyytinen et Hirscheim, 1987). Le développement d'applications implique toujours un transfert bilatéral d'information. Les développeurs doivent apprendre quels sont les besoins des usagers auxquels le système devra répondre et les usagers doivent apprendre ce que la technologie peut offrir, de même que les contraintes qu'elle impose afin d'en tirer le meilleur système possible.

Plus les applications tendent à se sophistiquer et à s'adapter à un contexte particulier d'entreprise, plus la spécificité augmente. Dès qu'un système est plus spécifique, c'est qu'il a été modifié (ou à la limite créé de toutes pièces) pour un client particulier. Même s'il y avait plusieurs soumissionnaires au départ, une fois le processus engagé, le fournisseur et le client se retrouvent *ex post* dans une situation de négociation bilatérale. Par exemple, pour un client ayant investi dans un processus de développement ou d'adaptation d'un logiciel spécifique, il peut être difficile de retrouver un système comparable chez un autre fournisseur sans reprendre le travail de modification. Le client perd alors son investissement. De la même manière, le fournisseur ayant développé ce système spécifique ne pourra l'utiliser à d'autres fins ou le revendre sans modifications majeures puisqu'il correspondait à des besoins spécifiques du client. Ces problèmes freinent l'utilisation de l'impartition.

Les économies d'échelle sont également présentes pour le développement des logiciels. Une firme développe souvent un système qui lui fournit un avantage concurrentiel. Les firmes concurrentes peuvent généralement observer les principales fonctionnalités de ce système. Elles peuvent donc le copier ou l'imiter, éliminant ainsi l'avantage concurrentiel initial. De plus, les firmes développant leur système après l'innovation d'une concurrente peuvent utiliser les connaissances acquises du premier système et éviter certaines erreurs pour construire un meilleur système. Dès lors, la firme bénéficiant d'un avantage concurrentiel grâce à un système d'information sait pertinemment que cet avantage est temporaire. Elle peut décider de récupérer son investissement en vendant ce système à ses concurrentes. Les firmes faisant l'acquisition de ces logiciels bénéficient d'un système plus rapidement que si elles le développaient. Elles sont aussi assurées d'un prix fixe. Elles évitent les efforts inhérents aux activités de développement et elles sont certaines d'avoir un système fonctionnel. La firme vendant son système n'est généralement pas un vendeur de services informatiques. Elle n'a pas l'infrastructure requise pour offrir le service de vente, pour effectuer les modifications et pour assurer la maintenance du système. Cette firme peut alors s'associer à un partenaire vendeur afin de créer une forme de *joint venture* lui permettant d'exploiter ses actifs informatiques. C'est ce qui s'est produit avec Pan Am:

> «L'entreprise prévoit vendre les applications qui lui sont propres, des permis d'utilisation de logiciel et du matériel, en plus de transférer à l'un des fournisseurs les 500 et quelque employés de son personnel chargé des systèmes d'information. [...] Pan Am espère également réaliser des économies d'échelle lorsque ses logiciels et ses services seront commercialisés à l'intention des sociétés aériennes de deuxième et de troisième rangs[1].»

Ce sont ces ventes à d'autres compagnies d'aviation qui permettent de dégager un profit de la transaction pour Pan Am. Les firmes acheteuses profitent d'un système à bien meilleur coût (et beaucoup plus rapidement) que si elles avaient fait un développement en entier. La même intention se retrouvait chez National Car Rental:

> «National veut également que son partenaire en matière d'impartition lui fournisse un débouché pour sa gamme de plus en plus étendue de logiciels stratégiques destinés au secteur de la location de véhicules automobiles. [...] National et EDS projettent de concevoir ensemble des applications et des systèmes qui, après avoir été mis en place chez National, seront offerts à d'autres entreprises de location de véhicules automobiles[2].»

D'autre part, comme les activités de développement sont souvent complexes, l'estimation des efforts de l'équipe de développement est souvent difficile. En effet, si un système est développé sans prix fixe, simplement en calculant les efforts à mesure qu'ils sont effectués et en facturant le client, il faut que le client croie que le développeur agit dans le meilleur intérêt du client. S'il laissait se manifester son opportunisme, le développeur engagerait les coûts les plus élevés possibles pour dégager le plus de profit possible de la transaction. Ces problèmes potentiels sont bien illustrés par l'échec du contrat entre EDS et la firme NHP de Washington (D.C.). Cette firme a suspendu son contrat avec EDS et a même intenté une poursuite judiciaire après s'être rendu compte que, plus les coûts étaient élevés, plus l'impartiteur faisait des profits. Il n'y avait aucun

---

1. Pastore (1991).
2. Horwitt (1991), p. 10.

mécanisme d'alignement des buts dans l'entente. La reprise du contrôle des activités informatiques a permis une réduction des coûts de 52% (Betts, 1990).

L'impartition globale du développement des systèmes informatiques est encore assez peu répandue. Les entreprises préfèrent développer à l'interne en se servant de l'expertise dont elles disposent, préférant laisser à un fournisseur les activités plus techniques, telles les étapes d'analyse structurée et de codage. C'est dans ce même ordre d'idées que les premières étapes du cycle de développement, à plus fort contenu organisationnel, sont généralement conservées à l'interne. On pourrait donc affirmer que le phénomène de l'impartition est inversement proportionnel à la spécificité des applications.

LES ARGUMENTS CLASSIQUES MOTIVANT LES FIRMES À IMPARTIR

Les arguments motivant les entreprises à céder à contrat une partie ou la totalité de leurs activités informatiques sont nombreux. On invoque principalement la réduction de coûts par les économies d'échelle. Le principe d'économies d'échelle est simple: plus on produit, moins cela coûte cher. Par conséquent, comme les fournisseurs informatiques disposent d'une plus grande capacité de traitement, il est normal que les coûts soient moindres. Les économies réalisées peuvent, dans certains cas, être considérables. Par exemple, la compagnie American Standard affirme avoir réduit de 40% ses coûts reliés à ses opérations informatiques. Plus près de chez nous, la compagnie Molson affirme avoir réduit de 15 à 20% ses coûts d'exploitation en impartissant ses activités à CGI (Safer, 1992).

Comme autre argument, nous retrouvons l'accroissement de la flexibilité. Les fournisseurs disposent généralement d'une certaine capacité excédentaire de traitement qu'ils peuvent mettre à la disposition de leurs clients faisant face à un accroissement ponctuel de leurs besoins. Il est alors beaucoup plus facile pour le fournisseur que pour le client de traiter cet excédent de travail étant donné les ressources dont il dispose.

De plus, une meilleure concentration sur les champs de compétences respectifs des parties est également invoquée régulièrement comme incitatif à l'impartition. Les firmes clientes se départissent des activités informatiques afin de concentrer leurs efforts exclusivement sur leurs champs de compétences propres. Par ailleurs, l'accès à un niveau d'expertise plus élevé est une raison additionnelle poussant les compagnies à impartir. Les fournisseurs informatiques sont réputés être plus en mesure d'embaucher et d'occuper à temps plein des ressources humaines plus spécialisées. Ces ressources peuvent être impossibles à maintenir dans des entreprises qui n'œuvrent pas directement en technologie.

Par ailleurs, en période de récession, l'élimination des coûts fixes prend un attrait supplémentaire. L'impartition permet de liquider les actifs immobilisés en équipements informatiques et de diminuer le nombre d'employés de la firme cliente. Les coûts fixes se voient réduits et transformés en coûts variables. Cette possibilité de liquider des actifs a bien servi Continental Airlines qui, face à la faillite, a pu gagner un sursis en impartissant ses activités informatiques et en liquidant les actifs y étant reliés. Ce délai lui a permis de restructurer ses activités et de trouver des nouveaux partenaires (dont Air Canada).

Les organisations dynamiques, comme on le sait, sont constamment à la recherche de nouvelles stratégies pouvant les propulser plus haut dans leur sphère de compétences. Pour y parvenir, elles doivent bien cibler leurs forces et se demander comment faire mieux. Ces organisations ne voient pas l'impartition comme une simple décision n'affectant qu'une partie de l'entreprise. Au contraire, elles considèrent l'impartition comme une décision stratégique. De plus, elles analysent les conséquences favorables de l'impartition à court et à long terme à l'aide des trois questions que voici (Gupta et Gupta, 1992):

- Quels avantages concurrentiels l'impartition va-t-il nous procurer?

- Quelles sont les ressources qui seront imparties, et comment peuvent-elles être utilisées pour améliorer notre part de marché et accroître la satisfaction de nos clients?

- À quelle nouveauté (à la fine pointe de la technologie) l'impartition peut-elle nous donner accès?

Un exemple illustrant cette approche est celui de la compagnie Eastman Kodak Co. qui a imparti ses opérations dans le but de se départir de ce qui n'entrait pas directement dans son domaine de compétences. En 1989, le centre informatique a été cédé à IBM, ses communications ont été léguées à Digital Equipement Corp., et son réseau de micro-ordinateurs est passé aux mains de Businessland inc. (Gupta et Gupta, 1992). Pour Kodak, l'informatique n'était pas son champ d'expertise propre. Alors sachant que des fournisseurs pouvaient lui offrir un service qui était impossible de trouver à l'interne, Kodak a décidé d'impartir et ainsi d'améliorer sa position stratégique.

De son côté, Ultramar Corp. a signé un contrat de cinq ans avec SHL Systemhouse. La valeur de ce contrat se chiffrerait dans les neuf chiffres.

Le but premier de cette entente pour Ultramar était d'impartir pour pouvoir mieux se concentrer sur ses activités principales (Buchok, 1993).

LES RISQUES DE L'IMPARTITION

L'impartition peut nous sembler jusqu'à maintenant un phénomène très intéressant pour les organisations. Toutefois, l'impartition comporte aussi des risques. Ces derniers peuvent être en majeure partie évités si le contrat liant les deux parties est rédigé de façon adéquate. Il ne faut pas oublier que le contrat, qu'il soit bien ou mal rédigé, servira de base de référence pour la durée entière de l'entente; il est donc avantageux de s'y attarder quelques instants.

Tout d'abord, il est important d'expliquer la différence entre un service informatique interne et la relation client-fournisseur que l'on trouve lors de l'impartition. Bien entendu, le fait de conserver pour une entreprise ses activités informatiques à l'interne lui confère un meilleur contrôle. En étant plus près de la main-d'œuvre, il est plus facile pour les dirigeants concernés d'intervenir, pour quelque raison que ce soit, auprès des employés. À l'opposé, lorsque l'on cède ses activités à un fournisseur, on cède par le fait même une partie du contrôle. Dorénavant, le seul contrôle que détient le client est celui qui lui est conféré dans le contrat.

Un des problèmes que l'on peut rencontrer après la signature d'un tel contrat est un problème d'otage. C'est-à-dire que la compagnie qui décide d'impartir ses activités devient d'une certaine manière prisonnière du fournisseur. Ceci peut survenir pour plusieurs raisons. Par exemple, si l'expertise dont l'organisation a besoin n'est détenue que par un seul fournisseur, il est beaucoup moins facile pour cette entreprise de négocier étant donné sa position de faiblesse par rapport au fournisseur. En effet celui-ci saura surement qu'il est le seul à pouvoir offrir le service et que le client devra faire affaire avec lui, même s'il demande un prix plus élevé.

De plus, si, lors de la signature, quelques aspects de l'entente sont restés vagues, le client pourrait se retrouver prisonnier d'une entente insatisfaisante avec le fournisseur. Ceci pourrait occasionner des coûts supplémentaires lors d'un litige étant donné l'ambiguïté du contrat et la difficulté pour une tierce personne de trancher. Un client ne recevant pas le service auquel il est en droit de s'attendre aurait beaucoup de difficultés à forcer son fournisseur à accroître le niveau de service. Par ailleurs, au niveau de la confidentialité, certaines entreprises hésitent avant de changer de fournisseur car les renseignements que détient ce dernier peuvent revêtir un caractère essentiel à la survie de l'entreprise en question. Enfin, certaines entreprises décident tout simplement de ne pas impartir étant donné le caractère vital de certaines données. C'est le cas de la compagnie Gillette Co. qui a gardé à l'interne la grande majorité de ses opérations informatiques ainsi que son développement (Gupta et Gupta, 1992).

QUAND UTILISER L'IMPARTITION ?

Une première condition afin qu'une entente d'impartition soit rentable pour une firme est la connaissance qu'elle détient de sa structure de coûts. En effet, les économies d'échelles, l'accès aux compétences spécialisées ainsi que les autres arguments mentionnés dans le paragraphe précédent visent à diminuer le coût de production des services informatiques. Rien ne garantit toutefois que c'est la firme cliente, qui cède ses services, qui va bénéficier de cette réduction de coûts. Une mauvaise négociation avec le fournisseur informatique peut transformer toute cette réduction de coûts en profit accru pour le fournisseur. Une bonne entente devrait produire une situation « gagnant-gagnant » où les deux parties tirent un profit de la relation. Pour ce faire, la firme cédant ses activités informatiques doit conserver une connaissance détaillée de ses activités, de leurs coûts et des ressources qu'elles requièrent. L'impartition des services n'est vraiment pas une manière de se débarrasser du suivi des activités informatiques. La connaissance des services informatiques est essentielle à la gestion efficace du contrat d'impartition. Cette connaissance permettra au client d'exprimer clairement ses besoins au fournisseur et d'élaborer avec ce dernier une structure de prix équitable. C'est également cette connaissance exhaustive des activités qui permettra l'évaluation de la proposition de renouvellement du contrat à l'échéance de ce dernier. En effet, si le premier contrat est plus facile à négocier grâce à la base de comparaison fournie par les coûts internes de la firme cliente, l'évaluation de la proposition de renouvellement du contrat dépendra totalement de la connaissance que le client aura entretenue des services reçus du fournisseur. À ce moment, il n'existe plus de base de comparaison comme les services internes pour évaluer les conditions proposées par le fournisseur. Il peut être difficile pour la firme cliente d'évaluer les ressources, ainsi que leur valeur, nécessaires à la production des services. Les informations datant d'avant la signature du premier contrat, vieilles de plusieurs années, sont généralement périmées et peu utiles, vu la rapidité des changements technologiques. Le client devra être à même d'évaluer les nouvelles conditions proposées par le fournisseur.

De plus, l'idée de base derrière l'équité du prix demandé au client réside dans la concurrence qui s'exerce entre les fournisseurs. Si un client considère que le prix demandé par un fournisseur pour le renouvellement de son contrat est trop élevé, il se tournera vers d'autres fournisseurs afin d'obtenir un meilleur prix pour les mêmes services ou afin de forcer son fournisseur à réviser son prix à la baisse. Pour que ce mécanisme reposant sur la concurrence entre les fournisseurs fonctionne, le client doit être en mesure de spécifier très précisément ses besoins et ses activités afin de solliciter des soumissions de fournisseurs concurrents. Seule une description très détaillée des services requis permettra aux fournisseurs potentiels de présenter une soumission valable pour les services requis par le client et permettra à ce dernier de comparer la valeur réelle des offres proposées. Dans un domaine comme l'informatique, où les coûts d'exploitation sont souvent révisés à la baisse pour des volumes de traitement à la hausse, il est primordial pour un client de connaître à fond sa structure de coûts.

La deuxième considération fondamentale afin qu'une entente d'impartition réussisse est la capacité de rédiger le contrat. Afin qu'un client s'entende sur un contrat à long terme avec un fournisseur, il est essentiel pour les deux parties d'être en mesure de prévoir à long terme et en détail les activités de la firme cliente. Les impartiteurs sont généralement des firmes de grande taille, servant plusieurs clients simultanément. Advenant le cas où les besoins d'un client augmentent soudainement, de manière imprévisible, il est fort probable que le fournisseur ait les ressources nécessaires pour répondre à ces besoins accrus. Il faudra toutefois que le client et le fournisseur puissent s'entendre sur la valeur de ces services supplémentaires. Si le contrat est à mi-terme et qu'aucun barème de prix advenant un accroissement des besoins n'a été prévu, une telle situation peut s'avérer très coûteuse pour le client. En effet, le client se retrouve en quelque sorte prisonnier de son entente avec le fournisseur. La concurrence ne peut pas s'exercer en milieu de contrat et le fournisseur peut donc demander un prix plus élevé pour l'accroissement des services. Plusieurs contrats stipulent des barèmes de prix au cas où les besoins changent. Le fournisseur et le client s'entendent a priori sur des niveaux de service possibles et sur les prix correspondants. Plusieurs ententes d'impartition ne stipulent toutefois pas de mesures équivalentes pour les diminutions de services pouvant survenir. Ces contrats prévoient généralement un contrat à prix fixe pour un service de base déterminé et des plateaux d'augmentation possibles. Si les besoins du client diminuent, le prix de base reste alors le même, ce qui accroît les coûts unitaires de traitement pour le client. Le fournisseur reçoit alors le même paiement tout en ayant à offrir des services réduits. Dans un arrangement à prix fixe, si les besoins du client chutent considérablement, le profit du fournisseur s'accroît d'autant. Pour ces différentes raisons, il est essentiel d'être en mesure de prévoir ses activités avant de rédiger un contrat. Un manque de prévision ou un trop grand nombre de situations incertaines rendent la rédaction d'un contrat quasi impossible.

La dernière considération correspond à la capacité de mesurer les activités. Toutes les activités cédées à un fournisseur externe doivent être mesurables et vérifiables. Il est également important que ces mesures soient démontrables sans ambiguïté. Dans le cas d'un litige entre le client et le fournisseur, si les parties doivent se rendre devant un arbitre désigné dans le contrat (en dernier recours un tribunal), chacun devra démontrer les faits qu'il avance. De là la nécessité d'avoir des mesures sans ambiguïté. Dans le cas où ces mesures n'existeraient pas, il serait très difficile pour l'arbitre de trancher. Dans cette situation, les frais de justice qu'entraînerait un recours aux tribunaux pour faire appliquer un contrat contesté sont prohibitifs. Tout compromis, même mauvais, devient préférable à une contestation judiciaire du contrat. C'est pour cette raison que plusieurs ententes d'impartition prévoient des mécanismes de gestion des conflits, comme des arbitres désignés ou des comités conjoints, dans le contrat, afin d'éviter le plus possible les recours aux tribunaux civils.

Il est utopique de penser baser la gestion d'un contrat sur des éléments subjectifs, comme la satisfaction des usagers ou l'adéquation du service. Ces éléments ne sont pas démontrables devant une tierce partie comme un tribunal. Des pénalités pour un service inadéquat, même si elles sont prévues au contrat, pourraient ne jamais être appliquées si elles ne reposent que sur des mesures subjectives. Les coûts nécessaires pour démontrer à un arbitre que le service promis n'a pas été fourni sur de telles bases risquent d'être supérieurs aux montants des pénalités prévues. Des mesures précises et objectives, comme le temps réponse, l'espace disque, le temps CPU, la période de disponibilité ou le délai sans interruption du système sont toutes des observations précises et quantifiables de la qualité du service. Ces évaluations sont essentielles. Il faut néanmoins souligner que même ces mesures, en apparence sans ambiguïté, doivent faire l'objet d'une définition précise. Par exemple, le contrat devra clairement spécifier où les mesures de délai seront prises, au site du fournisseur ou au site du client. Des problèmes de télécommunication peuvent créer d'importantes différences entre les mesures prises aux deux sites. Ceci n'est qu'un exemple parmi plusieurs interprétations possibles de ces mesures apparemment claires.

Ces quelques remarques soulignent l'importance d'avoir un contrat complet et clairement applicable. Les trois considérations brièvement présentées précédemment: la rentabilité de l'entente, la prévisibilité des besoins informatiques et l'existence de mesures vérifiables des activités sont des éléments fondamentaux de toute entente entre un client et un fournisseur. Ces éléments protègent simultanément les deux parties. Une saine gestion du contrat est le seul moyen de garantir à la firme cédant ses activités informatiques une relation profitable avec un fournisseur externe. C'est également profitable pour le fournisseur. En effet, lorsque la firme cliente bénéficie de meilleurs services à moindre coût, elle sera grandement incitée à poursuivre sa relation avec son fournisseur. Une gestion suivie du contrat par la firme cliente mettra en lumière les avantages de l'impartition et garantira au fournisseur un client fidèle ainsi qu'une relation à long terme. L'impartition peut être très rentable, à la fois pour le client et le fournisseur, lorsqu'elle est adoptée et gérée de manière appropriée.

**Considérations reliées à l'impartition
des services informatiques**

1. Est-ce que la firme cliente détient une connaissance suffisamment détaillée de ses activités informatiques pour négocier un contrat avec un fournisseur?

2. Est-ce que la firme cliente est en mesure de prévoir le volume et la nature des activités informatiques avec suffisamment de précision pour rédiger un contrat détaillé avec un fournisseur?

3. Est-ce que les activités informatiques sont mesurables sans ambiguïté et avec suffisamment de précision pour que les parties puissent faire appel à un arbitre indépendant advenant un désaccord durant la période du contrat?

Source: Aubert et Rivard (1994).

* * *

Il faut convenir, à la suite de cette étude, que le phénomène de l'impartition prend de plus en plus d'ampleur. Toutefois, il faut souligner que la gestion à l'interne demeure encore le mode de gestion le plus largement répandu au sein des entreprises. En fait, plusieurs entreprises n'ont recours à l'impartition que pour des activités bien spécifiques, pour l'entretien des équipements par exemple.

Le fait d'impartir n'est ni bon ni mauvais en soi. Ce qui peut être dangereux, par contre, c'est la manière dont on le fait. Il faut bien comprendre que l'impartition n'est pas la solution magique à tous les problèmes. Il serait donc bon de prendre certaines précautions pour ne pas avoir de surprises par la suite. Cette mise en garde vaut surtout pour l'aspect contractuel de l'impartition, car, comme nous l'avons vu, un contrat mal rédigé peut occasionner bien des problèmes.

L'impartition semble maintenant présent pour de bon. Sa popularité actuelle de même que les sommes engagées (Wilder, 1991) traduisent plus qu'un phénomène passager. Ce dernier continuera d'exister et d'évoluer tant et aussi longtemps que les deux parties y trouveront leur compte.

BIBLIOGRAPHIE

AUBERT, B., A., RIVARD, S. PATRY, M., 1995, «An Investigation Into the Out-sourcing of Information Systems Operations in Large Canadian Firms», *Cahier du Gresi/95-07*, Montréal, École des HEC, 15 pages.

AUBERT, B.A., RIVARD, S., 1994, «L'impartition des services informatiques: Pouvez-vous rédiger et faire respecter votre contrat?», *Info-Québec*, vol 18, n° 6, (février), p. 14-15.

BARKER, P., 1992, «Maritime Outsourcing dDal wWrth $100-million to SHL», *Computing Canada*, (27 février).

BUCHOK, J., 1993, «Systemhouse, Canada Post Sign Mega Outsourcing Deal», *Computing Canada*, (26 avril).

BARKI, H., RIVARD, S., TALBOT, J., 1993, «Toward an Assessment of Software Development Risk», *Journal of Management Information Systems*, vol. 10, n° 2 (automne), p. 203-225.

BELLS, M., 1990, «A Dissatisfied Customer», *Computerworld* (11 juin), p. 122.

GUPTA, V.C., GUPTA, A., 1992, «Outsourcing the IS function», *Information Systems Management*.

HORWITT, E., 1991, «EDS Wins Large Transportation Outsourcing Deal», *Computerworld* (14 janvier), p. 10.

KERR, M., 1994, «National Bank Farming Out DP Worth $124M Annually to ISM», *Computing Canada*, vol. 20, n° 1 (5 janvier), p. 1, 4.

LYYTINEN, K., HIRSCHHEIM, R., 1987, «Information Systems Failures–A Survey and Classification of the Empirical literature», *Oxford Surveys in Information Technology*, vol. 4, Oxford University Press, p. 257-309.

PASTORE, R., 1991, «Pan Am to Go Outsourcing Route», *Computerworld*, vol. XXV, n° 14 (8 avril), p. 1-4.

SAFER, A., 1992, «Revenge on the Nerds», *Canadian Business* (octobre).

SLOFSTRA, M., 1993, «Two Large Deals Put CGI in Outsourcing Big League», *Computing Canada* (18 janvier).

WILDER, C., 1991, «Giant Firms Join Outsourcing Parade», *Computerworld* (30 septembre), p. 1, 91.

YANKEE, W., 1993, «The Outsourcing Industry in Canada-A Year Later», *White Paper*, vol. 3, n° 5 (mai).

CHAPITRE 7 — Les développements technologiques

avec la collaboration d'Érik Paquet

Les développements technologiques ont engendré beaucoup de changements dans les habitudes de vie des différents utilisateurs. Jusqu'à tout récemment, ces changements affectaient principalement la manière dont le travail était fait. Avec l'arrivée de technologies innovatrices, les foyers vont maintenant pouvoir bénéficier des nouveaux développements technologiques.

Ce chapitre présente certains développements technologiques qui ont affecté particulièrement les organisations et les individus dans leur façon de fonctionner. Il aborde ces technologies dans une optique permettant aux gestionnaires et aux utilisateurs de comprendre l'impact que celles-ci peuvent avoir sur leur organisation et sur eux-mêmes.

Neuf développements technologiques dans le domaine des systèmes d'information sont présentés, soit: l'autoroute de l'information, la carte à puce, les communications satellites, la vidéoconférence, les bureaux portables, le télétravail, l'échange de documents informatisés, le multimédia et, pour terminer, la réalité virtuelle. Une définition de chacune de ces technologies est donnée, suivie de certaines applications possibles.

L'AUTOROUTE DE L'INFORMATION

L'autoroute de l'information (AI) est une expression de plus en plus utilisée par les différents intervenants en télécommunication et le grand public en général. Le concept de l'autoroute de l'information existe depuis au moins 10 ans mais les limites technologiques ont fait qu'elle est demeurée un rêve durant toutes ces années. Depuis 1993, les nouvelles technologies telles que la fibre optique et les processeurs de grande puissance sont de plus en plus abordables et le rêve devient peu à peu réalité.

En 1994, l'autoroute de l'information avait pris une telle ampleur que le gouvernement provincial a annoncé, au moment du budget, la création du Fonds de l'autoroute de l'information du Québec (FAIQ). Le Fonds disposait alors d'un budget total de 50 millions de dollars destiné à financer différents projets relatifs à l'autoroute de l'information. Sous la direction du ministère de l'Industrie, du Commerce, des Sciences et de la Technologie et du ministère de la Culture et des Communications, le FAIQ est géré par le secrétariat à l'autoroute de l'information. Le Fonds vise à soutenir la modernisation ou le développement d'infrastructures, à soutenir un partenariat des projets privés ou des projets expérimentaux. Le volet francophonie vient compléter les champs d'intervention. Depuis, une deuxième phase a permis de réaliser des projets qui ont nécessité un investissement de plus de 170 millions de dollars. La troisième phase, sous la responsabilité du ministère de la Culture et des Communications, devrait connaître le même succès.

Une définition

L'AI doit être vue comme l'intégration de différentes technologies de l'information afin de former un immense réseau de communication disposant d'une grande capacité de transfert de données et couvrant la majeure partie du globe. Les utilisateurs sont reliés les uns aux autres par l'autoroute de façon à bénéficier des nouveaux produits et services qui y sont intégrés. Ce super-réseau de communication pourra être accessible par le biais d'un ordinateur personnel, d'un poste de télévision, d'un téléphone ou de tout autre moyen résultant d'une combinaison des caractéristiques de ces trois technologies. Même les nouveaux gadgets sans fil comme les téléavertisseurs, les versions futures des téléphones cellulaires et les assistants digitaux personnels comme le Newton de Apple pourront accéder à l'autoroute de l'information.

Les services offerts

La liste des nouveaux services offerts par l'autoroute de l'information est très longue. Il suffit de penser aux différents types de transactions à distance qui pourront être effectuées avec les institutions financières, les établissements d'enseignement, les détaillants de produits et services et les gouvernements. De plus, des services comme la vidéoconférence, le visionnement de vidéos de divertissement, les diagnostics médicaux seront accessibles. Cette liste pourrait s'allonger considérablement avec un minimum d'imagination. Toute cette intégration des technologies nécessitera la mise en place de standards qui seront appelés à jouer un rôle primordial dans l'architecture de l'AI. De même que les réseaux routiers doivent se conformer à certains standards afin de faciliter la transition d'une province à l'autre ou d'un pays à l'autre, l'AI devra répondre à certains standards afin d'éviter les problèmes de compatibilité d'un utilisateur à l'autre. Toutefois, tout comme sur le réseau routier, il faudra s'attendre à ce que tous ne conduisent pas sagement dans la voie de droite.

Les différentes formes de l'autoroute de l'information

Si la description de l'autoroute de l'information et des services qui y seront offerts permet maintenant de mieux en identifier sa nature, la forme précise qu'elle prendra ne fait cependant pas l'unanimité.

Certains prétendent qu'elle sera une amélioration globale du réseau Internet, souvent décrit comme un immense bassin de réseaux informatiques couvrant la majeure partie du globe. Internet est à certains égards déjà considéré comme la route de l'information mondiale. Le réseau Internet a pris naissance par le regroupement des réseaux du département de la Défense américaine auxquels se sont greffés plusieurs réseaux universitaires. Des chiffres récents (juillet 1996) indiquent qu'il y aurait au-delà de 488 000 sites (domaines) reliés à plus de 12 millions d'ordinateurs et que sa croissance se fait au rythme d'environ 1000 ordinateurs supplémentaires par jour. Ces chiffres sont compilés par Network Wizards et les données à jour sont disponibles à l'adresse : http://www.nw.com/. Actuellement, Internet s'utilise principalement comme réseau de courrier électronique, de communication entre ordinateurs en mode terminal, d'échange de fichiers et comme voie de navigation sur des serveurs d'information.

L'autre possibilité perçue pour l'autoroute de l'information est celle d'une extension et d'une amélioration du service de câblodistribution et du service de téléphone afin qu'ils puissent offrir une multitude de services accessibles directement par le téléviseur ou un micro-ordinateur. D'ailleurs, l'avantage d'utiliser un tel réseau réside dans le fait qu'une majorité des infrastructures sont déjà en place. Le seul tronçon manquant est celui qui lie les installations de fibres optiques aux résidences. Par contre, les coûts d'une telle installation sont encore très élevés et seuls quelques projets pilotes ont permis ce raccordement.

La mise sur pied de l'AI ne fera pas disparaître la nécessité de se rendre en personne chez des clients ou dans les centres commerciaux, par exemple. Plusieurs personnes ont l'impression que l'AI apportera des changements radicaux dans leur façon de vivre, ce qui ne sera pas le cas, du moins pour les prochaines années. L'avantage d'utiliser l'autoroute de l'information est de permettre de faire les choses plus facilement et plus rapidement, mais il n'en reste pas moins qu'il faudra les faire de toute manière.

Les différents intervenants et les coûts

Les intervenants principaux dans la conception de l'autoroute de l'information sont les compagnies de téléphone, les câblodistributeurs et les gouvernements, sans oublier les développeurs et fabricants d'équipements d'informatique et de télécommunication. Aux États-Unis, le gouvernement a placé l'autoroute de l'information dans sa liste des priorités mais insiste pour rappeler que les entreprises privées devront payer la note de la majeure partie des investissements nécessaires. D'ailleurs, pour la prochaine décennie, les investissements prévus se chiffreraient à environ 500 milliards de dollars US.

L'Internet

Qu'est-ce que l'Internet?

Contrairement à une croyance populaire, l'Internet n'est pas une entité propre au sens physique, c'est plutôt le nom donné à un regroupement de réseaux qui communiquent entre eux pour former le plus grand réseau mondial. L'Internet est en fait le résultat d'une mutation et d'une fusion du réseau ARPANET, propriété du département de la défense américaine, et de plusieurs autres réseaux tant sur le plan éducationnel que des affaires. Vers la fin des années 60 et à l'aube des années 70, le département de la Défense américaine voulait mettre au point un immense réseau capable de continuer ses opérations et de s'adapter s'il survenait un bris ou la destruction de l'une de ses sections. ARPANET a donc été mis sur pied dans le but de tester différentes méthodes afin de rendre les réseaux informatiques invulnérables aux attaques de l'ennemi. Pour ce faire, les Américains durent déployer un réseau d'une grande envergure touchant la majeure partie du globe. Leur réseau s'est avéré tellement efficace que, durant la guerre du Golfe, l'Irak a réussi à maintenir son réseau informatique en transférant une partie de ses opérations sur le réseau de la Défense américaine, et ce à l'insu de cette dernière.

Parallèlement à l'expansion d'ARPANET, plusieurs centres d'enseignement, dont les universités, ont mis sur pied un nombre considérable de réseaux dans le but de faciliter les échanges internationaux. Le NSF (National Science Foundation) a établi et financé une des principales branches de l'Internet, ce qui a contribué en partie à sa croissance fulgurante. Ce n'est qu'avec l'intégration de ces différents réseaux tant sur le plan militaire, éducationnel que commercial qu'il est possible de parler d'un réseau international, soit l'Internet.

Aujourd'hui, l'Internet est tellement populaire qu'on en a fait l'attrait principal des différents salons de l'informatique. Comme Internet est l'appellation donnée à un immense réseau regroupant plusieurs réseaux, il n'appartient à personne en particulier. Seules les différentes branches du réseau sont détenues par des entités distinctes. Par exemple, CA-net est l'entité responsable du branchement de l'Internet pour le Canada. Par contre, bien que l'Internet n'ait pas de propriétaires spécifiques, son fonctionnement est régi par un organisme. L'ISCO est une association regroupant plusieurs dirigeants qui a été mise sur pied afin d'établir les règles de fonctionnement de l'Internet.

Une des nombreuses fonctions de l'Internet est de permettre le partage de différentes ressources entre plusieurs réseaux et des utilisateurs aux quatre coins du monde. En ce qui concerne son contenu informationnel, l'imagination est presque l'ultime limite. Il est aussi facile de participer à des discussions sur les nouveaux développements en client-serveur que de se procurer de l'information sur le cycle de reproduction des fourmis rouges d'Afrique. En effet, les différents réseaux formant l'Internet contiennent une multitude d'informations sur tous les domaines possibles et imaginables. La liste ci-dessous ne présente qu'une portion des services offerts sur l'Internet.

- Information sur les compagnies et leurs produits/services
- Information financière et boursière

- Achat et vente d'objets divers
- Offres d'emploi
- Services des gouvernements
- Soutien à la clientèle
- Informations sur les industries
- Ressources bibliothécaires
- Profils régionaux et nationaux
- Connaissances: expériences, opinions, entraide
- Nouvelles: journaux, magazines, météo
- Individus: biographie, suivi d'activités
- Statistiques
- Images, vidéos, sons
- Services de sociétés professionnelles et d'établissements d'enseignement
- Publications: livres, journaux, périodiques, rapports
- Ouvrages de référence
- Évaluation: livres, produits, logiciels, restaurants, etc.
- Tourisme: avions, autos, croisières, hôtel, information, etc.
- Université: calendrier, répertoire, ressources, bibliothèques, nouvelles, programmes, etc.
- Documents de travail et rapports

Un réseau de bibliothèques: une analogie près de la réalité

Utiliser et comprendre le fonctionnement d'Internet demande une certaine dose d'abstraction puisqu'une grande partie de l'interaction se passe entre deux ordinateurs. Pour faciliter la compréhension de son fonctionnement, Krol (1992) a comparé l'Internet à un réseau de bibliothèques. Le texte qui suit utilisera et renforcera cette analogie pour présenter les différents concepts de l'Internet. La première chose à maîtriser si on veut vraiment tirer profit de tout le potentiel d'Internet est son système d'adressage.

Les adresses Internet

En utilisant l'analogie du réseau de bibliothèques, on peut facilement comprendre que pour être en mesure de se rendre à une bibliothèque particulière, on doit disposer d'une adresse la situant sur une rue précise dans une ville précise. De plus, pour emprunter un livre ou accéder à des services particuliers, les usagers doivent disposer d'un numéro unique les différenciant les uns des autres. Il en est de même pour l'Internet. Pour être capable de communiquer avec différents sites physiques de l'Internet, il est essentiel que chacun dispose d'une adresse distincte et unique. De plus, les utilisateurs qui veulent échanger des messages ou participer à des groupes de discussion doivent disposer de leur propre adresse. Les adresses des sites formant l'Internet sont présentées sous deux formats, soit une adresse de type domaine et un numéro IP. En ce qui concerne les utilisateurs, ils disposent uniquement d'une adresse de type domaine.

Adresse de type domaine Une adresse de type domaine peut être tenue plus facilement puisqu'elle s'exprime sous forme de noms et d'abréviations séparés par des points. Généralement dans le cas des sites, une adresse se décompose en deux parties. La première partie décrit l'ordinateur soit par son nom, le secteur où il est installé ou par son propriétaire. La deuxième partie (la racine) présente l'organisme et le pays. Dans l'exemple ci-dessous, *fsa* est le nom d'un des ordinateurs de l'Université Laval et *ulaval.ca* désigne l'Université Laval et le Canada.

Exemple: **fsa.ulaval.ca**

Adresse IP L'adresse IP est l'équivalent de l'adresse de type domaine à l'exception qu'elle est formulée uniquement avec des nombres séparés par des points. Les différents périphériques de communication ne comprennent que ce langage. Avant l'apparition de serveurs d'adresses, il fallait utiliser des adresses de type IP afin de pouvoir entrer en communication avec un ordinateur. Maintenant, des serveurs d'adresses se chargent de faire la transformation des adresses de type domaine en adresses IP, ce qui nous permet d'utiliser des adresses qui ont une plus grande signification sémantique.

Exemple: **132.203.250.10**

Adresse de l'utilisateur Les utilisateurs qui veulent recevoir et envoyer des messages à d'autres utilisateurs doivent disposer d'une adresse Internet. La première partie de l'adresse d'un utilisateur est composée de son identification (*user ID*). La deuxième partie est l'adresse de type domaine de l'ordinateur où est situé l'espace disque de l'utilisateur. Les deux parties de l'adresse sont séparées par le symbole «@».

Exemple: Pour rejoindre le service des relations publiques de Microsoft, il faut utiliser l'adresse suivante: pr@microsoft.com.

Comment entrer sur l'Internet

Maintenant que nous savons que chacun des sites dispose d'une adresse unique et que chaque utilisateur est identifié par son numéro d'utilisateur et le domaine d'un ordinateur, il est maintenant possible d'accéder à l'Internet. Dans le cas d'une bibliothèque, pour en revenir à notre analogie, il serait possible, en théorie, de consulter un livre sur place ou par l'intermédiaire d'une personne qui en ferait la lecture par téléphone. L'accès à l'Internet est similaire. Certains utilisateurs peuvent disposer d'un branchement permanent (direct) tandis que d'autres accèdent par un intermédiaire sur une base temporaire. La croissance faramineuse des fournisseurs de services Internet a fait chuter les prix de façon radicale. Évidemment, le montant payé est souvent le reflet de la qualité du service, mais la concurrence, de plus en plus féroce, revient mettre les pendules à l'heure. Une consolidation du marché est d'ailleurs à prévoir.

La figure 7.1 présente trois différents types de branchement avec l'Internet. Le premier est le branchement direct (TCP/IP), en mode serveur, via les ordinateurs disposant de connexions permanentes. Le deuxième type est un branchement de type «*Dial-in terminal*», lequel est effectué de l'extérieur à l'aide d'un modem. Et enfin, le troisième type de branchement, le «*Dial-in direct*», est analogue à un branchement permanent (direct), excepté qu'il utilise un protocole de communication différent, soit le PPP (*Point to Point*), et se fait de l'extérieur à l'aide d'un modem.

Les outils pour optimiser l'utilisation d'Internet

Une fois le branchement avec un réseau établi, une panoplie d'outils servant à différentes tâches s'offrent aux utilisateurs. L'analogie avec le réseau de bibliothèques prend toute son importance dans cette section. Dans une bibliothèque, il y a plusieurs façons de retrouver de l'information qui peut être contenue sur différents supports.

FIGURE 7.1   Le branchement avec l'Internet

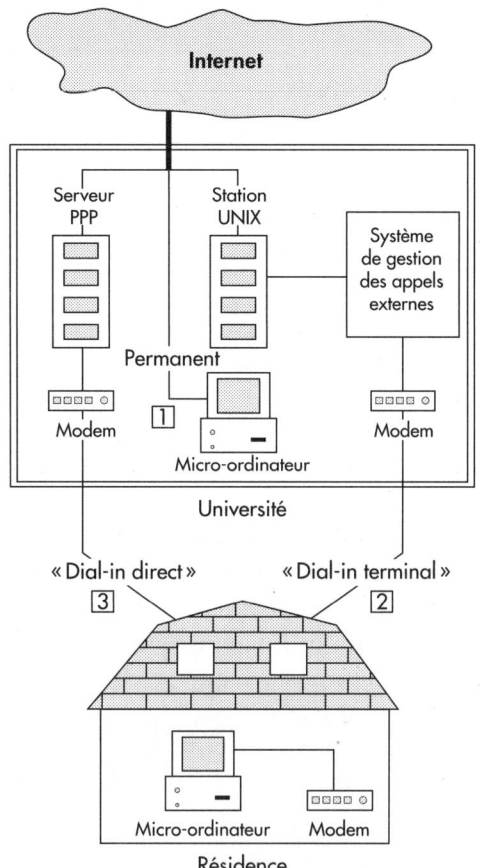

* Ce diagramme n'est en aucun cas exhaustif. Seuls les éléments pertinents pour comprendre un branchement permanent (TCP/IP), un branchement «dial-in direct» et «dial-in terminal» y sont présentés.

Il est possible de commencer par le premier étage et de chercher dans chacun des rayons jusqu'à ce qu'on ait trouvé ce que l'on cherche, avec le risque de parvenir au dernier étage pour constater que le livre n'est pas sur les rayons. Une manière plus efficace de trouver une référence consiste à commencer les recherches sur une base de données, pour ensuite aller directement dans le bon rayon.

Cependant, pour ce faire, il faut connaître l'existence des différents outils de recherche et leur fonctionnement. La prochaine section présente certains outils qui permettent de faciliter la navigation, la communication, la consultation, la recherche et le transfert d'information sur l'Internet.

FIGURE 7.2 La relation client-serveur

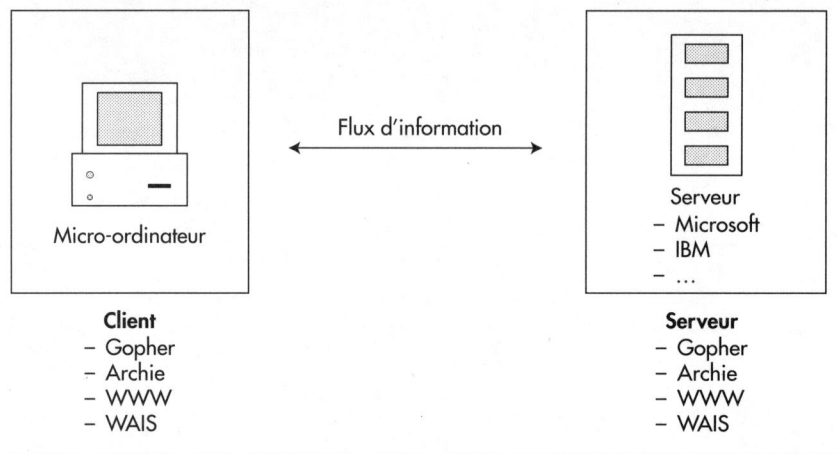

Avant d'aborder les différents outils, il est important de comprendre qu'une majorité de ces derniers fonctionnent en mode client-serveur où le client peut être le micro-ordinateur de l'utilisateur (branchement permanent) ou un ordinateur central (branchement «*dial-in terminal*»). Le serveur est le site sur lequel le client est branché. Par exemple, si un utilisateur se branche sur l'ordinateur de Microsoft à partir de l'extérieur, son micro-ordinateur dispose des applications clients et celui de Microsoft des applications serveurs. La figure 7.2 présente la relation entre la plate-forme client et le serveur.

Le courrier électronique Le courrier électronique est analogue aux casiers postaux des bureaux de poste. Il permet à deux utilisateurs qui possèdent des adresses Internet de communiquer rapidement (par l'envoi de messages écrits). Actuellement, le courrier électronique représente les deux tiers du trafic sur l'Internet (Fontaine, 1995).

Gopher (client-serveur) Gopher est un outil de navigation par menu qui permet de rechercher des ressources à travers l'Internet. Un des avantages de Gopher est la possibilité de naviguer sans connaître beaucoup d'adresses puisque le serveur Gopher peut fournir une multitude d'autres adresses. Gopher est aussi un tremplin vers d'autres outils tels: Archie, Veronica, WWW et WAIS.

Archie (client-serveur) Archie est l'outil de recherche par excellence sur des sites FTP (*File Transfert Protocol*). Grâce à cet outil, il est possible de faire de la recherche de documents ou de fichiers en utilisant un mode de recherche par mots clé autant sur le titre des fichiers qu'à l'intérieur de ces derniers.

Veronica   Veronica (*Very Easy Rodent-Oriented Net-wide Index to Computerized Archives*) est un outil de recherche au même titre qu'Archie, excepté qu'il ne recherche pas dans des serveurs FTP, mais plutôt directement dans les menus des différents serveurs Gopher. La recherche est faite par mots clés uniquement sur le titre des menus.

FTP (client-serveur)   FTP est un outil permettant de transférer des fichiers entre deux ordinateurs. Il ne permet pas une recherche par mots clés. Il est ainsi préférable de connaître l'adresse exacte du site qui contient le fichier recherché.

Telnet (client-serveur)   Telnet est un outil qui permet d'utiliser à distance un ordinateur. Ainsi, une personne ayant un ordinateur au Québec peut très bien y accéder par une session Telnet à partir d'un client situé en Californie.

Usenet (Newsgroups) (client-serveur)   Usenet n'est pas un outil en soi, mais plutôt le nom donné à l'ensemble des installations destinées aux différents groupes de discussion. En fait, Usenet a été mis en place avant l'Internet afin de permettre à des militaires et à des chercheurs de discuter et de soumettre leurs idées sur des sujets précis. En se branchant sur un serveur de nouvelles Usenet, il est possible d'accéder à des milliers de groupes de discussion (plus de 12000) et ainsi de s'informer, d'échanger et même d'interroger des spécialistes qui vont répondre aux différentes questions dans leur champ d'intérêt.

WWW (client-serveur)   Le WWW (*World Wide Web*), prononcé W3, est un outil permettant à la fois de naviguer et de faire de la recherche sur l'Internet. De prime abord, sa définition ne le différencie guère des autres outils. Il a cependant la particularité de fonctionner en mode Hypertexte. L'arrivée de cet outil a certainement contribué de façon importante à l'augmentation du nombre d'utilisateurs. Son mode de fonctionnement permet aux débutants autant qu'aux experts de tirer profit rapidement de l'Internet. Les serveurs WWW ouvrent aussi la porte à différents sites FTP, Gopher, Archie, Veronica, etc. Ainsi, il suffit de cliquer à l'aide de la souris ou d'appuyer sur la touche « retour », pour se déplacer d'un site à l'autre sans jamais avoir besoin de connaître une adresse Internet (à l'exception de celle du premier serveur WWW). Évidemment, l'important est que l'application client ait déjà quelques sites de prédéfinis. Le W3 permet de consulter en même temps du texte et des images, ce qui en fait l'outil idéal pour ceux et celles qui désirent faire un brin d'exploration.

WAIS (client-serveur) WAIS est un autre outil de recherche, qui permet quant à lui de naviguer dans différentes bases de données sur des serveurs WAIS. Moins fréquent, mais de plus en plus demandé, ce type de serveur permet de faire des requêtes directement dans les bases de données d'entreprises offrant un accès à leurs données.

Les bons outils en fonction de l'objectif

Comme il a été mentionné au début du texte, les différents outils disponibles pour faciliter l'utilisation de l'Internet ont été développés en fonction d'un ou plusieurs objectifs particuliers. L'utilisation d'un outil inadéquat risque d'entraîner des délais de recherche supplémentaires et surtout la découverte d'une quantité minime ou surabondante d'information. Choisir l'outil le mieux adapté aux besoins de l'utilisateur est probablement la tâche la plus difficile à réaliser lorsque l'Internet nous ouvre ses portes pour la première fois. Trois activités sont présentées ci-dessous ainsi que les outils susceptibles de permettre d'accomplir ces activités le plus efficacement possible.

Communiquer
- Courrier (accès par TCP3270 ou TN3270)
- Usenet
- Listserv

Observer (naviguer)
- WWW
- Gopher
- Usenet

Recherche (nouvelles, documents, fichiers)
- Archie
- Gopher
- Veronica (via Gopher)
- WWW
- Usenet
- WAIS

Le projet SIRIUS

Un des projets les plus imposants visant à permettre l'accès à l'autoroute de l'information au grand public a pris naissance en 1993 et a été inauguré officiellement à l'automne 1994 sous le nom de SIRIUS. Il se définit comme étant une autoroute nationale de l'information capable d'acheminer la voix, les textes, les données, les images et la vidéo entre tous les Canadiens, et donnant à presque tous l'accès à des services d'information et de communication de base et de pointe. Tout ceci par le biais d'un réseau constitué de nombreux réseaux exploités par différents fournisseurs de services qui sont également propriétaires. Le projet SIRIUS est une entreprise d'une taille et d'une ampleur encore jamais vues dans les télécommunications canadiennes et constitue la plus ambitieuse contribution nationale à l'autoroute de l'information.

L'autoroute de l'information présentée par SIRIUS exige une perception des télécommunications différente de celle qu'on avait auparavant. La vision à la base de l'alliance Stentor, instigatrice du projet SIRIUS, veut que la convergence du téléphone, de la télévision, de l'informatique, du câble et d'autres industries amène tous les intervenants, y compris l'État, à se donner une nouvelle vision et un nouvel élan.

Les acteurs au cœur du projet

Le projet doit son existence à une alliance nationale canadienne des neuf principales compagnies de téléphone, soient: BC TEL, AGT Limited, SaskTel, Manitoba Telephone System, Bell Canada, Island Telephone, Maritime Telephone & Telegraph, NBTel, et Newfoundland Telephone. Elles ont uni leurs expertises pour constituer Stentor et battent maintenant le même pavillon. La perspective de cette récente alliance est axée largement sur la collaboration dans la conception et l'application de nouvelles techniques qui rendront possible la mise en place d'un réseau de réseaux ouvert et interconnecté.

La vision Stentor

L'autoroute de l'information telle que l'envisage Stentor repose tout entière sur la liberté de choix en mettant l'accent sur l'ouverture du système. Le client choisira en fonction de ses besoins les canaux de distribution, les services et fournisseurs qui lui conviennent le mieux. Cette vision de libre accès soulève cependant quelques questions, notamment en ce qui touche la protection de la vie privée, l'accès universel, l'accessibilité des services, l'ouverture et l'interconnexion, la concurrence et la coopération, la réglementation et, enfin, la promotion et la préservation de la culture canadienne. Stentor travaille avec diverses instances gouvernementales, industries et organismes sociaux pour élaborer et mettre en place des stratégies à l'égard de ces questions.

Les possibilités concrètes du service

Bien que le plein potentiel du projet SIRIUS soit difficile à cerner, ses répercussions sur notre vie de tous les jours sont aisément palpables. Les avantages envisagés par sa mise en service touchent le consommateur, le monde des affaires, le commerce, l'industrie de l'assurance, le secteur de l'énergie, l'industrie touristique, le secteur des services financiers et professionnels.

Les avantages pour le consommateur

Il faudra plusieurs années avant que les produits et services liés à l'autoroute de l'information soient au point et commercialisés massivement. Mais tôt ou tard, ils changeront radicalement notre façon de vivre, d'apprendre, de consommer, de travailler et de nous divertir. Présente dans tous les aspects de notre vie quotidienne, l'autoroute de l'information telle que perçue par le groupe Stentor permettra par exemple, à partir du bureau ou de la maison, de:

- renouveler un permis de conduire;
- réserver des billets de théâtre;
- faire des recherches pour un travail scolaire;
- visiter des sites nationaux comme les édifices du Parlement ou des centres scientifiques;
- assister à une répétition de la troupe de ballet national;
- vérifier, à distance, la sécurité de son domicile;
- effectuer des opérations bancaires;
- recevoir une consultation médicale à distance.

Les avantages dans le monde des affaires

D'après une étude de l'Association canadienne de la technologie de l'information (ACTI), les techniques de communication et d'information permettent aux entreprises de réduire considérablement leurs coûts, d'améliorer la qualité des services qu'ils offrent et de concevoir des produits novateurs (dossier de presse SIRIUS). Le projet SIRIUS vise une contribution tout aussi importante en promouvant l'autoroute de l'information et les nouveaux services multimédias en tant qu'importants bassins d'information et puissants aides au développement. De plus, ses possibilités en tant qu'outil de marketing capable de rejoindre de nouveaux bassins de clientèle à l'échelle mondiale représentent un atout incalculable.

C'est dans les domaines suivants que les premières applications des services multimédias ont vu le jour. Leur diversité permet de comprendre l'envergure du projet SIRIUS.

- **Santé :** diagnostic à distance, transmission de radiographies et d'images.
- **Éducation :** séminaires à distance, conférences multimédias interactives.
- **Secteurs divers :** guichets d'information, publireportages, cinéma à demande, vidéobanque...

Les technologies à la base du projet

Les compagnies propriétaires de Stentor ont déjà intégré dans leurs infrastructures un bon nombre des techniques de pointe en communication. Voici une brève description des principaux systèmes de base qui constituent l'autoroute de l'information, de leur rôle et de leur implantation dans les réseaux Stentor.

- **Fibre optique :** Minuscules fils de verre transmettant de l'information sous forme d'impulsions laser. Ce sont les voies rapides de l'autoroute. Deux artères à haute densité traversent actuellement le pays d'un bout à l'autre.
- **Câble coaxial :** Sert lui aussi à transmettre de l'information mais sous forme d'impulsions électriques. Il sera la bretelle d'entrée et de sortie de l'autoroute en servant de lien entre les foyers et les réseaux de

fibres optiques. C'est ce système qu'utilisent actuellement les câblodistributeurs pour le signal vidéo.
- À ceux-ci se joignent des commutateurs qui acheminent les données dans les réseaux de fibres optiques (MTA, SONET).

Investissements

L'alliance Stentor réalisera des investissements considérables au cours des 10 prochaines années pour assurer la mise en place du projet SIRIUS.

- Huit milliards de dollars seront investis en 10 ans pour assurer la mise en place de réseaux capables d'acheminer la quantité d'information requise par des applications multimédias.
- Cinq cent millions de dollars seront investis en six ans pour assurer la transparence des interconnexions à l'échelle nationale.

Stentor estime que, d'ici 10 ans, ces investissements auront permis à environ 80% de tous les foyers canadiens et de toutes les entreprises de se prévaloir directement des services offerts par l'autoroute de l'information.

Le groupe Stentor est présentement actif au sein du projet Canarie, ce qui lui permet de tester la technologie qui sera utilisée pour SIRIUS. Bell devait faire l'annonce d'un projet pilote, mais à cause des retards à l'échéancier du consortium UBI, deuxième plus important projet de développement de l'autoroute de l'information, l'urgence s'est dissipée.

LE PROJET UBI

Le deuxième joueur le plus souvent cité au Québec dans le développement de l'autoroute de l'information est Vidéotron, par le biais du consortium UBI, qui vient de passer au deuxième rang en termes d'investissements à la suite de l'apparition de SIRIUS Dans la même lancée que le projet SIRIUS, mais ayant débuté avant, soit le 1er janvier 1994, le consortium UBI(Universalité, Bidirectionalité, Interactivité) a inauguré la phase 1 de son projet d'autoroute de l'information au Saguenay. Le consortium est formé de six entreprises québécoises et canadiennes: la Banque Nationale du Canada, Hydro-Québec, Le Groupe Vidéotron ltée, Loto-Québec, la Société canadienne des postes, Vidéoway Communication inc., et d'un partenaire américain, The Hearst Corporation.

Le consortium a pour mission de mettre sur pied un système de communication multimédia interactif et transactionnel. UBI permettra d'offrir aux consommateurs québécois un accès généralisé aux produits et services de fournisseurs à partir du confort de leur foyer. UBI entend devenir le principal réseau de distribution électronique de produits et services dans la majorité des foyers québécois. Par la suite, UBI sera proposé aux marchés canadien et étranger.

UBI offrira des services complémentaires aux services des câblodistributeurs. L'offre de service UBI aux consommateurs est basée sur les produits et services de ses partenaires fondateurs et sur les produits et services d'autres grands fournisseurs. Les services des partenaires comprennent les services de la Banque Nationale du Canada, les services d'information à la clientèle, de gestion du réseau, d'efficacité énergétique et de domotique[1] d'Hydro-Québec, les produits et services de Loto-Québec, les services de courrier électronique et d'adressage de la Société canadienne des postes, les services d'annonces classées de Vidéoway Communication inc. et les services de bottins d'affaires de The Hearst Corporation. Les autres fournisseurs offriront aux consommateurs une diversité d'autres services: circulaires électroniques, télé-banque, services gouvernementaux, formation à distance, téléachats, publicité directe, marketing direct et téléchargement de jeux.

Ces nouveaux services seront véhiculés par le réseau câblé de Vidéotron ltée dans la région du Saguenay et la nouvelle génération de terminaux Vidéoway. L'exploitation d'UBI fera aussi appel à des fournisseurs internationaux, notamment au chapitre de la fabrication des cartes à puce.

Les orientations de UBI

Les orientations suivantes caractérisent UBI:

- L'universalité de la distribution, soit une présence visée dans un minimum de 80% des foyers québécois.
- La facilité d'utilisation des équipements et des services offerts aux consommateurs.
- Le développement technologique requis pour la réalisation du projet et les innovations qui en résulteront; celles-ci représentent un

---

1. Ensemble des techniques et des études tendant à intégrer à l'habitat tous les automatismes en matière de sécurité, de gestion de l'énergie, de communication, etc. (Larousse 1993).

potentiel intéressant pour les partenaires d'UBI et pour l'économie québécoise en général.
- La capacité d'évolution des technologies utilisées.
- La facturation des frais d'utilisation du système aux fournisseurs de services plutôt qu'aux clients, dans le but de simplifier l'accès des consommateurs.
- Une volonté d'exporter technologie et savoir-faire sur les marchés étrangers.

Par l'entremise d'une autoroute de l'information et d'un terminal multimédia, les services seront acheminés directement au foyer par les réseaux de câblodistribution. Les consommateurs abonnés au câble continueront de payer les frais habituels du câble et de ses services spécialisés mais il n'y aura pas de frais d'accès aux services d'UBI dans leur ensemble. Ces frais seront assumés par les fournisseurs de services et les partenaires du projet. Les fournisseurs de services bénéficieront de tarifs attrayants pour l'utilisation du système.

Diversité de services et facilité d'accès par le téléviseur

UBI permet aux fournisseurs de services de rejoindre leurs clientèles au foyer. Il permet au consommateur un accès facile a des produits et des services variés, personnalisés et utilitaires ainsi qu'éducatifs, par le téléviseur, afin de mieux répondre à ses besoins tout en lui permettant d'économiser temps et déplacements. Le consommateur bénéficiera d'un système complet de paiement par porte-monnaie électronique, débit et crédit pour acheter et payer biens et services et effectuer tout transfert de fonds.

L'équipement à domicile

L'équipement du système multimédia interactif et transactionnel UBI sera composé des éléments suivants:

- Un terminal Vidéoway bidirectionnel compatible avec la norme de communication CEBus pour les services de domotique.
- Une télécommande alphanumérique.
- Un module transactionnel qui regroupera le lecteur de cartes magnétiques et à puce, le clavier NIP et l'imprimante.
- Une carte à puce.

Pour les fournisseurs de services, la mise en place d'un réseau additionnel de distribution constitue un avantage concurrentiel. Déjà plus de 75 fournisseurs de services ont signifié leur intention de participer au lancement dans la région du Saguenay. Pour les usagers consommateurs, UBI représente un moyen pour communiquer de façon simple avec leurs fournisseurs 24 heures sur 24.

Une caractéristique primordiale pour que l'AI puisse prendre sa place dans les foyers sera la facilité d'utilisation des interfaces de contrôle puisqu'une grande majorité d'utilisateurs ne seront pas des spécialistes en informatique. Bien sûr, dans un avenir rapproché, la parole pourra guider les utilisateurs à travers l'AI. Bien que les coûts d'implantation de l'autoroute de l'information puissent être évalués, les coûts d'utilisation ne sont pas encore connus. Si les compagnies de téléphone et de câblodistribution veulent rentabiliser leurs investissements, ils devront facturer le moindre service mais à des tarifs très concurrentiels, puisque ce devrait être une industrie concurrentielle.

Les problèmes rencontrés

Depuis le démarrage du projet UBI, certains problèmes sont survenus, faisant en sorte que SIRIUS a pu facilement rattraper le délai entre le lancement des deux projets. En effet, UBI a éprouvé d'importants problèmes avec la conception du module de réception à domicile devant être réalisé par IBM. La puce Malibu, système nerveux du module, n'aurait été capable d'afficher les images qu'à 75% de la surface de la télévision. Le consortium a dû dissoudre le contrat avec IBM et, depuis ce temps, les rumeurs inquiétantes autour de l'avenir d'UBI fusent de toutes parts (Barcelo, 1995). De plus, en septembre 1995, une quinzaine de personnes affectées au développement du projet d'autoroute de l'information UBI pour le compte du partenaire The Hearst Corporation ne travaillent plus sur le projet. Hearst Interactive est maintenant en état d'hibernation profonde, mais demeure toujours partenaire. À la suite de ces changements dans le déroulement du projet, les dirigeants doivent faire de nouveaux choix (nouvel échéancier, nouveau budget et nouvelle solution) (Desmarteau, 1995). Un nouveau lancement à Chicoutimi et Jonquière a été prévu pour la fin de 1996. L'utilisation commerciale, une fois le système rodé, devrait débuter au printemps 1997 (source : http://www.videotron.com/gvl/whatsnew/francais/960605-f.html).

LA CARTE À PUCE

La carte à puce, la carte à mémoire ou la carte intelligente sont autant de synonymes pour nommer un bout de plastique analogue à une carte de crédit dotée d'une puce permettant de stocker et de traiter des informations. La capacité de traitement de la carte à puce dépasse celle des premiers micro-ordinateurs conçus par Apple ou des ordinateurs à bord des premières missions spatiales américaines. La carte à puce a fait son apparition en Europe à la fin des années 1980 et devait être aussi populaire au Canada durant les années 1990. Certains éditeurs sont même allés jusqu'à la comparer à l'invasion des micro-ordinateurs des années 1980. Toutefois, la réalité est tout autre et la carte à puce se fait rare au Canada.

Les applications de la carte à puce

Elle devait servir chez les commerçants, dans les hôpitaux, les clubs de sports et les institutions financières. Elle peut contenir des données telles que celles incluses dans un passeport ou un permis de conduire. En raison de son intelligence et de son caractère hautement sécuritaire, la carte à puce constitue le point de jonction idéal de l'individu avec toute organisation commerciale et financière. Avec la carte à puce, plus besoin de traîner des documents administratifs ou financiers, ils seront intégrés directement dans la mémoire de la puce. Elle devrait permettre à l'entreprise de réduire ses frais administratifs en éliminant certains intermédiaires entre l'entreprise et le porteur. Au Canada, les principaux projets de carte à puce sont développés par la Banque Royale, Bell Canada, Vidéotron, le Centre hospitalier de l'Université Laval et le Mouvement Desjardins.

La carte à puce est une composante de l'équipement de la phase 1 de UBI. Elle sera distribuée gratuitement avec chaque terminal. Elle sera utilisable sur le terminal UBI et sur d'autres applications à l'extérieur. La carte à puce de UBI aura trois fonctions principales:

- l'authentification du détenteur avec son NIP;
- support au porte-monnaie électronique;
- support à l'information personnelle (nom, adresse, âge...).

La carte à puce d'UBI agira comme une véritable clé pour accéder aux différents produits et services. Elle sera chargée pour un montant qui reste à définir et elle pourra être rechargée par l'entremise du terminal UBI et d'une autre carte client du réseau des institutions financières Interac ou d'une carte de crédit. Des points de distribution sont également prévus pour les utilisateurs qui payeront comptant. La carte à puce fournie avec l'équipement de UBI ne pourra être utilisée que sur UBI.

La Régie de l'assurance-maladie du Québec travaille aussi actuellement sur un projet pilote de dossier médical sur carte à puce. En Allemagne, plus de 80 millions de personnes disposent de ce type de carte. Du côté de l'Angleterre, les radiographies de patients sont enregistrées sur une carte à mémoire optique au laser, ce qui permet d'éviter le transfert du dossier médical d'un hôpital à l'autre.

L'obstacle à la diffusion

La nouvelle génération de cartes à puce est déjà en production par des firmes japonaises. Elle est appelée la super-carte à mémoire. Cette nouvelle génération a la taille d'une carte de crédit, mais elle est plus épaisse. Elle intègre un mini-clavier alphanumérique, un écran à cristaux liquides et beaucoup de mémoire. Comme on peut le constater, la technologie n'est pas l'obstacle premier à la diffusion de la carte à puce. Le défi est plutôt l'intégration de tous les systèmes et des intervenants afin de faire que la carte à puce soit viable.

LES COMMUNICATIONS SATELLITES

Les communications satellites font partie des technologies émergentes au même titre que la fibre optique ou les réseaux numériques à intégration de services (RNIS). Ce médium de communication permet la transmission de signaux radioélectriques entre des stations terrestres mobiles ou fixes par l'intermédiaire de satellites. Les communications satellites nécessitent l'utilisation d'équipements très coûteux tels un satellite, une station incluant une antenne, un terminal de fréquence radio, un système de contrôle de réseau et des stations secondaires incluant aussi une antenne et d'autres équipements électroniques.

Les applications possibles

Les communications satellites peuvent être utilisées pour une grande variété d'applications utiles aux entreprises. Les principales utilisations possibles sont: le suivi en temps réel des flottes de camions, le téléphone, la vidéoconférence, les confirmations de crédit. À titre d'exemple, UPS, la plus grosse compagnie de livraison de colis à travers le monde, utilise un système de suivi de flotte qui permet à un client de savoir en tout temps à quelle étape du processus de livraison se trouve son colis. Depuis 1996, UPS a amélioré le service à la clientèle en augmentant la précision du système de suivi et en diminuant le nombre d'opérations. Cette solution passe par un système de capture de signatures électroniques permettant de savoir non plus à quelle étape de transport le colis se trouve mais plutôt à quel endroit exactement il se trouve et à quelle heure le récepteur a signé le registre, le tout en temps réel. Un tel système ne peut exister sans l'apport des communications satellites qui font le lien entre les livreurs et la maison mère. De son côté, le géant américain Wal-Mart a réussi à s'imposer en conservant ses coûts d'exploitation inférieurs à ceux de ces concurrents, tout en fournissant des produits de qualité à bas prix. Son secret : une gestion efficace de ses inventaires en réduisant au minimum les quantités en stock et en conservant exactement les produits désirés par les consommateurs. Pour accomplir une telle prouesse, Wal-Mart doit transmettre rapidement ses commandes à chacun de ses fournisseurs. La gestion de Wal-Mart étant centralisée, le moyen le plus efficace d'y arriver fut d'utiliser les communications satellites entre chacun de ses points de vente et la maison mère.

Les facteurs à considérer et les coûts

Le premier facteur à considérer pour déterminer si l'utilisation des communications satellites est avantageuse pour une entreprise est de déterminer si elle négocie dans des lieux géographiquement distants qui seraient difficilement reliés par câbles. Plusieurs grosses entreprises telles GM et Nissan utilisent ce type de communication en remplacement des lignes téléphoniques. Les coûts d'utilisation des communications par satellites sont à peu près équivalents aux tarifs des réseaux terrestres et, dans certaines occasions, légèrement inférieurs. En effet, il est possible d'économiser de 20 à 30 % sur les tarifs terrestres en respectant certaines conditions comme : communiquer entre des lieux distants et non câblés, utiliser le même satellite pour toutes les communications et avoir un grand volume de communication. Au Canada, la compagnie Télésat accapare la majeure partie du marché des communications satellites, bien que certains fournisseurs américains offrent des tarifs très concurrentiels.

Les avantages et les inconvénients

Les communications satellites, comparativement aux communications câblées, disposent de certains avantages tels que la possibilité de couvrir de grandes distances sans investissements majeurs, une indépendance des coûts de transmission en fonction de la distance (à condition de rester dans l'empreinte du satellite), la possibilité de se raccorder à tout type de réseau de communication, une très grande vitesse de transmission, une fiabilité incomparable, une excellente protection contre les accès non autorisés grâce à l'encryptage (codage). Par contre, les transmissions prennent un certain délai (1/4 de seconde), les transmissions peuvent être perturbées par les conditions atmosphériques et, bien sûr, les coûts de raccordement au réseau demeurent élevés.

LA VIDÉOCONFÉRENCE

La vidéoconférence est une forme de communication électronique bidirectionnelle interactive qui permet de relier plusieurs participants situés dans des lieux différents. Elle consiste plus particulièrement en des échanges à distance par un système de communication audiovisuel: caméra vidéo, moniteur et récepteur audio. Le système permet aussi aux différentes parties d'interagir sur des documents (dessins, textes, images), comme s'ils étaient autour d'une table de conférence traditionnelle. C'est souvent un moyen de tenir des réunions à distance.

Les avantages et le marché

Cette technologie permet de réduire au minimum les déplacements d'affaires, entraînant de ce fait des économies de temps et d'argent. La rentabilité du système dépend donc des habitudes de travail des gestionnaires ainsi que des besoins en communication de l'entreprise.

Un sondage mené aux États-Unis par la firme Dataquest (1992) indique la mise en place de 200 à 300 salles de vidéoconférence nécessitant des investissements d'environ 50000 dollars chacune. On souligne également l'implantation de quelque 2500 salles mobiles dotées d'équipements portables ainsi que l'installation de centaines de micro-ordinateurs équipés pour la vidéoconférence de bureau (*desktop videoconferencing*). Ces données démontrent clairement l'engouement de l'entreprise américaine pour cette technologie de pointe et laisse présager un avenir prometteur dans son développement. En effet, l'étude conclut que, de 1988 à 1993, le marché de la vidéoconférence a doublé.

La téléconférence

Deux formes de vidéoconférence sont actuellement utilisées dans les différents types d'échanges. La téléconférence est en quelque sorte une conférence à distance transmise en circuit fermé permettant des échanges par un moniteur de télévision traditionnel. L'installation peut être permanente ou portative, mais nécessite à la base une salle de communication, deux moniteurs et une caméra vidéo. La technologie étant encore à ses débuts, quelques procédures de base doivent être respectées de manière à assurer la transmission d'une image de qualité acceptable. Par exemple, les mouvements des interlocuteurs devront être lents et contrôlés pour permettre une transmission claire. Si les équipements nécessaires à cette installation impliquent un investissement monétaire important, des salles existantes sont disponibles pour la location à un taux horaire variant de 500 $ à 1000 $ par jour.

La vidéoconférence de bureau

Le second type de vidéoconférence vise d'avantage de petits groupes d'utilisateurs spécialisés et se réalise par le biais du micro-ordinateur. La vidéoconférence de bureau devient une alternative très prometteuse d'autant plus qu'elle fait appel à une technologie dont le développement et l'utilisation sont en croissance fulgurante. En effet, les micro-ordinateurs puissants maintenant disponibles sur le marché, les réseaux dont le taux de transfert de l'information est sans cesse grandissant et les technologies sophistiquées de compression d'images dessinent un marché de plus en plus propice à l'expansion de cette nouvelle forme de communication. L'installation d'un tel système se fait à même le micro-ordinateur par l'ajout d'outils de transmission audio et vidéo (caméra vidéo, carte vidéo, logiciel de vidéoconférence et de conférence audio, microphone et haut-parleur). La conférence est visualisée à l'aide de l'écran de l'ordinateur. Ce dernier permet la création ou l'édition de documents de façon interactive. L'investissement inhérent à l'implantation de cette technologie se situe entre 3 000 $ et 15 000 $ en fonction de la performance et des outils désirés.

La communication demeure et sera toujours un élément clé du succès des entreprises. Les progrès technologiques actuels laissent entrevoir un rôle d'importance cruciale à la communication interactive à distance. L'intégration de la vidéoconférence à l'autoroute électronique s'inscrit parmi les avancements à entrevoir. Bien que les outils actuels permettent d'accomplir un travail satisfaisant, ils ne livrent encore qu'un simple échantillon des possibilités offertes par ce nouveau réseau. Des recherches sur les différents champs d'application ainsi que sur le développement de nouveaux outils technologiques laissent envisager une place d'importance de la vidéoconférence dans le vaste domaine de la communication.

LES BUREAUX PORTABLES

Les bureaux portables font partie de ces nouvelles technologies qui changeront la façon de fonctionner de certaines entreprises. Le bureau portable permet aux employés d'une organisation de travailler à partir de n'importe quel endroit grâce à l'utilisation d'ordinateurs portatifs, de téléphones cellulaires, de téléavertisseurs, d'assistants digitaux personnels et d'autres outils de télécommunication.

Laurie Coots, vice-présidente administrative chez Chiat/Day inc., a amorcé une conférence qu'elle donnait en disant que le travail était quelque chose à faire et non un endroit où on devait se rendre. Le bureau portable est souvent appelé le bureau virtuel du fait qu'il n'existe pas vraiment dans la réalité (du moins dans sa forme traditionnelle). Ce nouvel agencement de technologies a permis à des employés attachés à des entreprises comme IBM Canada, Ernst & Young et Arthur Andersen de travailler dans le lieu de leur choix. L'idée d'un bureau portable existe depuis les années 1970 au moment où certaines versions hybrides de bureaux portables ont été développées, mais ce n'est que depuis les années 1980 que la technologie permet de constituer des bureaux réellement fonctionnels. D'ailleurs, la firme Link Resources de New York estime à sept millions le nombre de personnes aux États-Unis travaillant quotidiennement sur la route à l'aide de leur ordinateur portatif. Ils estiment que ce chiffre passera à 25 millions en l'an 2000. (Illingworth, 1994).

Les raisons de leur implantation

Une des principales raisons motivant les entreprises à permettre à certains employés de quitter leur bureau stationnaire est une réduction des coûts en immobilisation et une augmentation du temps passé auprès de la clientèle. Cependant, certains chercheurs s'interrogent sur la véritable efficacité du bureau portable. Pour accroître leur efficacité, les bureaux portables doivent pouvoir accéder à des réseaux de communication qui offrent des performances respectables. C'est en grande partie grâce à l'avancement des communications cellulaires, du développement des réseaux de communication et de l'amélioration des ordinateurs portatifs que le bureau virtuel est devenu fonctionnel.

Les changements apportés à l'organisation

L'introduction des technologies portables dans l'environnement organisationnel ne peut qu'entraîner une modification des processus de travail. C'est d'ailleurs ce qui produit les meilleurs résultats sur le plan de la productivité et de l'acceptation de la technologie. Une étude menée par un groupe de recherche d'IBM a démontré que la mise sur pied de bureaux portables par simple souci de réduire les coûts produisait une faible amélioration de la production. Par contre, lorsque l'implantation du bureau portable était faite pour satisfaire un besoin organisationnel et stratégique, la production augmentait de façon significative. La stratégie d'IBM pour inciter ses employés à devenir mobiles combine deux approches. La première consiste à convertir certains de ses bureaux urbains en bureaux de productivité satellites afin d'être plus près des clients et économiser sur les locaux dispendieux. La deuxième est la formation d'équipes qui travaillent en collaboration et utilisent une salle de travail commune assignée sur une base de rotation. Cette salle est mise à la disposition des membres de l'équipe uniquement pour régler des problèmes qui ne peuvent l'être sur la route. Une fois le problème résolu, la salle doit être libérée et mise en disponibilité pour un autre membre. D'ailleurs, l'autoroute électronique devrait être en mesure d'accroître cette opérationnalisation des bureaux portables.

Les conséquences organisationnelles

Cette nouvelle manière de fonctionner implique cependant certaines conséquences psychologiques chez les travailleurs mobiles. Ces derniers sentent qu'en sortant du bureau, ils ont réellement quelque chose à accomplir, ce qui les motive dans leur travail. Selon Franklin Becker, professeur à l'Université de Cornell et consultant pour plusieurs entreprises, la plupart des employés mobiles chez IBM ont amélioré leurs performances professionnelles. Évidemment, quelques-uns se sont questionnés sur leur manière de fonctionner au travail et leur appartenance à l'entreprise. L'esprit d'équipe ne doit pas être abandonné aux dépens de la mobilité. Les employés mobiles doivent rester en contact les uns avec les autres et s'assurer que les clients peuvent toujours les rejoindre. Comme le bureau mobile commence seulement à se répandre dans les organisations, il est encore difficile de pouvoir prédire tous les impacts apportés sur l'individu et l'organisation.

LE TÉLÉTRAVAIL

Depuis quelques années, certaines entreprises se sont conscientisées à l'importance des coûts de l'achat, de la location et de l'entretien des espaces à bureaux et ont décidé d'étudier différents moyens de les réduire. La solution proposée par une équipe de recherche chez IBM Canada, baptisée Flexiplace, propose un programme à long terme visant à sortir les employés des espaces à bureaux dispendieux et à les placer dans des bureaux satellites près de leurs résidences et des clients. Un projet pilote a été mené et l'expérience fut très concluante. Dans certaines régions, jusqu'à 30% des représentants d'IBM travaillent à la maison ou dans des bureaux satellites. Les économies prévues par IBM Canada et engendrées par la mise en place d'un tel projet devraient atteindre approximativement 5,7 millions de dollars sur une période de six ans.

La définition

Bien que le télétravail puisse se définir de plusieurs façons, les notions centrales entourant ce concept sont celles de la distance et de la stabilité. Bien que, dans certains cas, il puisse être facile de confondre le bureau portable et le télétravail, il est essentiel de se poser la question: est-ce que l'employé qui travaille à distance de l'organisation a la possibilité d'apporter son équipement dans ses déplacements? Si la réponse est oui, alors il dispose effectivement d'un bureau portable, mais il peut aussi faire du télétravail s'il a été déplacé dans des bureaux satellites de façon permanente.

Le travail qui était fait dans les bureaux des grandes entreprises est maintenant fait dans des bureaux satellites ou chez l'employé, à proximité des clients. Une idée erronée souvent véhiculée sur le télétravail est qu'il se fait uniquement à la résidence des employés. Il serait plus réaliste de prétendre que le télétravail se réalise à distance des superviseurs. Cette optique devient d'ailleurs le cauchemar des gestionnaires qui voient une partie de leur contrôle sur leurs employés disparaître. Il semble plus difficile de conserver une bonne coordination et un esprit d'équipe lorsque les ressources sont dispersées. De plus, les employés qui demeurent en poste au sein de l'entreprise sont souvent démoralisés de voir leurs collègues éviter les longues heures de transport et les embouteillages chaque matin alors qu'eux doivent subir ces inconvénients.

Par contre, les experts s'entendent pour dire que les employés qui font partie d'un programme de télétravail et œuvrent à leur résidence devraient retourner au bureau central au minimum une fois par semaine. À titre d'exemple, le programme Flexiplace prévoit un retour au bureau central une à deux fois par semaine afin d'assister à des réunions de groupe, de récupérer le courrier et les fax. Chez BC TEL, compagnie de téléphone de Vancouver, les employés travaillant sur la route doivent se rapporter à un bureau satellite spécialement établi près de leur résidence.

Les avantages

Cette approche dont l'idée a éclos il y a plusieurs années est maintenant rendue possible grâce à la diminution des coûts reliés à l'achat d'équipement ainsi qu'à la performance accrue des technologies informatiques et des services de télécommunication. Il ne faut pas oublier l'augmentation grandissante des connaissances reliées à ces deux domaines. La réduction des coûts ne constitue pas l'unique raison ayant poussé plusieurs entreprises à mettre sur pied des programmes de télétravail. L'augmentation de la productivité est une des premières raisons qui incitent les entreprises à adopter le télétravail. L'Académie nationale des sciences aux États-Unis a démontré qu'il était possible d'augmenter la productivité des gestionnaires et des employés de bureau de 15 à 25% (Côté-O'Hara, 1993). Linda Russel, une associée principale chez Telecommunicating Consultants International Inc., a travaillé avec une multitude de clients qui ont vu leur productivité augmenter de 10 à 50%. Les employés qui travaillent à distance des bureaux centraux travaillent normalement plus longtemps en transformant le temps de discussion en temps de travail. Ils réduisent le temps improductif relié à l'attente pour le photocopieur ou l'accès à une imprimante, inhérent au travail en bureau traditionnel. De plus, ces derniers débutent leur journée avec une meilleure efficacité grâce à l'élimination des trajets entre leur résidence et le bureau central qui peut être très distant. Le télétravail permet aussi à l'employé de choisir à quel moment de la journée il préfère travailler, afin de profiter des périodes où son énergie est la plus élevée. Chez BC TEL, certains employés ont découvert qu'ils pouvaient prendre en main 25% plus d'appels seulement en évitant la fatigue reliée au stress de l'heure de pointe. Le taux d'absentéisme tend aussi à diminuer. Les employés peuvent travailler une partie de la journée même s'ils ne se sentent pas en forme pour se rendre au bureau.

Les bénéfices pour l'entreprise et l'employé

Derrière certains bénéfices facilement identifiables tels que la productivité et la réduction des coûts, le télétravail peut apporter encore bien plus, autant pour l'entreprise que pour les employés. La disponibilité de l'infrastructure technologique reliée aux télécommunications est susceptible d'attirer et de retenir les employés hautement qualifiés, de réduire les frais de recrutement et de diminuer les coûts reliés à la formation. Ce fut le cas pour une entreprise située en Ontario qui a dû introduire des technologies de télécommunication afin de retenir ses employés qui désertaient pour un concurrent offrant plus de flexibilité dans l'organisation du travail. Un avantage plus difficile à prouver est celui de l'augmentation de la qualité du travail accompli. Certains chercheurs tendent à croire que si un employé est capable de se concentrer plus facilement sur une longue période de temps, il est susceptible d'améliorer la qualité de son travail. Les employés bénéficient d'une meilleure qualité de vie, d'une augmentation de la satisfaction au travail, d'une économie dans les frais de déplacement et d'habillement, d'une diminution des pressions reliées aux soucis de garde d'enfants et d'une transformation du temps économisé en loisirs. Selon Russell, les employés comprennent les bénéfices du télétravail et aiment la flexibilité qu'il permet. Peu d'employés désirent retourner à leur situation initiale une fois le télétravail expérimenté.

Les conditions du succès d'un programme de télétravail

Lors de l'implantation, la résistance des gestionnaires peut aller jusqu'à faire échouer le projet, c'est pourquoi il est essentiel de mettre l'accent sur l'information et la formation autant chez ces mêmes gestionnaires que chez les employés. L'implantation d'un programme de télétravail nécessite des changements organisationnels qui entraînent naturellement une certaine réticence. Pour réduire celle-ci, il est essentiel de respecter un principe clé: le volontariat. Les employés et les gestionnaires qui participent à un programme de télétravail doivent être volontaires. En plus de la résistance liée aux changements organisationnels, certaines questions se posent: qui payera pour l'équipement, l'employé ou l'entreprise? Qui décidera de l'équipement des employés? Qui sera responsable pour les dommages et les pertes? Qui payera les assurances reliées aux équipements? Toutes ces interrogations devront être résolues cas par cas, et ce, pour chacune des entreprises.

L'EDI

Depuis la nuit des temps, les gens échangent des biens sous la forme du troc. L'apparition de la monnaie a transformé le marché. Les outils de commerce ont aussi évolué en passant de la parole au papier et depuis quelques années à l'échange de données informatisées. Cette nouvelle approche est aussi appelée EED (*échange électronique de données*), mais il s'agit bel et bien de la même technologie. L'*échange de documents informatisés* (EDI) ou parfois l'échange de données informatisées représente une méthode relativement récente d'échange de documents d'affaires entre deux partenaires à l'aide de l'informatique. Ces documents, tels les bons de commande et les factures, sont transformés en un format standardisé puis transférés à un partenaire à l'aide de l'ordinateur. Par la suite, les documents pourront être récupérés soit dans une boîte aux lettres d'un réseau à valeur ajoutée ou, dans des cas plus rares, directement du partenaire si les communications sont sans intermédiaire (de modem à modem). Grâce aux standards, les données peuvent être réutilisées et manipulées sans avoir à être saisies de nouveau. L'EDI constitue une des rares occasions où les ressources informatiques d'une entreprise franchissent ses frontières pour se fondre avec celles de partenaires d'affaires. Les documents les plus fréquemment échangés sont des bons de commande, des factures, des avis de livraison ou des notes de débit et de crédit.

Les avantages de l'EDI

Les avantages que peuvent retirer les entreprises de cette nouvelle façon d'échanger des documents d'affaires sont multiples. Ils peuvent se retrouver sous la forme d'une diminution des coûts administratifs, d'une amélioration de la rapidité et de la qualité des transactions effectuées, d'une amélioration des méthodes de gestion opérationnelle, d'une diminution des erreurs, d'une augmentation de la part de marché et d'une amélioration du service à la clientèle. Un des points mentionnés ci-dessus, une amélioration des méthodes de gestion opérationnelle, s'avère d'une importance particulière sur le plan stratégique. L'EDI permet de réduire le cycle d'affaires de l'entreprise. Les transactions sont envoyées, reçues, évaluées et traitées dans une fraction du temps normalement requis, ce qui permet de consacrer des ressources humaines et financières à d'autres fins. Certains consultants (IBM) ont affirmé que, dans le domaine du textile, le cycle d'affaires a été réduit de 25% et les économies de l'industrie devraient excéder 12 milliards de dollars annuellement. L'implantation de systèmes « juste-à-temps » a permis d'éliminer une grande proportion des stocks conservés par certaines entreprises. Par exemple, la compagnie de jeans Levis offre à Eaton la possibilité de gérer ses stocks directement à partir des documents échangés à l'aide de l'EDI. D'ailleurs, une nouvelle forme en mutation de l'EDI est la gestion automatique des stocks effectuée directement par le fournisseur en se raccordant aux bases de données du client.

Le marché de l'EDI et les coûts d'implantation

Au Québec, on estime à plus de 800 le nombre d'entreprises qui utilisent actuellement l'EDI, c'est donc dire que les exemples ne manquent pas. La plupart des institutions financières offrent une gamme de services financiers EDI. La Banque Nationale est la première institution financière à avoir implanté l'EDI au Québec en 1989. Elle peut maintenant transmettre ses documents en une journée au lieu des trois ou quatre jours requis pour un envoi postal. Chaque année, Provigo Distribution émet 250 000 bons de commande et en reçoit un nombre équivalent de ses 500 fournisseurs. D'ailleurs, Provigo Distribution a été la première entreprise québécoise à implanter l'EDI en 1985. Provigo Distribution évalue à 2 dollars par transaction les économies réalisées grâce à l'EDI. Bien que l'EDI permette de réaliser des économies, il ne faut pas oublier les coûts d'implantation d'une telle technologie. Par exemple, chez Chanel, les coûts totaux d'implantation de l'EDI qui comprennent un micro-ordinateur, un logiciel EDI et l'adhésion à un réseau à valeur ajoutée furent de 6200$. À ceci s'ajoutent les coûts reliés à l'intégration des applications existantes de l'entreprise au logiciel EDI (5000$ à 10000$) puis, les coûts de maintenance et les coûts d'utilisation du réseau.

L'EDI ne résout pas tous les problèmes

L'EDI n'est pas une bonne solution pour toutes les entreprises. Ce n'est pas parce qu'une entreprise échange un document avec des clients ou des fournisseurs qu'elle doit automatiquement penser à faire de l'EDI. Il existe certains facteurs de décision qui peuvent être utilisés pour déterminer si l'EDI peut devenir avantageux pour une entreprise. Un premier facteur est le volume de transactions entre deux entreprises. Le nombre des transactions peut devenir déterminant car certains coûts tels que les coûts de la saisie, les coûts de la correction d'erreurs, les frais postaux et les frais d'inventaire sont proportionnels à ce nombre. Un deuxième facteur de décision constitue le type de relation entre deux partenaires. Les relations à long terme sont celles qu'il faut privilégier car les coûts reliés à la mise en place de l'EDI sont relativement élevés.

La possession de l'infrastructure technologique requise pour implanter l'EDI ne justifie pas non plus la nécessité d'y recourir. Il faut aller plus loin et vérifier d'abord si les facteurs de décision s'appliquent puis regarder si l'implantation est rentable soit en diminuant les délais d'accès à l'information si ces derniers peuvent influencer les relations d'affaires, en augmentant la fiabilité des informations, en améliorant le service à la clientèle ou bien en renforçant les liens avec les partenaires d'affaires. Évidemment, il existe bien d'autres éléments dont il faut tenir compte et c'est pourquoi l'implantation de l'EDI se fait habituellement cas par cas.

L'EDI ne doit pas être pris comme une simple alternative aux transactions postales. C'est d'abord et avant tout un moyen de devenir plus concurrentiel et de diminuer les coûts de transactions tout en augmentant la fiabilité et la vitesse de transfert des données. Il arrive parfois que l'EDI soit imposé à un partenaire d'affaires sous pression, sous peine de voir rompre ses relations d'affaires. C'est au partenaire à décider, en fonction de l'ampleur de la relation d'affaires, s'il doit ou non implanter l'EDI.

Les prévisions de croissance

Les prévisions de croissance faites par des chercheurs à la fin des années 80 concernant l'implantation de l'EDI dans les organisations se révèlent n'être que pure illusion. Certains spécialistes ont prédit qu'autour de 1992, 70% des entreprises aux États-Unis utiliseraient l'EDI. La dernière estimation de la firme de consultants Spread the Word (1992-1994) a estimé à approximativement 27 000 le nombre d'entreprises qui utilisent l'EDI aux États-Unis et au Canada. Les résultats sont loin d'être de l'ordre de 70%. Pour bénéficier des avantages de l'EDI et obtenir des économies d'échelle, un partenaire d'affaires doit utiliser l'EDI avec le plus de partenaires possible. Le grand défi est donc de faire adopter l'EDI par les partenaires d'affaires.

LE MULTIMÉDIA

Le multimédia est une des facettes des technologies de l'information dont on parlait le plus, avant la venue de l'autoroute électronique. Cependant, le concept laisse davantage d'ambiguïté puisque aucun consensus ne s'est établi quant à sa définition. À chaque année depuis 1988, la presse spécialisée dans les technologies de l'information annonce l'année du multimédia. Malheureusement, à chaque année, elle est retardée. La période de gestation du multimédia a été extrêmement longue. Les manufacturiers et les développeurs ont dû travailler d'arrache-pied avant que le potentiel offert par le multimédia soit pris au sérieux. Bill Gates, le président et fondateur de Microsoft, a prédit que l'avenir de la micro-informatique passerait par le multimédia ou se dirigerait vers une certaine forme de saturation. C'est d'ailleurs au début de 1994 que Microsoft a acquis SoftImage, une entreprise de Montréal réputée pour le réalisme de ses animations qui s'est fait connaître du public par sa participation au film *Jurassic Park*.

La définition

Les définitions relatives au multimédia varient de spécialiste en spécialiste. Certains puristes sont très stricts dans leur définition tandis que d'autres appliquent le terme multimédia à tout ce qui passe sur un écran d'ordinateur. Entre ces deux extrêmes, le multimédia peut se définir comme étant une intégration de plusieurs technologies de présentation qui utilisent de façon non fragmentée l'image, le son et le texte. Ces trois composantes sont les éléments essentiels d'une conception multimédia. Ils doivent être présentés simultanément et non de façon séquentielle. Si l'on ajoute à ces trois éléments l'animation et la vidéo, on rejoint la définition des puristes avec ce qu'ils appellent le « vrai » multimédia. L'interactivité (l'habileté qu'a l'utilisateur à contrôler le déroulement de la production) n'est pas essentielle pour conclure qu'une production est de type multimédia, mais, de plus en plus, les spécialistes sont unanimes à dire qu'elle deviendra un critère de qualité essentiel d'ici quelques années. Les productions ou applications multimédias, qui intègrent l'interactivité sont souvent appelées « applications multimédias interactives ».

L'hypertexte et l'hypermédia

Il est important de ne pas confondre le multimédia avec l'hypertexte et l'hypermédia. Ces trois concepts comportent tous des éléments communs tout en présentant des caractéristiques très différentes. L'hypertexte est analogue à un texte rencontré dans les traitements de texte tels que WordPerfect ou MS-Word à la différence qu'il peut se consulter de façon aléatoire par le lecteur et permet une interaction entre l'homme et la machine. Pour donner une définition imagée, l'hypertexte est un texte dans lequel on trouve certains mots clés qui sont soit soulignés ou de couleur différente. En activant ces mots, l'utilisateur est transporté à l'endroit où l'on fait référence à ce mot dans le même texte ou dans un autre texte. À titre d'exemple, le système d'aide de Microsoft Windows est de type hypertexte. De façon similaire, l'hypermédia intègre du texte mais aussi des images et du son. C'est un mariage entre le multimédia et l'hypertexte. Cependant, il peut devenir difficile de faire la différence entre une application multimédia et hypermédia, car l'hypermédia est par définition une forme de multimédia. Le seul point de repère qui existe est le concept de déplacement aléatoire ou non linéaire à l'intérieur de l'application. En revanche, toute application multimédia ne peut être classée dans la catégorie de l'hypermédia. La raison en est simple, beaucoup d'applications multimédias ne laissent pas à l'utilisateur le choix des éléments qu'il peut consulter.

Les applications du multimédia

Les applications du multimédia se répandent graduellement au fur et à mesure que la technologie le permet. Jusqu'à maintenant, les domaines d'application les plus populaires sont la formation en milieu organisationnel, l'enseignement, l'information, les simulations, la promotion et le marché grand public. Des recherches ont démontré que la formation en milieu organisationnel permet à l'être humain de retenir jusqu'à 80 % de ce qu'il voit, entend et fait simultanément, comparativement à 50 % de ce qu'il voit et entend simultanément, 30 % de ce qu'il entend et 20 % de ce qu'il voit. Une étude menée par le groupe de travail Datapro démontre que les moyens habituels utilisés en entreprise sont dans l'ordre : la vidéo, les lectures personnelles, les cours individuels, les jeux de rôles, les présentations faites à l'aide de diapositives et de transparents plastiques et électroniques, et la formation assistée par ordinateur. Bien que le multimédia ne soit pas en tête de liste, il représente un moyen efficace de formation.

Le multimédia utilisé à des fins de formation permet d'obtenir certains avantages dont les principaux sont une diminution du temps d'apprentissage, une meilleure assimilation des connaissances, une adaptation au rythme du participant, une diminution des coûts de formation (salaires des formateurs, remplacements) et une augmentation de la flexibilité des heures de formation. Évidemment, les coûts initiaux reliés à l'introduction du multimédia dans l'entreprise constituent un obstacle à sa diffusion. En plus de l'équipement, des applications spécifiques à chaque entreprise doivent être développées, éprouvées et implantées à des coûts parfois élevés.

L'information est une autre facette importante du multimédia. D'ailleurs, elle est généralement faite à l'aide de bornes interactives destinées à un public mobile et placées dans des endroits stratégiques tels que les centres commerciaux, les édifices gouvernementaux, les musées, les parcs d'amusement, les parcs naturels, les expositions, les aéroports, les gares, et la liste peut s'allonger davantage. Ces bornes interactives sont habituellement munies d'un clavier ou, encore mieux, d'un écran tactile. Les services offerts par les bornes interactives sont généralement la diffusion d'information, la promotion publicitaire, la réservation de chambres d'hôtels, de billets d'avion ou de train, l'analyse des besoins de certains clients, notamment en termes de soins médicaux, les sondages d'opinion et les tests de connaissances analogues à ceux de la Régie de l'assurance-automobile pour l'obtention d'un permis de conduire. Bien que le multimédia en milieu scolaire ne soit pas encore omniprésent, l'utilisation des transparents électroniques peut en donner un avant-goût. Il ne faut cependant pas confondre ce mode de présentation visuelle avec le multimédia.

Des recherches ont été effectuées afin de vérifier l'impact de la formation assistée par ordinateur en milieu scolaire. Les étudiants qui ont utilisé ce type de formation ont assimilé 30% plus d'informations en 40% moins de temps et avec une réduction de 30% des coûts. Ces mêmes recherches ont révélé que les logiciels de formation de type multimédia permettent d'acquérir une meilleure capacité à lire et à écrire, une diminution du taux d'absentéisme et de décrochage et une meilleure capacité à raisonner. Le multimédia a aussi une grande incidence sur les techniques de simulation, entre autres dans le domaine militaire.

Le marché grand public est aussi une cible des concepteurs d'applications de type multimédia. Ce marché se divise en deux orientations, le divertissement, qui comprend les jeux sur ordinateur ou sur des consoles comme le célèbre Nintendo, et l'éducation avec les encyclopédies multimédias. Bien que le multimédia puisse être intégré dans plusieurs activités d'apprentissage et de divertissement, il n'en reste pas moins que la technologie actuelle limite encore sa diffusion à une plus grande échelle. Les applications multimédia nécessitent des ordinateurs puissants, une grande capacité de stockage et surtout une grande vitesse de transfert entre le média de stockage – des CD-ROM ou les vidéodisques – et l'ordinateur. Les technologies permettant d'effectuer de tels transferts existent mais demeurent encore coûteuses à l'achat. Les développeurs d'applications multimédias doivent donc prendre en considération ces contraintes techniques et les acheteurs d'applications multimédias doivent vérifier s'ils disposent des configurations minimum pour faire fonctionner l'application.

LA RÉALITÉ VIRTUELLE

La réalité virtuelle est un autre domaine qui prend de plus en plus d'ampleur sur la scène du son et de l'image. Certains spécialistes considèrent la réalité virtuelle comme une forme avancée de multimédia, et dans un sens, ils n'ont pas tort. La réalité virtuelle permet à une personne munie de l'équipement nécessaire, soit un casque spécialement adapté et équipé d'un écran vidéo, des gants pourvus de capteurs électroniques et un ordinateur très puissant, de pénétrer dans un univers virtuel. En fait, l'univers est créé artificiellement mais il reproduit presque tous les aspects d'un univers réel y compris certains sens comme la vue, l'ouïe et le toucher.

L'univers virtuel doit, pour reproduire l'effet de réalité, être en trois dimensions afin de donner un effet de profondeur et une orientation au porteur du casque. L'image vue par le porteur du casque doit se déplacer en fonction des mouvements qu'il accomplit. La réalité virtuelle est déjà utilisée dans plusieurs secteurs où le coût de l'erreur est extrêmement élevé. Dans le domaine de la construction, il existe des systèmes qui permettent aux futurs acheteurs d'une maison de la visiter avant qu'elle soit construite. En médecine, les étudiants et étudiantes peuvent travailler sur un patient virtuel qui réagit et donne les mêmes sensations que s'ils traitaient un vrai patient. En ingénierie, la réalité virtuelle est utilisée pour simuler le fonctionnement de prototypes afin de voir comment ils se comportent avant de les construire. Dans l'armée, on s'en sert pour simuler des combats ou faire de l'entraînement. Même en psychologie, la réalité virtuelle prend sa place. On l'utilise afin de vaincre certaines phobies en recréant les éléments qui effraient une personne afin que celle-ci puisse les affronter sans danger. Évidemment, les technologies évoluent sans cesse et certainement bientôt nous verrons apparaître des systèmes qui peuvent reproduire l'odorat ou intégrer parfaitement les différents sens.

**

Les développements technologiques ont engendré beaucoup de changements autant pour les utilisateurs que pour les organisations et il semble que ce n'est qu'un début. Avec l'arrivée de l'autoroute de l'information et le développement de projets comme SIRIUS et UBI, la vitesse d'introduction de nouvelles technologies risque de s'accroître considérablement.

Par contre, il devient essentiel de s'interroger sérieusement sur les opportunités et les problèmes que peut engendrer l'introduction d'une nouvelle technologie dans une organisation. Un abus de technologies peut entraîner des coûts inutiles tout en diminuant l'efficacité organisationnelle. Par contre, une sous-utilisation des technologies, dans un contexte où les technologies soutiennent plusieurs processus d'affaires, peut affecter sérieusement la compétitivité des organisations. Il fait donc arriver à trouver un juste milieu permettant aux organisations et aux utilisateurs d'en tirer avantage.

BIBLIOGRAPHIE

ANTONOFF, M., FISHER, A., LANGRETH, R., O'MALLEY, C., 1994, « The Complete Survival Guide to the Information Superhighway », *Popular Science* (mai).

BARCELO, Y., 1995, « Les rumeurs courent autour d'UBI », *Les Affaires* (6 mai).

BERGERON, M., BOUDREAU, M.-C., ROY, J.-M., 1993, « Le multimédia », document de travail (avril), Université Laval.

BÉRUBÉ, D., 1993, *Qu'est-ce que Usenet?*, Guide (octobre), Université Laval, SIT.

CAROL, L., 1994, « The PC in your Wallet ; Smart Cards Are Poised for Mass Consumption », *PC Magazine*, vol. 13, n° 6 (mars).

COMEAU, P., LEE, S., POULIN, J.-M., POUSSART, D., *et al.*, 1994, « L'autoroute électronique à l'Université Laval », *Au fil des événements* (juin).

CÔTÉ-O'HARA, J., 1993, « Sending Them Home to Work: Telecommuting », *Business Quarterly*, vol. 57, n° 3 (printemps).

COUTURE, M., 1994, *Commandes de bases de WS-FTP*, Guide (août), Université Laval, SIT.

COUTURE, M., DUGAL, Y., 1994, *Que sont FTP et Telnet?*, Guide (juillet), Université Laval, SIT.

COUTURE, M., DUGAL, Y., 1994, *Qu'est-ce que l'Internet?*, Guide (mai), Université Laval, SIT.

DESMARAIS, M., DUMONT, L., MARTEL, R., « Les réseaux de communication personnel », document de travail (mars), Université Laval.

DESMARTEAU, P., 1995, « Hearst cesse de travailler sur UBI », *Les Affaires* (23 septembre).

FONTAINE, L., 1995, « Internet: petit guide pour les affaires », *Commerce*, n° 11 (novembre).

GROVER, V., GOSLAR, M., 1993, « Telecommunications Technologies: Patterns of Usage », *Database* (hiver).

KENT, P., 1994, *The Complete Idiot's Guide to the Internet*, Indianapolis, IN, Alpha Books.

KROL, E., 1992, *The Whole Internet User's Guide & Catalog*, Sebastopol, CA, O'Reilly & Associates, inc.

ILLINGWORTH, M.M., 1994, « Virtual Managers », *Informationweek* (juin).

LA SALLE, M., 1990, « La carte à mémoire s'utilise partout, par tous », *Informatique et bureautique* (mars).

LE PROJET SIRIUS, 1994, *L'autoroute de l'information du Canada*, dossier de presse (septembre).

TESSIER, M., LÉVESQUE, C., LEBEL, E., 1994, « Télécommunications: Réseaux longue distance et communications satellites », document de travail.

UBI, 1994, « L'autoroute électronique: Phase 1 », dossier de presse (juillet).

CHAPITRE 8 — L'informatique-utilisateur

avec la collaboration d'Érik Paquet

L'informatique-utilisateur a marqué les années 80 et continue de progresser durant la décennie des années 90. L'informatique-utilisateur se caractérise par le fait que les utilisateurs de l'information ont la possibilité de répondre eux-mêmes à leurs besoins en information avec une intervention minimale de la part d'informaticiens d'expérience. L'introduction de cette nouvelle pratique dans les organisations a créé un nouveau défi : la gestion de l'informatique-utilisateur. Cette gestion est de plus en plus complexe vu le grand nombre d'acteurs à prendre en compte. D'ailleurs, des études démontrent que, de toutes les technologies reliées à l'informatique, ce sont celles destinées à l'informatique-utilisateur qui vont avoir le plus d'impact sur les organisations.

L'informatique-utilisateur suscite de plus en plus l'intérêt des utilisateurs et des gestionnaires à cause des nombreuses possibilités qu'elle peut offrir. Non seulement les utilisateurs peuvent-ils être plus autonomes face au service informatique mais ils augmentent généralement leur productivité et la qualité de leur travail. Par contre le manque de méthode et de structure dans la manière de travailler des utilisateurs finaux entraîne parfois de sérieux problèmes pour l'organisation. Afin d'en résoudre un certain nombre, plusieurs organisations se sont dotées d'infrastructures comme l'infocentre, dont la mission est de soutenir et de conseiller les utilisateurs finaux dans l'utilisation et le développement d'applications.

Le texte se divise en deux sections. La première présente les différentes raisons expliquant l'explosion de l'informatique-utilisateur, les impacts de l'informatique-utilisateur sur les utilisateurs et l'organisation et certains critères qui permettent de déterminer si, oui ou non, l'informatique-utilisateur connaît du succès auprès des utilisateurs et des gestionnaires. Par la suite, on y traite de la qualité des applications développées par les utilisateurs finaux.

La deuxième partie du texte expose une des conséquences directement reliées à l'introduction de nouvelles technologies et à l'informatique-utilisateur: le développement des infocentres. Les caractéristiques organisationnelles reliées au succès des infocentres seront présentées et expliquées en détail.

L'APPARITION DE L'INFORMATIQUE-UTILISATEUR

L'informatique-utilisateur n'est pas apparue instantanément. C'est avec l'arrivée de nouvelles technologies et une transformation de certains processus organisationnels que, petit à petit, des utilisateurs finaux ont commencé à développer leurs propres applications. Il existe plusieurs raisons au déploiement de l'informatique-utilisateur dans les organisations. Les principales sont l'apparition des micro-ordinateurs destinés aux utilisateurs, l'accroissement de la puissance de traitement des micro-ordinateurs, la disponibilité d'applications destinées aux utilisateurs finaux et la saturation des services informatiques. La figure 8.1 présente ces différents facteurs.

L'apparition des micro-ordinateurs est l'élément qui est à l'origine de l'expansion de l'informatique-utilisateur. Les utilisateurs sont devenus partiellement maîtres de leur système. Les premiers micro-ordinateurs

FIGURE 8.1   Les facteurs à l'origine de l'informatique-utilisateur

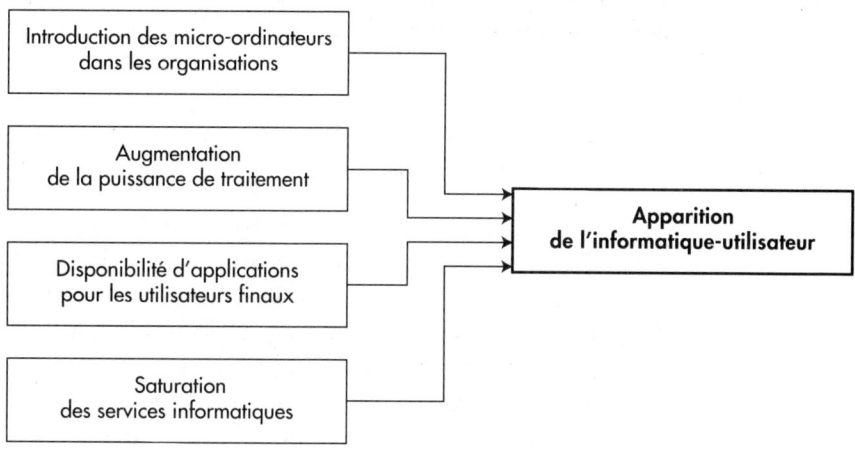

étaient de faible puissance, mais avec les années, les innovations technologiques ont rendu possible l'exécution de traitements que l'on croyait exclusifs aux ordinateurs centraux. Cette augmentation de puissance jumelée avec l'introduction de logiciels destinés aux utilisateurs finaux comme Lotus ou dBase a eu pour effet d'augmenter considérablement les attentes des utilisateurs. Comme les délais des services informatiques pour répondre aux besoins des utilisateurs devenaient de plus en plus longs, certains utilisateurs ont commencé à s'impatienter. Ils ont décidé de développer eux-mêmes leurs propres applications afin de répondre à leurs besoins.

Au départ, seuls les utilisateurs disposant de connaissances en informatique ont pu mettre à profit ces dernières. Mais avec l'arrivée d'applications de plus en plus faciles à utiliser, le nombre d'utilisateurs finaux s'est mis à croître rapidement. Cette croissance a apporté des modifications dans l'organisation et dans le comportement des utilisateurs finaux. L'informatique-utilisateur n'a pas amené uniquement des avantages pour les utilisateurs et pour l'organisation.

LES TYPES D'UTILISATEURS

Avant de définir les impacts de l'informatique-utilisateur, il est essentiel de faire un portrait global des différents types d'utilisateurs finaux. Ils se classent en deux types. Le premier, c'est celui qui, parallèlement à son travail, développe des applications pour lui-même dans le but de répondre à certains besoins reliés à son travail. Le deuxième type est un employé qui, au fil du temps, est devenu un analyste et développe des applications non seulement pour lui mais également pour les autres membres de l'organisation. Ce deuxième type d'utilisateur n'accomplit plus les tâches pour lesquelles il a été engagé. Il est devenu un pseudo-analyste qui travaille en dehors du service informatique.

Les utilisations que ces deux types d'utilisateurs font de l'ordinateur sont généralement très variées et sont fonction du contexte dans lequel ils travaillent. Les applications développées peuvent aller de la simple feuille de calcul qui exécute diverses opérations sur des données insérées par l'utilisateur à une application entièrement autonome comportant une programmation avancée et capable d'extraire des données de la base de données centrale de l'organisation. Évidemment, il y a aussi des utilisateurs plus expérimentés qui vont jusqu'à développer de véritables applications qui peuvent être distribuées à l'intérieur de l'organisation. Les exemples d'utilisateurs qui ont développé des bases de données à l'aide de logiciels comme dBase, Paradox ou Access sont de plus en plus nombreux. Les applications sont de plus en plus faciles à utiliser et nécessitent de moins en moins de connaissances techniques, ce qui a pour effet d'augmenter considérablement les utilisateurs potentiellement aptes à faire du développement.

Les impacts que peut avoir le développement d'applications par les utilisateurs afin de répondre à leurs besoins ou à ceux de collègues ne sont pas les mêmes pour les utilisateurs et pour l'organisation.

Les impacts sur les utilisateurs finaux

Le simple fait de pouvoir satisfaire soi-même un besoin qui jadis était satisfait par autrui est déjà une source de fierté personnelle. Si en plus les utilisateurs réussissent à modifier leur façon de travailler pour la rendre plus agréable, le bénéfice est double. D'ailleurs, des chercheurs ont démontré que lorsque des utilisateurs développaient leurs propres applications, ils avaient une meilleure satisfaction face à la tâche qu'ils devaient accomplir, le travail était d'une plus grande qualité et ils étaient plus productifs (Rockart et Flannery, 1983; Benson, 1983; Rivard et Huff, 1985; Lee, 1986, tiré de Rivard, 1990). Ces résultats s'expliquent, en général, par une diminution du temps alloué aux tâches répétitives et monotones qui sont maintenant faites à l'aide de l'ordinateur.

La transformation du temps de travail en temps de développement a aussi un impact qui se reflète en partie sur l'utilisateur et sur l'organisation. Les utilisateurs doivent retarder ou éliminer certaines tâches afin de développer leurs applications. Cette situation peut être temporaire si l'utilisateur reprend ses activités normales une fois que ses besoins en informatique sont satisfaits. Par contre, si l'utilisateur devient un pseudo-analyste, il ne sera plus en mesure d'accomplir les tâches pour lesquelles il a été engagé. Pour l'utilisateur, ce transfert de temps-travail en temps-développement peut demander l'accomplissement d'heures supplémentaires dont la rentabilité dépend souvent de l'intérêt de ses supérieurs pour le développement d'applications.

Les impacts sur l'organisation

Les impacts de l'informatique-utilisateur sont généralement positifs lorsqu'ils sont examinés à un niveau individuel. Cette constatation est compréhensible, car l'informatique-utilisateur n'aurait pas pris autant d'ampleur auprès des utilisateurs finaux si elle n'apportait que des aspects négatifs à ceux-ci. Pour l'organisation, les impacts de l'informatique-utilisateur ne sont pas tous aussi séduisants qu'ils le laissent paraître.

La gestion de l'informatique-utilisateur est un problème rendu d'autant plus complexe que le nombre d'utilisateurs qui développent des applications augmente sans cesse. Les gestionnaires d'entreprises de grande envergure peuvent facilement perdre le contrôle du développement informatique par une prise de décision qui se veut souvent décentralisée. L'intégration au plan directeur informatique des objectifs visés par l'informatique-utilisateur et la mise au point de normes deviennent une priorité des organisations qui veulent assurer une certaine rentabilité de l'informatique-utilisateur.

L'informatique-utilisateur peut avoir un impact important sur les décisions prises à l'aide d'informations provenant d'applications développées par les utilisateurs. La section sur la qualité des applications aborde deux concepts clés: la validité et la fiabilité de l'information produite par les applications des utilisateurs. Plus l'information est requise à un niveau élevé dans l'organisation, plus les répercussions d'une erreur dans les données risquent d'être importantes autant en termes de coûts qu'en termes de position stratégique dans le marché.

Un autre impact important qui entraîne des coûts pour l'organisation est le départ d'utilisateurs qui ont développé des systèmes dont ils sont les seuls à connaître le fonctionnement. Généralement leur départ se solde par la disparition des applications en question. Une absence ou une piètre qualité de la documentation en est souvent la cause. La documentation est d'ailleurs un critère de qualité d'une bonne application. L'abandon d'applications se traduit par une perte financière pour l'organisation. Souvent, un autre utilisateur devra développer une nouvelle application. Le départ d'utilisateurs finaux qui sont devenus des pseudo-analystes représente une autre catégorie de problèmes. Comme le statut du poste qui était occupé par ces derniers n'est généralement pas modifié ni dans l'organigramme de l'organisation ni dans la définition des tâches, leur remplacement pose certains problèmes. Imaginons un individu travaillant dans le service comptable et qui à l'origine devait faire manuellement des conciliations bancaires. Après quelques années, il se met à développer un système capable de les faire automatiquement. Son supérieur immédiat est tellement content qu'il lui donne un autre système à développer et plus jamais il ne fait de comptabilité. Advenant son départ de l'organisation, quel type d'employé devrait être engagé, un informaticien ou un comptable? Si l'organisation décide d'engager un comptable, sera-t-il capable ou aura-t-il l'ambition de développer des applications pour ses confrères? Si l'organisation embauche un informaticien, ne devrait-il pas être rattaché au service informatique? Toutes ces questions démontrent bien les problèmes causés par le départ d'utilisateurs convertis en pseudo-analystes.

Les budgets requis pour l'informatique-utilisateur doivent constamment être augmentés. Dans certaines organisations, ils dépassent 40% des investissements informatiques totaux. Le contrôle des coûts de développement devient très difficile et, dans bien des cas, une personne responsable de la gestion de l'informatique-utilisateur doit être nommée à plein temps. D'autres coûts cachés tels que la diminution possible du service à la clientèle et une gestion non efficiente des inventaires sont aussi très importants lorsque certains utilisateurs délaissent leurs fonctions pour développer des applications.

LES CRITÈRES DE SUCCÈS DE L'INFORMATIQUE-UTILISATEUR

Il est possible d'établir certains critères pour permettre aux utilisateurs et aux gestionnaires responsables de l'informatique-utilisateur de déterminer si les développements effectués par les utilisateurs finaux obtiennent du succès. Ces critères sont différents si on les regarde du point de vue des utilisateurs ou des gestionnaires. Les utilisateurs ont comme but premier

TABLEAU 8.1 Les critères de succès de l'informatique-utilisateur

Critères de succès pour l'utilisateur
- La satisfaction face aux applications développées
- La satisfaction face aux sorties produites
- La satisfaction face au soutien fourni par l'organisation

Critères de succès pour le gestionnaire
- La performance organisationnelle
- La satisfaction des utilisateurs face à leurs tâches
- La rentabilité des applications
- La qualité des applications
- L'adéquation des applications avec celles de l'organisation

de faciliter l'accomplissement de leurs tâches tandis que les gestionnaires sont beaucoup plus préoccupés par l'aspect organisationnel du phénomène et plus particulièrement par l'aspect rentabilité. Le tableau 8.1 présente certains critères qui sont souvent pris en compte par les utilisateurs et les gestionnaires.

Les critères de succès pour l'utilisateur

Les critères de succès pour l'utilisateur se reflètent par une certaine satisfaction face à différents points concernant les applications, les sorties produites ou le soutien offert. Les utilisateurs finaux s'adonnant au développement d'applications sont généralement satisfaits lorsqu'ils obtiennent un soutien adéquat du service informatique ou d'un infocentre. La perception qu'ils ont de la qualité des applications les préoccupe beaucoup. Ainsi, un utilisateur aura un sentiment d'échec s'il n'obtient pas les résultats désirés de l'application. De plus, les utilisateurs finaux sont généralement plus satisfaits lorsqu'ils sentent qu'ils font partie des efforts de développement. D'autres critères comme l'augmentation de la productivité, l'augmentation de la qualité des traitements, l'utilisation efficace des outils de développement contribuent également au succès de l'informatique-utilisateur.

Les critères de succès pour le gestionnaire

Les gestionnaires qui ont à gérer l'informatique-utilisateur dans les organisations doivent avoir certaines balises permettant de déterminer si leurs efforts et ceux des utilisateurs sont profitables pour l'organisation.

Le critère qui vient en tête de liste est la performance organisationnelle. Ceci s'explique par le souci qu'ont les gestionnaires d'obtenir de l'informatique-utilisateur des résultats profitables à l'ensemble de l'organisation. La performance organisationnelle s'exprime principalement par une amélioration de la qualité de la prise de décision, une amélioration de l'efficacité et de la performance des employés ainsi qu'une contribution à l'atteinte des objectifs organisationnels. Ces indicateurs demeurent difficilement mesurables, mais reflètent bien la principale préoccupation des gestionnaires.

En deuxième lieu, les gestionnaires sont préoccupés par la satisfaction des utilisateurs, laquelle affecte directement les performances de l'organisation. De plus, la satisfaction est largement utilisée comme mesure du succès d'un système d'information. Il n'est donc pas surprenant de voir cette catégorie parmi celles privilégiées par les gestionnaires. Les indicateurs compris dans cette catégorie sont beaucoup plus faciles à rendre opérationnels que ceux de la catégorie précédente. La satisfaction des utilisateurs se mesure en s'assurant que l'utilisateur a un accès plus facile et plus rapide à l'information, qu'il obtient une augmentation de la capacité de traitement des données, que l'information qu'il produit est d'une qualité supérieure et que, globalement, il éprouve un sentiment général de satisfaction.

La troisième préoccupation des gestionnaires est la rentabilité relative des applications. Cette rentabilité peut se mesurer en évaluant le coût global des applications développées, la diminution de l'effort des utilisateurs dans leur travail, l'exécution plus efficace des tâches et le temps épargné pour accomplir un travail. Cette préoccupation fait référence aux critères de coûts en argent et en temps. Bien que ces indicateurs de succès possèdent une certaine importance aux yeux des gestionnaires, ils ne sont pas classés comme étant les plus importants. Il est bien connu que les critères de coût et de rentabilité ne sont pas suffisants pour justifier l'opportunité d'un projet informatique. L'informatique-utilisateur ne fait pas exception. Il faut donc considérer d'autres catégories d'indicateurs qui, eux, permettent de justifier son opportunité.

Le quatrième critère qui détermine si l'informatique-utilisateur a du succès est la qualité des applications. Cet aspect sera développé plus en détail dans la section suivante. Succinctement, on peut parler de qualité lorsqu'il n'y pas de dédoublement des applications, lorsqu'il y a absence de redondance des données et lorsque l'application produit de l'information de qualité et exempte d'erreur.

Le dernier critère est l'adéquation du système avec l'organisation, ou en d'autres mots, l'adaptation parfaite de son application avec le fonctionnement de l'organisation. Les applications développées doivent amener une certaine autonomie des utilisateurs, développer des avantages concurrentiels et être en harmonie avec les autres systèmes organisationnels.

LA QUALITÉ DES APPLICATIONS DÉVELOPPÉES PAR LES UTILISATEURS FINAUX

La micro-informatique est souvent perçue d'une telle facilité d'utilisation que l'on est porté à croire qu'elle n'engendre aucun problème et que son introduction dans l'organisation garantit une utilisation efficace de l'informatique. L'informatique-utilisateur ne fait pas exception et, trop souvent, les utilisateurs développent des applications sans même valider les informations qui en résultent. Ils ne se préoccupent généralement pas de la sécurité des données tant pour l'accès que pour l'intégrité. Ils ne rédigent aucune documentation (ou en rédigent une très partielle) pour soutenir les prochains utilisateurs.

La prochaine section présente les méthodes de développement utilisées par les utilisateurs finaux, le choix des applications de développement et certaines composantes essentielles au développement d'applications de qualité.

Les méthodes de développement

Les méthodes de développement utilisées par les utilisateurs finaux sont diverses. Elles peuvent aller d'une modélisation très détaillée sur papier à une vague idée en mémoire de l'application à développer. Cette idée germe avec le temps et l'avancement de l'application. Les utilisateurs qui prennent le temps de mettre sur papier un modèle de leur application le font souvent sans se préoccuper de savoir si l'intégrité des données est assurée.

Généralement, les utilisateurs qui mettent un plan sur papier suivent un des trajets possibles présentés à la figure 8.2, page suivante. Ils débutent par une analyse sommaire des besoins, soit en suivant les diverses étapes des tâches à informatiser ou en examinant les formulaires disponibles. Par la suite, certains passent directement au développement du système avec une méthode de type essais et erreurs ou code-et-répare. Avec cette méthode, le programmeur ne planifie rien avant de commencer à

FIGURE 8.2 Les méthodes de développement des utilisateurs finaux

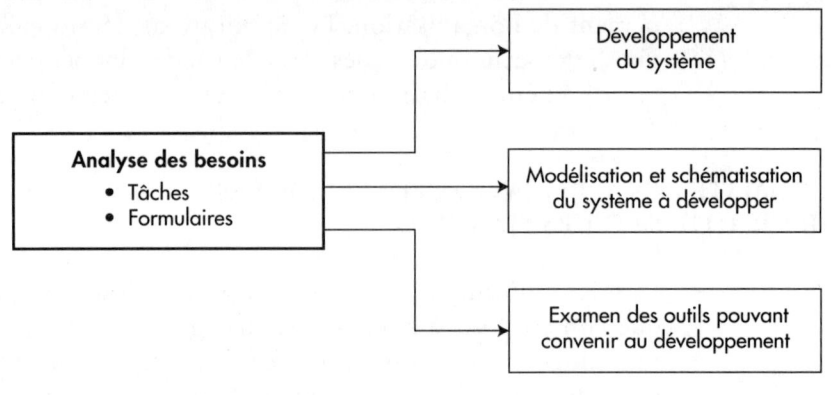

Source : Bergeron *et al.* (1987).

programmer. Le processus de production consiste en un processus interactif à étapes : la première est d'écrire le code et la deuxième est de réparer le code pour éliminer les erreurs, améliorer certaines fonctionnalités ou ajouter des options. En utilisant cette méthode, les utilisateurs doivent mettre plus de temps à la programmation. En fait, la méthode code-et-répare est la source de plusieurs erreurs et problèmes. En particulier, après une suite de modifications, la structure de l'application devient tellement désordonnée que les modifications subséquentes sont extrêmement difficiles à faire, et le résultat est beaucoup moins fiable.

Certains modélisent et schématisent le système à développer soit sur du papier ou avec des outils informatiques spécialement conçus pour ce genre de tâche. La modélisation appliquée à l'informatique-utilisateur vise deux buts. Le premier est de permettre à l'utilisateur de mieux comprendre le système qu'il doit développer. Le deuxième est d'aider à communiquer avec les autres utilisateurs ou avec des spécialistes en informatique qui peuvent être appelés à développer une partie de l'application. Enfin, un dernier groupe d'utilisateurs débute par un examen des outils qui pourraient convenir au développement. Cette pratique permet d'éviter d'avoir à changer de logiciel en plein milieu du cycle de développement. Il peut arriver que l'utilisateur s'aperçoive que le logiciel utilisé ne correspond pas à ses besoins. Par exemple, bien que les chiffriers électroniques tels Lotus 1-2-3 ou Microsoft Excel soient dotés de certaines capacités de gestion de bases de données, il serait préférable d'utiliser des logiciels comme DBase ou Access si on se doute que la partie base de données peut prendre une certaine expansion.

Dans certains cas de développement, les utilisateurs vont rencontrer des difficultés qu'ils ne pourront surmonter sans l'aide de spécialistes en informatique. Généralement, dans les organisations où l'informatique-utilisateur a pris une certaine expansion, on trouve des infocentres qui ont pour mission de répondre à de telles demandes. Dans les organisations plus petites, les utilisateurs ont recours à des confrères plus expérimentés ou à des consultants externes si le projet est appuyé par la haute direction.

Le choix des applications

Dans les organisations, les utilisateurs peuvent avoir besoin de plusieurs genres d'applications. Il en existe deux types qui prédominent pour l'informatique-utilisateur: les chiffriers électroniques et les bases de données. Ces différents types d'applications possèdent des méthodes de développement particulières.

Les chiffriers électroniques

Les chiffriers électroniques sont des applications effectuant automatiquement des calculs qu'il serait fastidieux de faire manuellement. Les compagnies les plus connues pour le développement de chiffriers électroniques sont sans aucun doute IBM avec Lotus 1-2-3 et Microsoft avec Excel. Souvent ce type d'application est destiné à produire des statistiques sous forme de tableaux ou de graphiques, à élaborer des états financiers, etc.

En général, les utilisateurs modélisent peu ou bien ne planifient pas du tout avant de concevoir ce genre d'application. En fait, les utilisateurs préfèrent créer l'application directement à l'écran et faire les modifications qui s'imposent en cours de route. Pour eux, la modélisation écrite est une perte de temps. Ce type d'application n'est d'ailleurs souvent pas très complexe et il est assez structuré. Il ne nécessite donc pas obligatoirement une analyse très poussée.

Les bases de données

Les bases de données sont simplement des fichiers qui contiennent un ensemble de données qui peuvent être consultées par un utilisateur. Celles-ci sont organisées selon des champs et des enregistrements. La méthode utilisée pour créer ce type de base de données est semblable à celle des chiffriers électroniques. L'utilisateur crée sa base de données directement à l'écran à l'aide d'un logiciel comme dBASE. Encore une fois, il n'aime pas beaucoup faire de la modélisation bien que quelquefois elle s'avère nécessaire.

À l'inverse, les bases de données relationnelles comme Microsoft Access ou Paradox de Borland nécessitent généralement un minimum de modélisation. On entend par base de données relationnelles un ensemble de fichiers du même type que ci-dessus, mais ayant des liens les uns avec les autres. Ce genre d'application peut devenir très complexe et c'est pour cette raison qu'une planification écrite est souvent requise. L'utilisateur doit créer ce qu'on appelle un modèle relationnel. Il doit déterminer toutes les bases de données qui feront partie de son application, pour ensuite lier les différents fichiers. Cette méthode est plus complexe et nécessite des connaissances particulières pour réussir une application performante et sans erreur.

La programmation des applications

Des applications développées à l'aide de chiffriers ou de traitements de texte ne requièrent pas de programmation très poussée. Ce sont habituellement les utilisateurs qui font certaines formules plus ou moins complexes. Par contre, lorsque l'application nécessite une programmation plus poussée, ils font appel aux différentes ressources de soutien comme l'infocentre, le service informatique ou à des conseillers externes. Le recours à un spécialiste pour programmer les parties de codes qui présentent un niveau de difficulté élevé permet d'obtenir des résultats plus rapides et une meilleure qualité des applications. L'apprentissage est fait en partie soit en consultant les manuels qui accompagnent les logiciels de développement ou grâce à des cours offerts par l'entreprise. On a remarqué chez les utilisateurs bénéficiant de formation que le temps requis pour le développement d'une application était moins élevé que pour les utilisateurs privés de formation. De même, les performances de leurs applications étaient généralement supérieures.

La validation

La validation ou la vérification du bon fonctionnement de l'application n'est pas toujours faite. Une des préoccupations principales pour la qualité de l'application devrait être la validation des informations qu'elle produit. Généralement, quand elle est évaluée, on se limite à vérifier si les données sont du bon type; par exemple: est-ce qu'un code postal comporte au moins six caractères alphanumériques? Les utilisateurs vont rarement jusqu'à s'assurer que la séquence d'entrée correspond bien au type code postal. De plus, certains utilisateurs s'assurent également que les données ne sont pas entrées en double afin d'éviter la redondance. Le résultat d'un calcul représente un autre problème qui peut avoir des répercussions importantes. Les utilisateurs négligent souvent de valider les différents calculs faits dans leur application et obtiennent des résultats erronés.

La documentation

L'absence d'une méthode ne cause pas nécessairement un problème. C'est souvent l'absence de documentation qui cause certains maux de tête. Lorsque l'application demeure entre les mains de son concepteur, la situation est tolérable. Les problèmes débutent lorsqu'il y a soit distribution de l'application ou lorsque l'utilisateur quitte l'organisation. Bien que des utilisateurs ne documentent pas leur application à cause d'un manque de temps ou parce qu'ils n'en voient pas la nécessité, ils changent rapidement d'avis lorsque vient le temps de la mettre à jour. Le temps requis pour se remémorer à nouveau le fonctionnement d'une application développée il y a quelques mois peut facilement dépasser le temps requis pour la documenter.

Les copies de sécurité

Les copies de sécurité sont un l'élément crucial du succès d'une bonne application. Trop souvent, les utilisateurs attendent d'avoir des difficultés avec une application ou un micro-ordinateur pour faire des copies de sécurité. Malheureusement, il est trop tard. La perte des informations enregistrées dans les bases de données, les feuilles de calcul ou tout autre document informatique peut causer de sérieux torts autant à l'utilisateur qu'à l'organisation. On n'a qu'à penser au temps nécessaire pour saisir à nouveau l'information et au travail qui doit être retardé ou qui ne peut être fait sans cette information. Comme le temps c'est de l'argent, l'organisation subit aussi les conséquences de l'omission de ce que certains utilisateurs croyaient être une banalité: les copies de sécurité.

La convivialité des applications

La convivialité des applications développées ne cause généralement pas de problèmes aux utilisateurs finaux car ce sont eux qui ont développé leur application, se basant sur le principe qu'elle doit répondre à leurs besoins, et l'opinion des autres n'est généralement pas considérée. Évidemment, les difficultés surviennent lorsque l'application est utilisée par d'autres utilisateurs. Ce qui est jugé convivial par le développeur peut sembler inadéquat à un autre utilisateur.

L'INFOCENTRE

L'intégration des nouvelles technologies au sein des organisations a provoqué l'apparition d'un nouveau phénomène au cours des années 70, soit le concept d'infocentre. Il est apparu en réponse aux besoins toujours croissants des utilisateurs et des organisations.

Définition de l'infocentre

L'infocentre peut se définir comme étant une unité organisationnelle dont les buts sont de faciliter, encourager, former et coordonner le développement d'applications par les utilisateurs finaux (Leitheiser *et al.*, 1984, tiré de Bergeron, Deserre et Boyer, 1987). Les objectifs de l'infocentre sont analogues à ceux de l'informatique-utilisateur: augmenter l'autonomie des utilisateurs (Rosenberger, 1981; Martin, 1984, tiré de Bergeron, Deserre et Boyer, 1987), accroître leur productivité (Rosenberger, 1981; Youtras, 1981; McCartney, 1983, tiré de Bergeron, Deserre et Boyer, 1987), améliorer le processus décisionnel (Rivard, 1982; Rosenberger, 1981), augmenter la profitabilité de l'informatique (Beaudoin, 1982, tiré de Bergeron, Deserre et Boyer, 1987), générer des bénéfices tangibles à l'organisation (Rivard, 1984), diminuer le carnet de commandes (*EDP Analyser*, 1984; *Computerworld*, 1984, tiré de Bergeron, Deserre et Boyer, 1987) et accélérer le développement d'applications par les utilisateurs (Martin, 1984; *Computerworld*, 1984, tiré de Bergeron, Deserre et Boyer, 1987). L'infocentre est généralement composé d'informaticiens tels que des programmeurs, des analystes, des techniciens, etc. et de gestionnaires plus spécialisés dans la gestion des informations de l'organisation.

Les caractéristiques organisationnelles reliées au succès de l'infocentre

Le personnel de l'infocentre

Il est évident que puisque l'infocentre est mis en place pour aider au développement d'applications, il doit être constitué d'employés qui ont une formation en informatique. Une grande proportion des gens non-informaticiens tend à rendre les utilisateurs moins confiants face aux services rendus par l'infocentre (Bergeron, Deserre et Boyer, 1987). Un pourcentage élevé d'informaticiens diminue les chances, pour un utilisateur, d'obtenir des réponses erronées à des questions relatives à l'informatique. Par contre, le personnel non-informaticien est essentiel afin de satisfaire des besoins d'ordre informationnel reliés au fonctionnement de l'organisation. Un manque d'expertise de la part des gens de l'infocentre peut entraîner une augmentation des demandes d'assistance dans le service informatique; donc, il est important de bien choisir le personnel de l'infocentre.

Le nombre d'employés de l'infocentre

Généralement, la tendance voudrait que plus le nombre d'employés à l'intérieur d'un infocentre est élevé, plus les utilisateurs devraient être satisfaits car ils ont la possibilité d'accéder à une plus grande expertise, à différents niveaux. L'étude menée par Bergeron *et al.* (1987) démontre une relation inverse entre le nombre d'employés de l'infocentre et la satisfaction des utilisateurs. Un grand nombre d'employés tend à ralentir la vitesse d'acheminement des demandes de services et de leur traitement. De plus, un nombre restreint d'employés permet d'établir certaines relations personnalisées entre les employés de l'infocentre et les utilisateurs, ce qui a pour effet d'augmenter la vitesse de compréhension des problèmes. Dans de telles circonstances, les employés de l'infocentre connaissent davantage les différents problèmes des utilisateurs ainsi que les projets en cours. Ils sont donc en mesure d'intervenir plus rapidement sans être obligés de revoir l'historique des projets.

La localisation de l'infocentre

Comme dans une majorité de services, les utilisateurs préfèrent être à proximité de l'infocentre lorsqu'ils ont fréquemment recours à ses services. Cette préférence s'explique par le fait que lorsque les utilisateurs sont à proximité de l'infocentre, ils perçoivent une plus grande disponibilité du personnel de l'infocentre pour répondre à leurs besoins informatiques. Cette perception fait que les utilisateurs voient d'un meilleur œil les services de l'infocentre et ont tendance à voir leur autonomie s'accroître (Bergeron *et al.*, 1987).

La diversité des services

Le nombre de services différents qui sont offerts par l'infocentre influence positivement la perception des utilisateurs face à l'assistance fournie par l'infocentre (Bergeron *et al.*, 1987). L'assistance consiste à répondre aux questions des utilisateurs. Les sujets sont généralement très variés et comprennent des sujets comme la programmation, l'analyse, l'utilisation d'un logiciel, la consultation pour le choix d'un logiciel, etc. En offrant une grande gamme de services, le personnel de l'infocentre maîtrise un plus grand nombre de facettes relatives à l'informatique-utilisateur et il peut répondre à un plus grand nombre de demandes.

Voici une liste détaillée des principaux services offerts dans les infocentres :

Formation	Préparation et présentation de séances de formation individuelle ou de groupe. Ces séances peuvent couvrir autant le côté matériel (ordinateurs, périphériques) que le côté logiciel.
Installation	Installation des ordinateurs, périphériques et logiciels.
Dépannage technique	Répondre aux questions des utilisateurs et les aider à utiliser l'équipement et les logiciels soutenus par l'infocentre.
Dépannage logiciel	Répondre aux questions des utilisateurs sur l'utilisation des logiciels pour les applications qu'ils désirent informatiser.
Consultation	Conseils, recommandations et aide aux utilisateurs pour déterminer ce qu'ils veulent faire et les outils pour y arriver.
Recherche et achat	Surveillance, étude et introduction de nouveaux outils et techniques d'intérêt pour les utilisateurs.
Extraction des données	Aide aux utilisateurs pour trouver les informations dont ils ont besoin.
Bulletin d'information	Rédaction d'un bulletin d'information à l'intention des utilisateurs, dans lequel on peut trouver des renseignements sur les nouveaux produits et services offerts sur le marché et à l'infocentre, des conseils et des précautions à prendre pour une meilleure utilisation des outils, des cas vécus par les utilisateurs, etc.

Le nombre d'outils informatiques

Pour les utilisateurs, un nombre restreint d'outils permet d'en acquérir une meilleure maîtrise, d'obtenir des résultats plus rapidement et de devenir autonomes face à l'infocentre (Bergeron *et al.*, 1987). Pour l'infocentre, plus le nombre d'outils est élevé, plus les services s'y rattachant risquent d'être de qualité moindre. Il devient donc beaucoup plus difficile d'offrir des services de qualité sur beaucoup d'outils que sur un nombre plus limité.

Le budget alloué à l'infocentre

La proportion du budget alloué à l'infocentre peut avoir deux effets pour les utilisateurs. Plus cette proportion est grande, plus les utilisateurs sont satisfaits de l'assistance et plus ils considèrent que les outils dont ils se servent sont utiles (Bergeron *et al.*, 1987). De plus, une grande proportion du budget alloué à l'infocentre permettra d'améliorer le service de formation et d'augmenter le nombre d'applications disponibles.

Par contre un plus gros budget a tendance à donner aux utilisateurs une mauvaise perception de leur contrôle sur le développement des applications concernées. En effet, un infocentre qui bénéficie d'une plus grande proportion du budget est en mesure d'augmenter ses ressources et de créer un environnement plus strict, d'établir des normes et des règles afin de gérer les utilisateurs, les achats d'équipement et l'utilisation des logiciels. Dans un tel contexte, les utilisateurs ont beaucoup moins de contrôle sur le développement de leurs applications et l'infocentre déroge à sa mission première: le soutien des utilisateurs.

***

Le phénomène de l'informatique-utilisateur a pris beaucoup d'ampleur dans les 10 dernières années et il ne s'arrêtera pas là. Les besoins des utilisateurs en termes d'information et d'informatique ne cessent d'augmenter. Tout le monde veut atteindre une grande autonomie et un niveau de performance plus élevé dans son travail tout en diminuant le temps accordé aux tâches monotones. Pour atteindre leur but, les utilisateurs prennent de plus en plus de cours de formation afin d'approfondir leurs connaissances et d'améliorer la qualité de leurs applications.

Du côté des organisations, les budgets alloués au soutien des utilisateurs se sont accrus dans la vaste majorité des cas. On assiste aussi à un phénomène qui vise à diminuer le nombre des ordinateurs centraux et à ramener une partie des systèmes sur micro-ordinateurs. Cette décentralisation des systèmes augmente de façon considérable la complexité de la gestion informatique et facilite l'accès à l'information.

L'avenir de l'informatique-utilisateur s'annonce encore plus propice aux nouveaux développements. Les développeurs professionnels l'ont bien compris et misent sur le phénomène pour introduire sur le marché des applications faciles à utiliser, conviviales et surtout capables de produire des systèmes comparables à ceux développés par les services informatiques. Les nouveaux langages de quatrième génération permettent à des novices de faire le même travail qu'un programmeur expérimenté avec un avantage indéniable: une diminution importante du temps de développement. Est-ce que la progression de l'informatique-utilisateur entraîne avec elle la disparition des programmeurs?

BIBLIOGRAPHIE

BEAUDOIN, P., 1982, « L'infocentre au quotidien », *Informatique et gestion* (décembre), p. 58-67.

BENSON, D.H., 1993, « A Field Study of End User Computing : Finding and Issues », *MIS Quarterly* (décembre), p. 35-45.

BERGERON, F., BÉRUBÉ, C., GINGRAS, L., RAYMOND, L., RIVARD, S., 1987, « La qualité des applications conçues par les utilisateurs de micro-informatique : leur efficience et efficacité », document de travail (projet RIO), Université Laval.

BERGERON, F., DESERRE, L., BOYER, B., 1987, « Les facteurs de succès des infocentres : point de vue de l'utilisateur », document de travail (projet RIO), Université Laval.

BERGERON, F., RIVARD, S., RAYMOND, L., 1990, « Indicateurs de succès de l'informatique de l'utilisateur », document de travail (projet RIO), Université Laval.

BOUCHARD, L., GINGRAS, L., BERGERON, F., 1989, « Les facteurs déterminants de l'allocation du temps de l'employé d'un infocentre : une étude empirique », document de travail (janvier), Université Laval.

COMPUTERWORLD, 1984, « Info Centers Gaining » (février).

EDP ANALYSER, 1984, « Coping with End User Computing », vol. 22, n° 2 (février).

LEE, D.M.S., 1986, « Usage Pattern and Sources of Assistance for Personal Computer Users », *MIS Quarterly* (décembre), p. 313-325.

LEITHEISER, R.L., WETHERBE, J.C., 1984, « A Survey of Information Centers : Services, Decisions, Problems Successes », document de travail 85-06, Management Information Systems Research Center, University of Minnesota.

MARTIN, J., 1984, *An Information Systems Manifesto*, Prentice-Hall, p. 101-126.

MCCARTNEY, L., 1983, « The New Info Centers », *Datamation* (juillet), p. 30-46.

RIVARD, S., 1990, « L'informatique-utilisateur 10 ans après : qu'avons-nous appris ? », *Cahier du GRESI*, n° 90-09 (mai).

RIVARD, S., HUFF, S.L., 1984, « An Empirical Study of Users as Application Developers », *Information & Management*, vol. 8, p. 89-102.

ROCKART, J.F., FLANNERY, L.S., 1983, « The Management of End User Computing », *Communication of ACM*, vol. 26, n° 10, p. 776-784.

ROSENBERG, R.B., 1981, « The Information Center », *Proceedings Guide 52* (mai), p. 646-655.

YOUTRAS, R., 1981, « Information Center : Implementation Guide », *IBM Technical Bulletin* (avril), p. 1-81.

CHAPITRE 9 — Aide à la décision : outils pour le gestionnaire

avec la collaboration de Vital Roy

Les gestionnaires sont constamment confrontés à un ensemble d'exigences et de contraintes complexes. Pour surmonter ces difficultés, les décideurs disposent d'un ensemble de ressources et d'outils permettant des réactions informées faites en temps opportun. Ils peuvent ainsi demeurer dans la course par rapport à la concurrence. Ce texte présente, de façon très sommaire, les caractéristiques de la prise de décision ainsi que les principaux outils informatiques offerts par les systèmes informatiques pour soutenir la prise de décision.

Plusieurs catégories de systèmes sont présentées. La première, les systèmes de traitement des transactions, concerne l'informatisation des activités opérationnelles de l'entreprise : ressources humaines, contrôle des processus de production, marketing, finance, gestion des stocks, etc. La deuxième, les systèmes d'aide à la décision, comprend tous les systèmes qui facilitent la tâche du décideur au niveau intermédiaire : les systèmes de bureautique, les systèmes d'information de gestion, les systèmes experts et les systèmes interactifs d'aide à la décision. La troisième, les systèmes d'information de direction, présente les nouveaux outils que le gestionnaire de la haute direction peut utiliser pour définir les stratégies et les plans d'action pour son entreprise.

PROBLÈMES, DÉCISIONS ET DÉCIDEURS

L'identification de problèmes et la prise de décision sont le lot quotidien de plusieurs d'entre nous. La démarche suppose en premier lieu que l'on prenne conscience d'un état non satisfaisant dans une situation donnée, que l'on considère les options à notre disposition et que l'on passe à l'action.

Le gestionnaire n'échappe pas à cette réalité, il passe une bonne partie de son temps à prendre des décisions. Simon (1960) va même jusqu'à dire que *gérer*, c'est *décider*. Mintzberg (1984) souligne que la résolution de problème et la prise de décision sont probablement les activités les plus cruciales du travail du gestionnaire: de la qualité de ses décisions dépendra la survie à moyen et à long terme de son entreprise.

Mais qu'en est-il de la nature des décisions qu'il doit prendre, des problèmes qu'il doit résoudre? Comment peut-on représenter ce processus qui semble si banal?

UN MODÈLE DU PROCESSUS DE PRISE DE DÉCISION

Les principaux éléments de la prise de décision sont (Landry et Malouin, 1983):

- l'intelligence de la situation (détermination des facteurs appréhendés comme importants);
- le design (structuration des données recueillies à l'étape précédente en vue d'une solution possible);
- le choix d'une solution;
- l'implantation des choix retenus;
- l'évaluation qui permet de mesurer la pertinence de la démarche choisie.

Nous verrons dans les sections suivantes comment peut s'actualiser ce modèle dans le contexte de la gestion d'entreprise.

TYPES DE DÉCISIONS

Selon Simon (1960), chaque décision peut se situer sur une échelle allant de structurée (programmable) à complexe (non programmable)[1]. Une

---

1. Pour un court rappel des types de décisions se rapportant aux différents paliers décisionnels d'une organisation, *cf.* l'annexe à la fin du chapitre.

décision est dite *structurée* quand tous les tenants et aboutissants de cette décision peuvent être clairement définis à l'avance. La décision de favoriser un fournisseur plutôt que son concurrent, basée sur un ensemble de critères prédéfinis, est de ce type. Elle peut être programmée en utilisant un logiciel qui fournira une solution déterministe.

Une décision est dite *non structurée* quand il est à peu près impossible de spécifier d'avance toutes les règles et facteurs intervenant dans cette décision. Par exemple, la décision de construire une nouvelle usine peut dépendre d'innombrables facteurs tels que les conditions du marché, la tendance de l'économie, la disponibilité des ressources, la stabilité politique, etc.

PROCESSUS DE PRISE DE DÉCISION

Le gestionnaire prend souvent une décision de façon intuitive et spontanée. La décision repose alors davantage sur ses sentiments que sur la raison. Il peut aussi procéder de façon analytique et logique. Le processus de prise de décision comporte les étapes suivantes (figure 9.1, page suivante) :

Phase intelligence
(*recherche des symptômes et description du problème à résoudre*)

Il est question ici des activités nécessaires pour identifier les situations où il existe un problème, ou encore une occasion de décider et d'agir. Cette étape est la conséquence d'une insatisfaction quant à l'état actuel de l'entreprise ou encore d'une identification des bénéfices potentiels qu'un nouvel état pourrait offrir. Par exemple, un symptôme peut être une diminution du chiffre des ventes, et le problème, l'introduction d'un produit substitut par un compétiteur.

Phase design
(*recherche d'un ensemble de solutions possibles, compte tenu des objectifs, des contraintes et de l'environnement de l'entreprise*)

Elle implique des processus qui permettent une bonne compréhension du problème, la génération des solutions et l'évaluation de leur faisabilité. Une solution serait par exemple d'augmenter les dépenses en publicité; une autre, d'attribuer des sommes à la recherche en vue d'améliorer la qualité du produit. L'évaluation des diverses solutions en fonction des

FIGURE 9.1   Processus de prise de décision

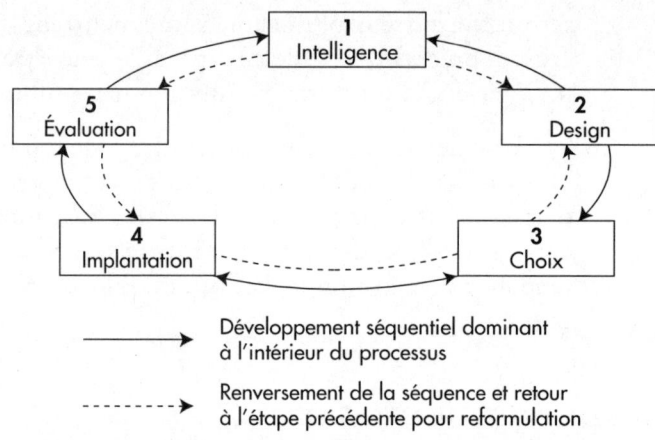

Source : Landry et Malouin (1983), p. 411. Reproduit avec la permission de Gestion, Revue internationale de gestion.

coûts et des avantages fait aussi partie de cette phase. Pour cela, on évalue chacune des solutions en examinant ses conséquences, du point de vue des objectifs.

Phase choix
(*choix de la solution la meilleure d'après certains critères de décision*)

On pourrait trouver, par exemple, que l'augmentation des dépenses en publicité est la solution qui répond le plus aux critères de décision.

Phase implantation
(*mise en application de cette décision*)

Il s'agit ici de la mise en œuvre de la solution retenue; le décideur passe à l'action. Par exemple, préparer un plan détaillé indiquant la marche à suivre pour résoudre le problème.

Phase évaluation
(*suivi et évaluation de la décision*)

Cette phase permet de vérifier si les objectifs sont atteints et si on a résolu le problème. L'évaluation mesure la pertinence de la démarche choisie et permet de s'assurer que les conséquences de la décision sont bien celles qui avaient été prévues. Dans le cas contraire, l'évaluation permet au décideur de corriger son tir et de réduire au minimum ou de maximiser les écarts observés.

SYSTÈMES INFORMATISÉS

Les systèmes d'information traditionnels se retrouvent surtout au niveau opérationnel des organisations et permettent la saisie, le traitement initial et le stockage des données produites par l'organisation (voir figure 9.2).

À partir du moment où l'on s'attaque aux questions plus difficiles (niveaux intermédiaires ou stratégiques), telle la prise de décision dans un environnement complexe où les données sont souvent incomplètes et où

FIGURE 9.2 Types de systèmes d'information

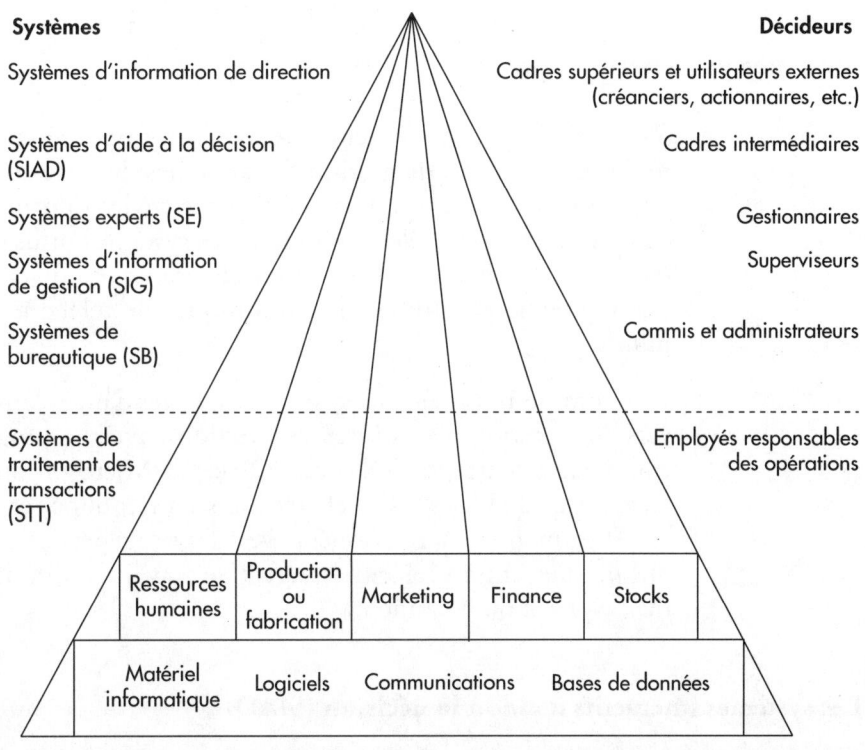

Source : Adaptée de St-Pierre (1992), p. 14. Reproduit avec l'autorisation de Éditions Études Vivantes, une division du groupe Éducalivres inc.

les buts et objectifs sont mal définis, l'informatique traditionnelle n'est plus à la hauteur. En effet, celle-ci exige de connaître au préalable toutes les solutions possibles à un problème donné.

De plus, le type et la complexité de l'information nécessaire au décideur varient selon les étapes du processus de décision lui-même, comme il a été mentionné dans les sections précédentes. Pour résoudre ces difficultés tout en tenant compte des contraintes, les recherches et le développement des nouvelles technologies informatiques tendent à intégrer les applications de gestion informatisées qui étaient jusqu'ici distinctes les unes des autres (O'Brien, 1993; Watterson, 1994).

Cela a entraîné le développement et l'apparition de nouveaux produits informatiques. Les systèmes d'aide à la décision (SIAD), les systèmes experts (SE), les systèmes d'information pour dirigeants (SID), les systèmes de bureautique intégrés (SB) et, plus récemment, les systèmes d'aide à la décision de groupe (SADG) en sont des exemples. Voyons les principales caractéristiques de chacune de ces technologies.

Les systèmes de bureautique (SB)

Situés aux limites des systèmes de traitement des transactions et des systèmes d'information de gestion, les systèmes de bureautique sont utilisés pour colliger, traiter, archiver et transmettre les informations sous forme de communications électroniques. Ces systèmes utilisent les techniques de traitement de texte, de chiffriers électroniques, de bases de données et de graphisme combinées aux techniques de télécommunication et de multimédia.

Comme pour les autres systèmes, la tendance dans les SB s'oriente vers l'intégration des différentes fonctions, avec les progiciels *tout-en-un,* comme le SmartSuite de Lotus, l'Office de Microsoft ou le combiné Perfect Office de Novell. On cherche aussi à regrouper et à partager l'accès aux documents et aux données avec des progiciels comme Lotus Notes, qui permettent à plusieurs usagers de travailler simultanément sur un même projet ou document.

Les systèmes interactifs d'aide à la décision (SIAD)

Les SIAD sont des systèmes informatisés utilisant des connaissances dans un domaine d'application pour faciliter la prise de décision sur des problèmes complexes. Ils sont composés d'une base de données spécialisée, d'un module de dialogue et de modèles d'analyse et de décisions.

Lors d'une session interactive, ces systèmes fournissent au décideur des éléments de l'information qu'il recherche en lui permettant de changer différents paramètres sur une base ad hoc. Par exemple, en utilisant un tableur électronique, l'utilisateur peut vérifier différentes hypothèses simplement en modifiant la valeur des variables explicatives du modèle d'analyse. Le logiciel se charge de refaire tous les calculs et de lui présenter les résultats dans une forme utilisable.

Ces systèmes peuvent aider le décideur, mais en aucun cas ils ne peuvent le remplacer. Ils exigent la participation active de l'usager pour établir les liens logiques entre les données et le problème à résoudre. Le SIAD est utilisé pour traiter les parties structurées du problème. Parallèlement, l'usager fait appel à son intuition, à sa connaissance du domaine et aux buts qu'il s'est fixés pour formuler le problème, modifier et contrôler le processus de résolution et interpréter les résultats (Luconi, 1986; Davis et al., 1986).

L'interaction entre le SIAD et l'utilisateur implique que ce dernier possède une connaissance approfondie du domaine s'il veut obtenir une aide importante dans sa prise de décision. Alors que les systèmes traditionnels de traitement et de reportage des données sont surtout utilisés pour avoir accès à l'information (Quoi? Où? Combien?), les SIAD sont utilisés pour tester des hypothèses (Qu'arrive-t-il si...) ou encore pour procéder à des simulations (Pomerol, 1990). Leur grand avantage, comparativement aux systèmes de reportage des données, c'est que l'usager n'a pas à spécifier ses besoins d'information à l'avance: il peut les définir sur-le-champ et obtenir une réponse rapidement.

Selon Maillot et Pinson (1991), les principales faiblesses des SIAD sont les suivantes:

- les modèles mathématiques stockés dans la base de modèles ne manipulent que de l'information numérique;
- ils ne peuvent pas raisonner en présence d'information incomplète: toutes les données prises en compte dans le modèle doivent être présentes pour son bon fonctionnement;
- ils n'ont pas la faculté d'expliquer à l'utilisateur leurs choix et leurs conclusions. Or, souvent, les étapes du raisonnement permettant d'aboutir à la décision sont tout aussi importantes que le résultat lui-même.

Les systèmes d'information pour dirigeants (SID)

Les SID sont des systèmes informatisés fournissant aux gestionnaires un accès facile aux informations internes et externes à leur entreprise en tenant compte des facteurs clés de succès. L'approche traditionnelle en système d'information avait pour principe de fournir aux utilisateurs plus d'informations que nécessaire. Cette attitude a eu pour résultat de submerger les décideurs sous un grand nombre de rapports hétéroclites et, finalement, de masquer l'information pertinente.

Les SIAD ont partiellement solutionné ce problème, en permettant l'intégration et la synthèse des données que produisent les systèmes de traitements de données (Hurtibise, 1990; Maillot et Pinson, 1991). Cependant, le problème concernant l'extraction de l'information contenue dans ces données, son interprétation et son explication n'était pas abordé. En principe, ce rôle est dévolu aux systèmes d'information pour dirigeants (SID).

Les SID sont particulièrement bien adaptés pour répondre aux besoins d'information des gestionnaires pendant les phases *intelligence* et *évaluation* du processus de décision (Watterson, 1994). En effet, pendant cette partie du processus, le gestionnaire doit dépister les anomalies, relever les écarts, évaluer la situation, esquisser les tendances, comparer, examiner et explorer les options. Les SID produisent des informations sommaires et agrégées sous forme de rapports ou de tableaux, ou même sous forme de présentation formelle à l'écran (*slide show*).

Le SID permet au gestionnaire de produire les éléments d'information en fonction de ses besoins pour la prise de décision et de présenter ces éléments de la façon qui lui convient. De plus, le SID peut souligner les résultats qui excèdent certains critères prédéfinis par le gestionnaire. Par exemple, si les coûts de main-d'œuvre d'une unité de production dépassent une certaine plage prévue au budget, le système avertira automatiquement le gestionnaire par un signal quelconque (clignotants, signal sonore, soulignement, surbrillance à l'écran, etc.).

L'utilisateur peut obtenir des informations supplémentaires sur les aspects du rapport qui lui paraissent obscurs au moyen de la technique du «forage» (*drill down*) qui fournit différents niveaux de détails explicatifs. Par exemple, si le gestionnaire veut connaître ce qui a provoqué le dépassement des dépenses prévues dans son projet, il peut pointer l'item en question et demander au système de lui présenter les éléments qui justifient cet écart. Chacun de ces éléments peut à son tour être examiné pour trouver ses éléments constitutifs.

Le gestionnaire peut continuer ainsi à «creuser» les niveaux successifs de détail pour en arriver finalement aux données de base à la source des calculs, et de ce fait, identifier les éléments de la réalité à la base du phénomène qui le préoccupe.

Cette approche possède un grand avantage. Le gestionnaire est capable de naviguer à travers la masse d'information qui lui est fournie par le système de reportage et aller rapidement chercher l'information pertinente à sa prise de décision. Elle lui offre une grande souplesse dans l'accès aux données qui sont nécessaires pour prendre une décision.

En contrepartie, ces systèmes ne permettent pas le traitement de l'information produite: le gestionnaire doit pouvoir analyser et interpréter correctement les résultats que lui fournit le SID. et prendre les décisions qui s'imposent, en se basant sur son expérience et son jugement.

Les systèmes d'aide à la décision de groupe (SADG)

Les systèmes les plus récents permettent à plusieurs gestionnaires de travailler simultanément sur le même projet (ou problème): ce sont les systèmes d'aide à la décision de groupe (SADG). Les progiciels Express/EIS, Lotus Notes, Prism, TeamFocus et VisionQuest sont des exemples types de ces systèmes. Les principales fonctions de ces systèmes sont la messagerie électronique, les réunions électroniques, le gestionnaire d'agenda, le gestionnaire de projet, le traitement de texte de groupe et la gestion des bases de données du groupe. Les tâches de groupe que ces systèmes cherchent à soutenir sont la formulation d'idées, l'élaboration de plans d'action, la conception et l'édition de textes, de graphiques ou de données, la prise de décision et la négociation de compromis de solution (Hsu et Lockwood, 1993).

Le principal avantage des SADG est de permettre une meilleure coordination entre les membres du groupe. Contrairement à la méthode de travail traditionnelle, il n'est plus nécessaire que tous les membres soient disponibles en même temps au même endroit. Ils peuvent interagir de différentes manières: face à face, dans un même local et en même temps, dans un même lieu mais à des périodes distinctes, dans des endroits différents à des moments différents ou encore en même temps, mais dans des endroits différents.

Un autre avantage des SADG est de permettre à l'ensemble des membres du groupe de s'exprimer simultanément (par exemple lors d'un *brainstorming*) et d'enregistrer les idées et commentaires de chacun. Cette caractéristique contribue à réduire considérablement le temps passé en réunion. Le système peut ensuite regrouper les informations recueillies selon les thèmes et mots clés, de façon à présenter un compte rendu condensé des interventions des membres du groupe. Au besoin, lors de la génération d'idées ou du vote, l'anonymat des intervenants peut être assuré, supprimant du coup un obstacle majeur à la créativité et à l'innovation.

L'accès et la maintenance des bases de données utilisées par ce genre de système a longtemps été un des obstacles majeurs limitant leur développement. La prise de décision de niveau stratégique exige souvent un amalgame d'informations provenant tant de l'extérieur de l'organisation (banques de données spécialisées, revues de presse, statistiques et tendances du secteur, études de marché, réseau de contacts personnel, etc.) que de l'interne (contraintes sur le plan des ressources, données historiques, données de l'entreprise et autres).

Le défi est de relier en un système intégré toutes ces sources d'informations hétéroclites. Les récents développements dans les réseaux d'ordinateurs et les logiciels intégrateurs (*data warehousing*) facilitent la compilation et l'accès aux données provenant de différents systèmes (Watterson, 1994). Prism Warehouse Manager, Red Brick Warehouse, Omnidex sont des exemples de systèmes donnant accès à des fichiers de données provenant de sources et de formats différents.

Les systèmes experts (SE)

Un système expert est un système d'aide à la décision qui utilise des connaissances spécifiques sur un domaine complexe pour servir de «consultant» à un usager. Ces systèmes peuvent être utilisés tant au niveau opérationnel qu'aux niveaux intermédiaire ou stratégique. Un SE fournit des réponses à des questions de l'usager à partir d'inférences logiques sur les connaissances qu'il possède dans ses bases de connaissances et de données. Le tableau 9.1 illustre les principales différences entre un SE et un SIAD, selon Turban et Watkins (1986).

En plus d'une interface usager, les systèmes experts sont en général constitués de trois grands sous-systèmes (Luconi, Malone et Scott-Morton, 1986):

- une base de connaissances qui rassemble de façon structurée les règles, les relations et les stratégies de résolution de problèmes pour le domaine concerné;
- une base de données qui regroupe les faits connus, les données de la situation courante et les hypothèses envisagées;
- un moteur d'inférence qui puise dans le contenu de la base de connaissances pour résoudre des problèmes qui ont été posés à l'aide de l'interface utilisateur.

Selon Feigenbaum (1977), la connaissance est le facteur clé de la performance d'un système expert. Le savoir d'un système expert se compose de faits particuliers au domaine considéré et d'heuristiques. Les faits forment un ensemble d'informations largement partagé, communément disponible et généralement agréé par les experts du domaine considéré.

Lors d'une session avec un système expert, l'usager « consulte » le système expert pour trouver une solution à un problème donné. Le système pose des questions à l'usager et cherche dans ses bases de connaissances et de données jusqu'à ce qu'il puisse inférer une réponse ou un avis concernant le problème posé. Au besoin, il peut aussi expliquer le processus de raisonnement qui lui a permis d'en arriver à cette conclusion.

Les systèmes experts fonctionnent à l'intérieur de limites bien définies. Le programme est limité par les contraintes de sa base de connaissances et ne peut habituellement pas modifier son système de production de façon à incorporer des connaissances en dehors de son contexte d'application. Un système à base de règles n'est pas conçu de façon à

TABLEAU 9.1 Différences entre les SE et les SIAD

Attribut	Systèmes d'aide à la décision	Systèmes experts
Objet	Assistance au décideur	Imiter un conseiller humain
Qui prend les décisions?	Humain et/ou le système	Le système
Orientation principale	Prise de décision	Transfert d'expertise (humain-machine-humain) et conseil
Direction principale des requêtes	L'humain questionne la machine	La machine questionne l'humain
Manipulation de données	Numérique	Symbolique
Domaine analysé	Complexe, large	Domaine restreint

Source: Turban et Watkins (1986).

permettre l'auto-acquisition de la connaissance; un programmeur doit encoder ces connaissances en ajoutant ou en modifiant explicitement les règles ou les structures de données.

Un système expert récupère les connaissances d'un expert ou d'un groupe d'experts. En principe, il peut surpasser les performances de l'expert humain en termes de vitesse, de cohérence et de disponibilité. Le système peut être consulté autant de fois que nécessaire, ne se fatigue pas et n'est pas influencé par les conditions de stress de l'environnement.

Le système expert peut aussi servir de «mémoire» pour conserver l'expérience et les connaissances des experts de l'organisation, même si ces derniers quittent l'entreprise. Ces connaissances peuvent ensuite être transmises à d'autres individus aussi souvent que nécessaire.

La principale limite des systèmes experts tient à l'étroitesse de leur champ de connaissances. Ils fonctionnent adéquatement pour autant que le problème à résoudre est d'un type bien déterminé et fait partie d'un domaine de connaissances limité. Ils sont tout à fait inutiles pour résoudre des problèmes exigeant un champ de connaissances diversifiées ou faisant appel à l'intuition du décideur.

Les systèmes experts ne peuvent apprendre d'eux-mêmes ni s'entretenir. Toute nouvelle connaissance ou amélioration doit être encodée pour être utilisable. Le développement et l'entretien peuvent représenter des coûts majeurs qui ne sont pas toujours justifiables en termes de bénéfices attendus.

Les réseaux neuronaux

Les réseaux neuronaux consistent en un grand nombre de processeurs élémentaires appelés *neurones* qui sont interreliés et qui fonctionnent en parallèle. Les neurones sont disposés en strates ou couches superposées, les neurones d'une strate étant branchés sur ceux des strates avoisinantes. Parmi les nombreux modèles de réseaux de neurones existants, le modèle à trois couches est le plus connu. Chaque neurone d'une couche est rattaché à tous les neurones de la couche suivante. Il n'y a pas de branchement à l'intérieur d'une même couche.

Une fois cette structure mise en place, le réseau est alors «entraîné» à reconnaître et à associer certaines entrées avec certaines sorties. La figure 9.3 illustre cette structure.

FIGURE 9.3 Réseau de neurones à trois couches

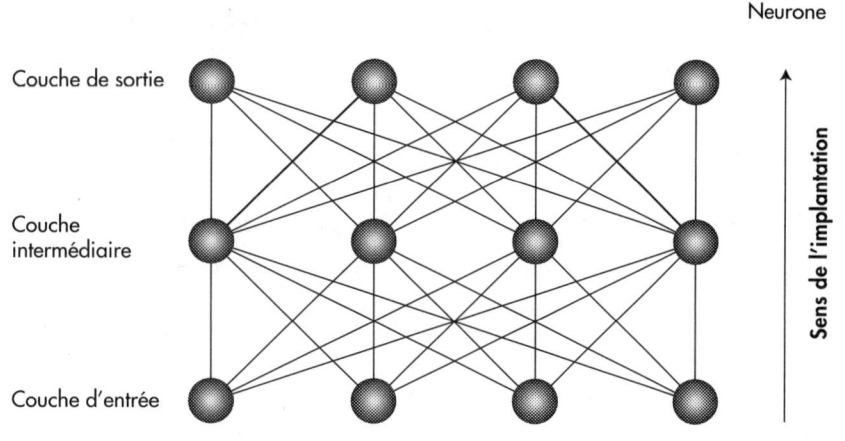

Source : Adaptée de Rémy (1991).

Méthode de représentation

Les réseaux neuronaux n'utilisent pas un symbolisme pour représenter la connaissance, mais plutôt des associations pondérées entre les neurones. L'entraînement sert alors à fournir le facteur de pondération (Pao et Sobajic, 1991). Par conséquent, la qualité des connaissances de tels systèmes est fonction du nombre «d'expériences» fournies au système. Ils sont bien adaptés dans les situations où l'on trouve un très grand nombre de répétitions d'événements similaires, comme les approbations de crédit pour les clients des grandes entreprises financières, la reconnaissance des formes en robotique ou la compréhension du langage naturel (Rémy, 1991).

Les systèmes à base de réseaux de neurones présentent notamment les caractéristiques suivantes (Ritschard et Zighed, 1992):

- un parallélisme des opérations de traitement;
- des capacités d'apprentissage à partir d'exemples;
- une résistance à la détérioration (la défectuosité de quelques neurones ne détériore pas le fonctionnement d'un réseau de façon importante);
- une aptitude à fournir des réponses correctes à partir de données d'entrée incomplètes ou entachées d'erreurs.

* * *

Comme nous pouvons le constater, il existe beaucoup de types de décisions. Certaines sont simples et répétitives, d'autres complexes et exceptionnelles. De plus, les besoins du décideur diffèrent selon les étapes de sa démarche de résolution de problème et le fait qu'il prenne sa décision seul ou en groupe. Il existe beaucoup d'outils pour le soutenir dans ce processus. Ces outils permettent au décideur de supporter les différentes phases du processus de décision. Il appartient au décideur de choisir l'outil le plus approprié à son problème. Chaque outil possède des avantages distinctifs et est destiné à supporter certaines parties du processus de décision.

BIBLIOGRAPHIE

BARR, A., FEIGENBAUM, E.A., 1981, *Le manuel de l'intelligence artificielle*, traduit par D. Tauzin-Raynaud, Paris, Eyrolles, 1981.

BORCH, O.J., HARTVIGSEN, G., 1991, «Knowledge-based Systems for Strategic Market Planning in Small Firms», *Decision Support Systems*, vol. 7, n° 2 (mai), p. 145-157.

DAVIS, G., B., OLSON, M.H. AJENSTAT, J., PEAUCELLE, J.-L., 1986, *Système d'information pour le management, volume 2: les approfondissements*, Paris, G. Vermette, 356 pages.

FEIGENBAUM, E.A., McCORDUCK, P., «The Fifth Generation: Artificial Intelligence and Japan's Computer Challenge to the World», Reading, Mass.: Addison-Wesley, 1983, 275 pages.

FEIGENBAUM, E.A., 1977, «The Art of Artificial Intelligence: Themes and Case Studies of Knowledge Engineering», *Proceedings of the 5th International Joint Conference on Artificial Intelligence*, p. 1014-1029.

GORRY, G.A., SCOTT-MORTON, M., 1971, «A Framework for Management Information Systems», *Sloan Management Review* (automne), p. 55-70.

HOLSAPPLE, C.W., WHINSTON, A.B., GURU, 1987, *L'utilisation des systèmes experts dans l'entreprise*, Paris, Éditions d'Organisation, 363 pages.

HSU, J., LOCKWOOD, T., 1993, «Collaborative Computing», *Byte*, vol. 18, n° 13 (mars), p. 113-120.

HURTIBISE, R.A., 1990, *L'intégration de l'information à l'organisation. Outillage et cas*, Montréal, Agence d'Arc, 407 pages.

LANDRY, M., MALOUIN, J.-L., 1983, «Pour une meilleure utilisation des experts-conseils en administration», *Gestion* (avril), p. 4-11.

LUCONI, F.L., MALONE, T.W., SCOTT-MORTON, M., 1986, «Expert Systems: The Next Challenge for Managers», *Sloan Management Review*, vol. 27, n° 4 (été), p. 3-14.

MAILLOT, M.-J., PINSON, S., 1991, «Les systèmes experts en gestion ont-ils un avenir? de l'adolescence à la maturité», *INFOR*, vol. 30, n° 1 (février), p. 44-59.

MARTIN, E.W., DEHAYES, D.W., HOFFER, J.A., PERKINS, W.C., 1991, *Managing Information Technology What Managers Need To Know*, Toronto, Collier Macmillan Canada, 664 pages.

MINTZBERG, H., 1984, *Le manager au quotidien*, Montréal, Agence d'Arc, 220 pages.

NEWELL, A., SIMON, H., 1985, *Human Problem Solving*, Englewood Cliffs, NJ, Prentice-Hall. Cité dans Harmond et King (1985).

PAO, Y.-H., SOBAJIC, D.J., 1991, «Neutral Networks and Knowledge Engineering», *IEEE EXPERT*, vol. 3, n° 2 (juin), p. 185-190.

POMEROL, J.-C., 1990, « Systèmes experts et SIAD : enjeux et conséquences pour les organisations », *Technologies de l'information et société*, vol. 3, n° 1, p. 37-63.

RÉMY, C., « Réseau de neurones : trente ans après, les applications », *Micro-systèmes*, juin 1991, p. 109-114.

RITSCHARD, G., ZIGHED, D.A., « Réseau neuronaux : Applications potentielles à l'économétrie », *Problèmes économiques*, n° 2.268, mars 1992, p. 21-27.

RIVARD, S., TALBOT, J., 1992, *Le développement de systèmes d'information*, Québec, Presses de l'Université du Québec, 419 pages.

SIMON, H.A., 1960, *The New Science of Management Decision*, 1re édition, New York, Harper & Row.

ST-PIERRE, A., 1992, *Systèmes d'information de l'entreprise*, Montréal, Études Vivantes, 335 pages.

SULLIVAN, J.J., SHIVELEY, G.O., « Expert System Software in Small Business Decision Making », *Journal of Small Business Management*, 1989, p. 17-26.

SVIOKLA, J.J., 1986, « Business Implications of Knowledge-Based Systems », *DATA BASE*, vol. 17, n° 4 (été), p. 5-19 (partie I) ; vol. 18, n° 1 (automne) p. 5-16 (partie II).

TORKZADEH, G., RAO, S.S., « Expert Systems for Small Business ». *Information & Management*, Vol. 15, 1988, p. 229-235.

TURBAN, E., 1988, « Review of Expert Systems Technology », *IEEE Transactions on Engineering Management*, vol. 35, n° 2 (mai), p. 71-81.

TURBAN, E., WATKINS, P., 1986, « Integrating Expert Systems and Decision Support Systems », *MIS Quarterly* (juin), p. 123.

WATSON, H.J., RAINER, R.K., KOH, C.E., 1991, « Executive Systems : A Framework For Development and a Survey of Current Practices », *MIS Quarterly* (mars), p. 13-30.

WATERSON, K., 1994, « The Changing World of EIS », *Byte*, vol. 19, n° 6 (juin), p. 183-193.

Annexe 9.1

NIVEAUX DE GESTION ET TYPES DE DÉCISIONS

Gorry et Scott-Morton (1971) ont souligné le lien qui existe entre le niveau hiérarchique du décideur et le degré de complexité des décisions qu'il a à prendre. Les décisions au niveau opérationnel de l'organisation ont tendance à être de type programmable alors que les décisions du niveau intermédiaire ou stratégique sont de type semi-structuré ou non-structuré.

Le gestionnaire d'entreprise, s'il veut améliorer la qualité de sa prise de décision, doit agencer le type et la qualité de l'information qu'il utilise à la catégorie de décision concernée, tout en tenant compte de la structure de son organisation. Le tableau illustre quelques exemples de types de décisions.

Niveaux hiérarchiques et types de décisions

Décisions stratégiques	Expansion de l'entreprise
	Augmentation de la part de marché
	Mise au point d'un nouveau produit
	Établissement de la politique de prix
	Abandon d'un produit
	Préparation des plans à longue échéance
Décisions intermédiaires	Préparation du calendrier de production
	Évaluation de rendement du contremaître
	Préparation du budget de publicité de l'année
	Amélioration de la qualité des produits
	Analyse des écarts de quantité et de coûts
Décisions	Demande quotidienne de matières premières
	Utilisation d'une machine pour la fabrication
	Décision de faire des heures supplémentaires
	Diminution du nombre de produits défectueux

Source : Adapté de St-Pierre (1992), p. 15. Reproduit avec l'autorisation de Éditions Études Vivantes, une division du groupe Éducalivres inc.

INFORMATION ET PRISE DE DÉCISION

La ressource la plus importante qui intervient dans le processus de prise de décision, hormis le décideur, est sans contredit une bonne information. L'information n'a de valeur et n'est utile que dans la mesure où l'utilisateur la comprend et en fait un usage intelligent. Pour pouvoir utiliser l'information, l'utilisateur devra donc avoir un minimum de formation et de connaissances.

QUALITÉS D'UNE BONNE INFORMATION

Selon St-Pierre (1992), les principales caractéristiques d'une bonne information sont la *pertinence* (concise, opportune, valable) et la *fiabilité* (vérifiable, complète, objective).

Pertinence

L'information est pertinente quand elle joue pleinement son rôle et qu'elle aide le gestionnaire à prévoir les événements. Elle est concise lorsqu'elle ne fournit que l'information nécessaire et essentielle. Placé devant une information trop abondante, l'utilisateur devra fournir plus d'efforts pour extraire, assimiler et classer les éléments intéressants. De plus, pour être pertinente, l'information doit être opportune, c'est-à-dire disponible au moment où l'on prend la décision.

Fiabilité

La fiabilité est une autre qualité principale de l'information. Une information est dite fiable si elle donne des résultats comparables lorsque différentes personnes l'utilisent pour mesurer un même phénomène. Pour être qualifiée d'objective, une information doit s'appuyer sur des preuves solides. L'utilisateur doit être capable de vérifier l'information au moyen des documents justificatifs. Finalement, l'information est complète lorsqu'elle fournit tous les éléments essentiels et nécessaires à la prise de décision.

FACTEURS AYANT UNE INCIDENCE SUR LA PRISE DE DÉCISION

Un système d'information efficace facilite le processus de prise de décision du gestionnaire en apportant à ce dernier de l'information pertinente et fiable. Plusieurs facteurs entrent en ligne de compte dans le processus de prise de décision:

- un ensemble d'options (exemple: fermer ou agrandir l'usine);
- un ensemble d'états ou événements de la nature (exemple: diminution des ventes ou augmentation du prix des matières premières);
- les coûts et les bénéfices (en dollars) engendrés par chacune des options;
- une probabilité associée à chacun des états de la nature (exemple: la probabilité d'augmentation des ventes est de 60% et celle de la diminution est de 40%);
- des critères de décision (la maximisation du gain espéré ou la minimisation du coût espéré);
- la disponibilité et les coûts inhérents à l'acquisition de l'information jugée nécessaire;
- le seuil de tolérance du décideur face à l'incertitude (niveau de risque qu'il accepte de prendre).

CHAPITRE 10 | # Technologies de l'information et stratégie

avec la collaboration de Maryse Babin

> Le rythme effarant auquel se développent les technologies de l'information force à se demander jusqu'à quel point une entreprise est apte à suivre le marché. D'un autre côté, cette prolifération s'accompagne d'une diminution des prix qui rend possible de nouvelles applications et, surtout, les rend accessibles aux entreprises de toute taille.
>
> La concurrence féroce qui caractérise la plupart des industries rend essentiels l'adaptabilité et le potentiel innovateur des entreprises qui veulent assurer leur survie. Pour cette raison, tant les gestionnaires de l'entreprise que les professionnels des technologies de l'information, doivent voir l'information comme un actif qui se gère stratégiquement. Sans information, peu de transactions sont possibles dans l'entreprise. Les acquisitions, les ventes, les relations avec les fournisseurs, avec les clients, etc., se réalisent toutes par l'information.

La première compagnie de lignes aériennes à s'être dotée d'un système informatisé de réservations fut American Airlines. Le Department of Transportation des États-Unis a estimé qu'en 1986 ce système, nommé SABRE, a permis un profit de 178 millions de dollars US, ce qui représente un retour sur investissement de l'ordre de 76% et près de 65% des revenus nets totaux de la compagnie. Le service de télémarketing d'American Airlines génère également des revenus supplémentaires en utilisant le système SABRE pour des enquêtes marketing, des téléventes et même pour percevoir des dons lors de téléthons.

American Telephone and Telegraph, AT&T, a installé des terminaux d'entrées de commandes chez ses clients d'envergure. Les terminaux sont employés par ces clients pour entrer des commandes, pour en vérifier l'état, ainsi que pour donner des conseils à propos de la conception des réseaux internes de téléphones. Cette relation étroite entre AT&T et ses clients les décourage de s'associer à d'autres fournisseurs du domaine de la téléphonie. Ce système change même les règles de la concurrence dans l'industrie; les consommateurs s'attendent à ce que tous les fournisseurs offrent les mêmes services. Non seulement les coûts du traitement ont-ils diminué, mais l'entreprise ne nécessite que peu de personnel affecté au soutien du marketing. Les gens de ce service peuvent se concentrer davantage sur les activités de génération de revenus.

Levi Strauss fournit à ses clients toute une variété de services par l'échange de documents informatisés (EDI) et les services LeviLink. Ces services aident les détaillants à promouvoir les ventes, à commander, à effectuer les paiements et pour tous les autres aspects de la fabrication et du marketing de l'industrie du vêtement. Il en a coûté un million de dollars US pour développer le système LeviLink. Le temps d'approvisionner des détaillants est passé, avec ces services, de 14 à 3 jours[1].

L'AVANTAGE CONCURRENTIEL LIÉ AUX SYSTÈMES D'INFORMATION

Les systèmes informatiques qui permettent de formuler ou de soutenir la stratégie concurrentielle de l'organisation en vue de l'obtention ou du maintien d'un avantage concurrentiel peuvent être qualifiés de systèmes d'information à avantage concurrentiel (Wiseman, 1988). Un des aspects

---

1. Ces trois exemples sont tirés de Martin *et al.* (1994).

fondamentaux de ce dernier est son caractère durable. La différenciation que l'entreprise réussit à réaliser doit persister dans le temps. Évidemment, cette différenciation doit être perceptible pour le client.

En élaborant une stratégie concurrentielle, l'entreprise donne une ligne de conduite pour affronter et modifier autant qu'elle le peut les éléments de son environnement. Ces éléments constituent des cibles potentielles vers lesquelles l'entreprise peut diriger ses efforts en vue d'obtenir un avantage concurrentiel. Pour arriver à voir et à comprendre ces actions, il faut avoir une connaissance approfondie de l'entreprise, de ses activités et de son environnement (au sens large), et donc de se doter d'un modèle de cet environnement. Les trois modèles présentés ici: le *modèle des forces concurrentielles*, le *modèle de la chaîne de valeur* et le *modèle du choix intégration administrative/marché*, sont à la base du courant de pensée qui affirme que les technologies de l'information ont la capacité de constituer une arme stratégique pour l'entreprise (Blili et Rivard, 1989). C'est à partir de ces modèles qu'on peut comprendre les points d'attaque d'un système d'information à vocation stratégique.

LE MODÈLE DES FORCES CONCURRENTIELLES

Dans une industrie donnée, certaines forces dictent les règles du jeu et de la réussite. Au nombre de cinq, ces forces sont: la *menace des nouveaux entrants*, le *pouvoir de négociation des fournisseurs*, la *menace des produits ou services substituts*, le *pouvoir de négociation des clients* et la *rivalité entre les entreprises*. La figure 10.1 illustre l'environnement compétitif d'une industrie. Trois stratégies permettent, selon Porter, de faire simultanément face à ces forces: la *domination par les coûts*, la *différenciation* et la *stratégie de créneau*. L'utilisation des technologies de l'information devient un des moyens de mise en œuvre de ces stratégies.

La domination par les coûts

L'entreprise pratique une stratégie de coût lorsqu'elle réduit ou évite des coûts qu'elle devrait normalement assumer, gagnant ainsi un avantage sur le prix face à ses compétiteurs. Dans certains domaines, la concurrence est telle que le niveau des coûts devient critique non seulement pour la rentabilité de l'entreprise, mais également pour sa survie. Cependant, le simple fait de réduire les coûts ne confère par un avantage stratégique; cette réduction doit être perceptible pour le consommateur.

FIGURE 10.1 L'environnement compétitif d'une industrie

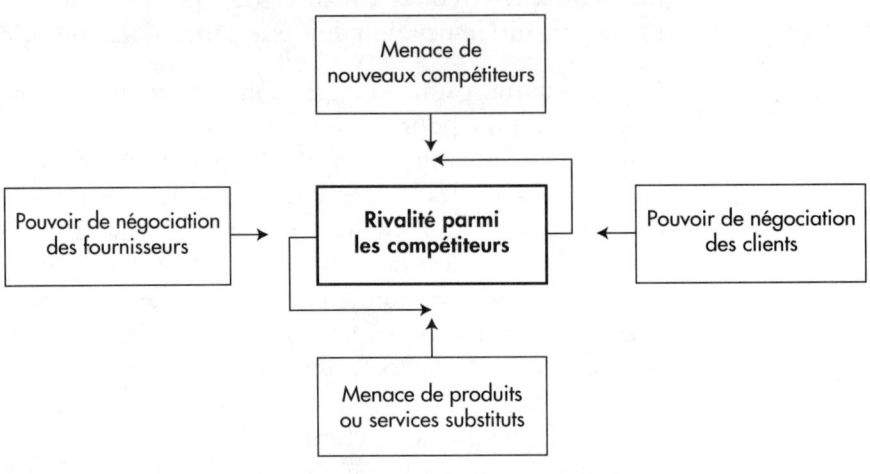

Source : O'Brien (1990), p. 47. Reproduit avec permission.

Les lecteurs optiques utilisant les codes à barres ont permis à plusieurs entreprises de diminuer leurs coûts de mise à jour des stocks et de facturation, et de réduire les pertes. C'est notamment le cas dans le domaine de l'alimentation où le contrôle des stocks est très important afin de pouvoir assurer la fraîcheur des produits. Les codes à barres, en plus de faciliter l'inventaire, offrent l'avantage d'attacher directement au produit divers éléments d'information, comme la facturation à partir du poids et du type de produit. Les systèmes de code à barres permettent également de retracer un colis en livraison. Et c'est justement ce que réalise Federal Express.

Son système Super Tracker fait appel au lecteur optique lisant les codes à barres non seulement pour assurer le suivi du colis, mais aussi pour déterminer la route optimale de livraison et la mise à jour quasi instantanée des transactions. Les données sont transmises du camion de livraison à un ordinateur régional par micro-ondes, puis de cet ordinateur régional à l'ordinateur principal à Memphis. Dans les deux minutes qui suivent la livraison, l'ordinateur principal a enregistré la transaction (McLeod, 1993).

La différenciation

La différenciation permet à l'entreprise de se distinguer de ses compétiteurs par ses produits ou ses services. Le système d'entrée de commandes de l'American Hospital Corporation est certes un des exemples les plus populaires. Cette entreprise a pour clients des hôpitaux à qui elle vend une large gamme de produits. Des terminaux reliés à l'entreprise ont été placés dans les services d'approvisionnement des grands hôpitaux américains, permettant désormais aux clients d'entrer eux-mêmes leurs commandes plutôt que de les expédier par la poste ou de les dicter à un préposé par téléphone comme cela se faisait traditionnellement. La commodité de la rapidité de réponse qu'offre ce système en temps réel (*online*) a fait en sorte que les clients bénéficient d'un service de haut niveau et demeurent attachés à ce fournisseur. Dans ce cas, les clients effectuent de plus une opération auparavant faite par le fournisseur (l'entrée des commandes).

La stratégie de créneau

Les acheteurs d'un produit ont quelquefois des critères qui changent d'une manière constante et qui portent leurs choix sur des marques concurrentes. Dans ce cas, aucune marque n'est vraiment perçue comme supérieure aux autres pour tous les acheteurs; chacun a ses préférences selon les caractéristiques du produit. Un aspect de la stratégie de créneau consiste à segmenter le produit de façon à offrir une gamme de produits correspondant à un groupe précis d'acheteurs.

Dans cette optique, il est possible pour l'entreprise de se doter d'une base de données spécifique d'un usage marketing. La mémorisation et l'analyse des données relatives aux ventes (caractéristiques des produits et des acheteurs), permettent de mieux gérer les efforts de vente et d'être à l'affût des nouvelles occasions de développement pour avoir une meilleure pénétration du marché et pour élaborer des stratégies spécifiques du marketing. C'est la stratégie adoptée par la Western Publishing Company inc., un éditeur de livres. En ayant un accès direct aux terminaux des principaux points de vente, cette entreprise connaît immédiatement quels livres sont vendus et à quel endroit. Elle utilise cette information pour réapprovisionner les détaillants en l'espace d'une nuit. La Western Publishing, de même que les détaillants, peut ainsi augmenter ses ventes (Kubilus, 1993).

À la fin des années 1980, la Marriott Corporation adopta une stratégie de segmentation pour répondre à ses différentes clientèles. Elle s'affilia à 15 autres chaînes hôtelières, dont Hilton Hotels Corp. et The Sheraton Corp. ainsi qu'à Budget-Rent-A-Car pour faciliter les réservations et offrir plusieurs catégories de chambres, allant des hôtels à prix modiques aux hôtels de luxe. Le système de réservations *Confirm* est un actif stratégique de cette alliance. Relié à des systèmes de réservations de billets d'avion et de location de voitures, il permet au voyageur de réserver une place sur un vol, une chambre d'hôtel et une voiture en un seul appel téléphonique (Allaire et Firsirotu, 1993; Kubilus, 1993).

LA CHAÎNE DE VALEUR

L'analyse de la chaîne de valeur est une autre technique fréquemment utilisée pour découvrir d'éventuelles applications stratégiques des SI. Ce modèle présenté à la figure 10.2, fut originalement développé par Porter et Millar (1985). Selon eux, on trouve dans l'entreprise deux catégories d'activités: les *activités principales* (au nombre de cinq), et les *activités de soutien* (au nombre de quatre). Chacune des activités de la chaîne de valeur a des composantes physiques et des composantes d'information. L'ère industrielle ayant fait le travail avec les composantes physiques, c'est dorénavant aux composantes informationnelles qu'il faut s'intéresser. En s'infiltrant dans toute la chaîne de valeur, la technologie de l'information transforme l'exécution des activités et la nature des rapports entre elles.

FIGURE 10.2   Chaîne de valeur d'une entreprise

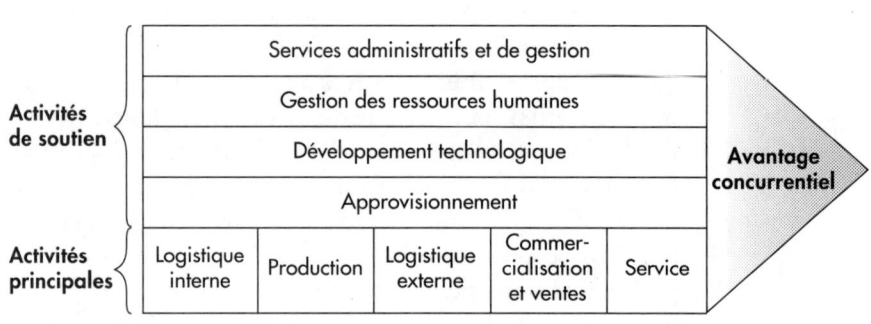

Source: Adaptée de O'Brien (1990).

Les activités principales

La *logistique interne*, première des activités principales, concerne la réception, le stockage et l'affectation des moyens de production nécessaires au produit. L'automatisation des activités d'entreposage, qui réduit les coûts en temps et en argent, est un exemple d'applications stratégiques des technologies de l'information à ce niveau.

Les activités associées à la transformation des matières en produits finis constituent la *production*. Les technologies de l'information peuvent servir, dans ce contexte, à assister et à accélérer la fabrication manufacturière en facilitant la communication informatique des spécifications de conception entre les concepteurs, les ingénieurs et la fabrication.

Des facilités d'entrée de données en temps réel et un traitement informatisé des commandes sont des exemples d'automatisation des tâches liées à la *logistique externe* que sont la collecte, le stockage et la distribution matérielle des produits finis aux clients.

La quatrième des activités principales de l'entreprise est constituée par la *commercialisation* et les *ventes*. Cette activité fournit des moyens pour vendre le produit aux clients ou pour inciter ceux-ci à l'acheter (par les promotions, les prix, la sélection des circuits de distribution, etc.). Les technologies de l'information peuvent servir de soutien au télémarketing ou à faire des analyses de marché.

La dernière des activités principales touche le *service*. Il s'agit d'activités exécutées dans le but de fournir des services qui accroissent ou maintiennent la valeur du produit (l'installation, l'adaptation, la formation, la répartition). Les systèmes experts, par exemple, y sont utiles pour poser des diagnostics en cas de problème non défini.

Un lien en télécommunication a été établi, par modem et téléphone, entre l'ordinateur central d'une entreprise de réparation d'ascenseurs et tous les ascenseurs qu'elle dessert. Ce lien est utilisé pour diagnostiquer le problème et même donner des instructions à propos du remplacement des pièces qui se branchent par des fiches. Ces remplacements se font alors par du personnel sur place ou par un technicien de service qui est automatiquement envoyé sur place. L'efficacité et la commodité du service ajoutent une plus-value au produit de l'entreprise.

Pour illustrer l'influence des technologies de l'information sur les activités globales, voici l'exemple dont font mention les auteurs Blili et Rivard (1989). Le journal *USA Today* réussit à rejoindre 1,2 million de lecteurs chaque jour à travers le monde. Un réseau de communications par satellite distribue les données dans 31 centres d'impression de la planète. Les pays desservis reçoivent leur édition presque tous en même temps. «Ce système affecte les activités principales au niveau de la logistique, de la production et même de la commercialisation [...]» (Blili et Rivard, 1989).

Les activités de soutien

Toujours selon le modèle de Porter, les quatre activités de soutien à considérer sont: les approvisionnements, le développement technologique, la gestion des ressources humaines et les services administratifs de l'entreprise.

Les achats de matières premières, des fournitures, des actifs, bref des éléments de production, constituent l'approvisionnement. Un système EDI, échange de documents informatisés entre ordinateurs de firmes distinctes, permet d'établir un lien direct entre l'entreprise et ses fournisseurs et de bénéficier des avantages de traiter des commandes en temps réel.

L'application des technologies de l'information au domaine du développement technologique est bien représentée par la conception assistée par ordinateur qui automatise la conception des produits et des procédures. La rapidité qu'offre un tel système permet à l'entreprise de dépasser ses compétiteurs.

La gestion des ressources humaines incluant le recrutement, l'embauche, l'affectation du personnel, la formation, la rémunération, etc., peut être secondée par la technologie à l'aide d'une base de données ayant trait aux habiletés et compétences des employés. De telles informations permettent l'affectation rapide de ces personnes à des tâches dont elles peuvent s'acquitter. De même, l'établissement de l'horaire de travail peut être bien plus efficace lorsqu'il est informatisé.

Steven Industries, un fabricant de contreplaqué, a implanté entre 1987 et 1990 des systèmes hautement intégrés dont une partie touche autant les activités de gestion générale que la gestion des ressources humaines. De System Software Associates inc., l'entreprise a acquis un système de planification et de contrôle: le *Business Planning and Control System*. L'application *Payroll* est liée aux fonctions de ressources humaines afin que le suivi des vacances et des congés soit assuré. Une autre partie du système permet l'enregistrement immédiat des heures de travail par la lecture du code à barres présent sur l'insigne de l'employé, au lieu que ce dernier ne poinçonne une carte. Le fait que cette information soit directement transmise au système *Payroll* a permis de diminuer de quatre jours à une journée et demie le temps de production des chèques de paye (*Industrial Engineering*, 1993).

Le concept de la chaîne de valeur se veut donc un outil d'identification des activités clés de l'entreprise à partir desquelles elle pourra utiliser les technologies de l'information dans un dessein stratégique. Les systèmes d'information qui améliorent le rendement opérationnel, qui

FIGURE 10.3   Système de valeur

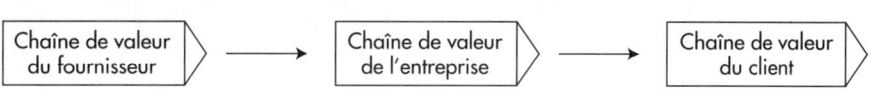

Source : Adaptée de Blili et Rivard (1989).

promeuvent l'innovation et qui construisent des ressources stratégiques peuvent ainsi être appliqués aux activités administratives spécifiques qui aident une entreprise à se forger un avantage stratégique sur le marché (O'Brien, 1990). Mais tel qu'il est actuellement présenté, le modèle ne tient compte que de l'environnement interne de la firme. C'est pourquoi deux autres maillons y ont été ajoutés : la *chaîne de valeur des fournisseurs* et la *chaîne de valeur des clients* (voir figure 10.3).

LES LIAISONS DANS LE SYSTÈME DE VALEUR

Les liaisons entre les activités au sein de la chaîne de valeur

Il serait erroné de considérer les activités de la chaîne de valeur comme étant indépendantes les unes des autres. La coordination entre ces activités doit retenir l'attention. Une réduction de coût ou un accroissement de la différenciation est souvent rendue possible par une meilleure coordination. Ainsi, une chaîne de valeur n'est pas nécessairement séquentielle; les activités peuvent être réalisées en parallèle. Un avantage concurrentiel peut être obtenu de l'utilisation des technologies pour permettre que des activités aient lieu en parallèle, de sorte que les produits soient développés ou livrés plus tôt, comme l'a réussi le *USA Today* dans l'exemple mentionné précédemment.

Des liaisons de cause à effet existent entre les activités, c'est-à-dire que la façon dont s'exerce une activité peut également avoir une influence sur le coût ou la performance d'une autre. Une inspection minutieuse, par exemple, est une activité interne qui aura des impacts sur une activité externe. Elle fait en sorte que les réparations seront plus faciles, donc moins coûteuses.

Une seconde liaison concerne la possibilité d'intervenir à différents endroits, à différents moments et avec différentes technologies dans la chaîne pour obtenir un seul et même résultat. Acheter des matières premières de meilleure qualité, améliorer le processus de production ou inspecter rigoureusement les produits avant la distribution, sont autant d'activités permettant de répondre à des spécifications techniques plus exigeantes.

Finalement, une dernière liaison se voit lorsque des efforts dans les activités de soutien améliorent les activités primaires. Une sélection adéquate du personnel nécessaire à l'accomplissement d'une tâche spécifique assurera un meilleur résultat.

Les liaisons entre les chaînes de valeur

En adoptant une vision plus large, on remarque que d'autres chaînes de valeur viennent se juxtaposer à l'originale. Les partenaires d'affaires ont leur propre chaîne qui n'est pas sans effet sur la chaîne de l'entreprise.

L'intérêt qu'on doit porter à la composante *information des activités* de la chaîne de valeur prend son sens dans les liens entre les chaînes de différentes firmes, dans les relations entre l'entreprise et les éléments externes. Cette information est un lien capital. Par exemple, l'EDI s'est avéré d'une importance stratégique pour plusieurs industries, notamment en rendant encore plus difficile l'arrivée de nouveaux compétiteurs sur le marché.

Les points de contacts de la chaîne de valeur de l'entreprise peuvent avoir des effets importants sur la différenciation de la firme ou sur les coûts de ses produits. Du côté des fournisseurs, par exemple, c'est le cas avec les caractéristiques des matières premières (qualité, format, etc.) et des détails de livraison (délais, fréquence, etc.). Les habitudes de consommation, d'utilisation et de livraison, pour n'en citer que quelques-uns, sont des éléments déterminants dans la différenciation de l'entreprise, mais, cette fois, du côté de la chaîne de valeur du client. Et il est capital que cette valeur soit perçue, du moins perceptible, par le client, d'où l'intérêt des promotions et de la publicité.

LE CHOIX MARCHÉ/INTÉGRATION ADMINISTRATIVE

Le concept de choix entre le marché et l'intégration administrative est un déterminant dans la définition des frontières de l'entreprise. Présenté par Williamson (1985), ce modèle se veut un complément au système de valeurs. L'entreprise, en analysant le coût de ses transactions d'achat par rapport aux coûts de développement à l'interne pour un produit ou service, fait face à deux choix stratégiques qui auront un impact sur le système de valeurs: le choix marché et le choix intégration administrative.

Lorsqu'elle s'oriente vers le choix marché, l'entreprise décide qu'une fonction sera assumée par une autre firme. Elle négocie alors directement avec le fournisseur. De l'autre côté, le choix hiérarchique permet à l'entreprise de s'intégrer verticalement, en devenant son propre client ou fournisseur, assumant ainsi plusieurs fonctions à l'interne (c'est ce qu'a fait pendant un temps IBM avec une participation financière dans Intel). Qu'elle retienne l'un ou l'autre de ces choix, une autre chaîne de valeur sera affectée: celle de la nouvelle production ou distribution viendra se greffer à la chaîne actuelle dans le cas du choix intégration administrative, alors que la partie logistique de la chaîne initiale sera affectée dans le cas du choix marché.

Bien que ce soient traditionnellement les coûts qui dictent le choix, les technologies de l'information peuvent également déterminer ces options stratégiques. S'intégrer administrativement signifie pour l'entreprise, une complexité administrative accrue. «Dès lors, le défi est d'harmoniser et d'intégrer des activités hétérogènes et parfois géographiquement éloignées. Certaines applications de la technologie informatique permettent de relever ce défi» (Blili et Rivard, 1989). Comme le mentionnent ces auteurs, la compagnie General Motors a un réseau de télécommunications qui relie 55 000 téléphones et installations téléphoniques dans le monde et qui lui a permis d'économiser 175 millions de dollars entre 1985 et 1988.

Enfin, le flux d'information entre les firmes qui ont à négocier directement est déterminant pour éviter la confusion administrative et de longs délais de livraison. En faisant de l'EDI, Wal-Mart a réduit les délais de livraison de ses fournisseurs de 50% (Allaire et Firsirotu, 1993). Chez Toyota, Hitachi et Mazda, entre autres, des systèmes juste-à-temps (JAT) sont en fonction dans la production. Les pièces, ou matériaux, nécessaires sont livrées sur la chaîne de production au moment même où elles sont demandées, grâce à un système qui en détermine la demande, l'assemblage, etc. Non seulement les stocks sont-ils réduits, mais le JAT augmente la productivité et confère de nombreux autres avantages (Allaire et Firsirotu, 1993).

VISION, STRATÉGIE ET VISION STRATÉGIQUE

On ne cesse de parler, dans le domaine des affaires, de l'importance de la planification. Portant souvent sur le court ou moyen terme, les plans d'une entreprise sont conformes à ses objectifs et à sa mission. La vision, pour sa part, s'oriente dans un horizon plus lointain, dans un futur non immédiat. Puisque planifier est de décider aujourd'hui pour demain, le dirigeant doit avoir une idée de ce vers quoi il veut tendre pour arrêter sa décision (D'Amboise, 1994).

Gagnant en popularité, ce terme bénéficie d'une connotation positive. On dit d'un dirigeant visionnaire qu'il est créatif, proactif et dynamique. « La vision de l'entrepreneur, c'est donc le rêve qu'il fait de sa future entreprise » (D'Amboise, 1994).

Issue originellement du domaine militaire, la stratégie s'est rapidement appliquée à l'entreprise. Un plan stratégique donne les buts et objectifs poursuivis. La vision détermine le choix des moyens y menant. Ces préoccupations stratégique et visionnaire sont rendues nécessaires par l'incertitude que véhicule l'environnement de l'entreprise. La vision organisationnelle doit permettre de prévoir et même d'influencer les changements du marché de sorte que les stratégies qui en découleront auront plus de chance d'être garantes de succès. Les compagnies de téléphonie, par exemple, ont dû récemment modifier radicalement leur vision monopolistique depuis l'entrée de concurrents sur le marché des appels interurbains.

La stratégie et les systèmes d'information

Traditionnellement, les systèmes d'information étaient souvent confinés à soutenir la planification, le contrôle, la prise de décision et les autres fonctions de gestion reconnues. Ils se limitaient souvent à l'automatisation des fonctions internes et opérationnelles de l'entreprise en effectuant le traitement et la communication que nécessitent ces activités.

Cependant, les nouvelles utilisations qu'on prête maintenant aux technologies de l'information débordent largement ce cadre. Les applications deviennent plus qu'une automatisation des procédés existants, elles s'adaptent aux intérêts de la stratégie d'entreprise. Utilisées dans cette optique, elles rendent possible l'utilisation de l'information pour bénéficier d'une influence sur le marché (McLeod, 1994). Les systèmes d'information deviennent stratégiques. Ils deviennent des moyens pour implanter les stratégies d'affaires qui utilisent l'information, le traitement de l'information ou la communication de l'information. Ils rendent possible ou soutiennent soit les changements du produit (ou service) de l'entreprise, soit la façon dont l'entreprise fait face à la concurrence dans l'industrie (Martin *et al.*).

LES TROIS « I » DE LA STRATÉGIE[2]

Information

Le gestionnaire, dans l'exercice de sa fonction de décideur, doit souvent se satisfaire d'informations insuffisantes. Malgré le fait que de nombreuses contraintes le poussent à arrêter son choix sans avoir toute l'information désirée (urgence de la décision, information non accessible, etc.), il lui faut des systèmes formels de collecte, de tri et d'analyse de données stratégiques. Puisque ces informations servent à tirer les conclusions concernant l'avenir de l'organisation, il lui est essentiel de bénéficier d'une action continue et dynamique de recherche d'information, tant quantitative que qualitative. L'information obtenue de façon formelle ne procurant pas toute l'information nécessaire aux décisions, l'établissement de réseaux informels de renseignements dans différents milieux devient très utile.

Innovation

L'ingéniosité des dirigeants, ressource essentielle de la firme, est un élément fondamental affectant la capacité de l'entreprise à façonner son environnement. La technologie, il n'est de secret pour personne, peut être une menace pour l'entreprise, mais peut surtout être une source de différenciation. En adoptant une démarche d'analyse et une utilisation imaginative de l'information, le gestionnaire peut se trouver dans une position lui permettant de voir des options, des possibilités que d'autres n'ont pas, d'imaginer une action stratégique qui surprenne, qui même déroute la concurrence. En réussissant à définir une nouvelle approche qui a échappé à d'autres, l'entreprise fait un pas devant eux.

La Citibank a été l'une des premières banques à employer des guichets automatiques. C'est également elle qui a innové dans le domaine de la gestion des liquidités, du transfert électronique de fonds et des échanges internationaux. Beaucoup de concurrents ont hésité à lui emboîter le pas parce qu'ils ne pouvaient se permettre un tel investissement ou carrément parce qu'ils n'avaient pas perçu le besoin du marché. Les banques innovatrices comme Citibank ont profité pendant plusieurs années d'un avantage concurrentiel.

---

2. Allaire et Firsirotu (1993).

Implantation

Alors que l'innovation est une idée nouvelle, l'implantation est sa mise en œuvre. Cette concrétisation des intentions stratégiques préalablement définies ne se fait pas à l'aveuglette. Puisqu'il s'agit d'adapter la stratégie formelle aux réalités de l'organisation, il est primordial d'avoir une compréhension nuancée de l'organisation, c'est-à-dire d'être conscient tant de la structure formelle qu'informelle.

Ces deux aspects de l'entreprise sont porteurs d'information nécessaire à la réussite de la diffusion et de l'implantation de la stratégie. Alors que l'implantation est implacable quant aux fins, elle est flexible quant aux moyens; le dirigeant doit être en mesure d'arriver aux fins spécifiées tout en s'adaptant à la réalité organisationnelle.

IMPORTANCE DE L'INFORMATION

Les données sont des faits et chiffres sans signification absolue pour l'utilisateur (par exemple: le nombre d'heures travaillées par chaque employé). Cette donnée devient une information quand elle est traitée et s'avère porteuse d'un sens. Par exemple, le nombre d'heures travaillées considéré seul est une donnée; multiplié par le taux horaire, il donne le salaire. Le total de ces salaires devient la charge salariale de l'entreprise. En fait, une donnée devient information lorsqu'elle apprend quelque chose au gestionnaire et qu'elle lui permet de prendre une décision ou une action.

L'information est une ressource organisationnelle au même titre que les ressources humaines, financières et matérielles. Elle doit être gérée comme telle. Mais les ressources informationnelles de l'entreprise vont au-delà de l'information. Elles incluent le matériel (*hardware*), les logiciels, les données, les spécialistes de l'information et les utilisateurs de cette information. Chacun de ces éléments devrait être compris dans le plan stratégique.

L'importance de l'information pour l'entreprise tient au fait qu'elle est la composante reliant tous les éléments des environnements interne et externe de l'entreprise. L'environnement externe est composé d'éléments pouvant être aussi bien des personnes que des organisations. Sans être complètement unique, la composition de l'environnement d'une entreprise peut sensiblement différer de celle d'une autre, et chacune des ressources ne fera pas l'objet d'une circulation entre l'entreprise et chacun des éléments environnementaux. L'argent, par exemple, ne circule normalement pas vers les compétiteurs alors qu'il le fait régulièrement vers une institution financière. Une seule ressource lie tous les éléments de l'environnement avec l'organisation: l'information. Elle devient essentielle dans toute relation entre l'entreprise et son entourage. Il va donc sans dire que l'information a des effets sur l'environnement concurrentiel et qu'elle affecte la position de l'entreprise de plusieurs façons. Elle modifie la structure, les règles de jeu dans l'industrie, elle peut conférer une avance stratégique en offrant de nouveaux moyens de devancer la concurrence et elle peut finalement permettre l'apparition d'industries entièrement nouvelles.

* * *

Le caractère stratégique de l'information dans l'entreprise est indéniable. Forte de cet aspect crucial, l'information doit être gérée avec une attention particulière. Les technologies de l'information sont un moyen comme un autre de mise en œuvre de la stratégie. Certains systèmes d'information sont porteurs d'avantages stratégiques et les entreprises en ont de plus en plus besoin pour assurer leur position concurrentielle.

L'importance du rôle de ces systèmes dans l'atteinte des objectifs d'entreprise exige non seulement qu'ils soient gérés de façon appropriée, mais surtout qu'ils soient planifiés adéquatement. Ce n'est donc plus uniquement au service des systèmes de s'assurer de cette planification. Les gestionnaires de l'organisation doivent aussi y porter attention, à plus forte raison du fait que ce sont eux qui donnent le feu vert à un projet innovateur.

Sans reprendre ici les arguments soutenant l'importance pour le gestionnaire d'adopter une vision de son entreprise, il est toutefois justifié de rappeler qu'en cas d'absence de cette idée maîtresse du futur, les actions entreprises, du fait qu'elles soient guidées par cette vision, peuvent mener à des résultats imprévus. Les initiatives entamées arrivent à résoudre des problèmes lorsque ceux-ci ont d'abord été déterminés, et ils le sont grâce aux stratégies obtenues de la vision. «La traduction des énoncés vagues de la vision en objectifs spécifiques permet à l'organisation de comprendre comment les technologies de l'information peuvent jouer un rôle déterminant dans un positionnement de premier plan pour l'entreprise» (Murray et Trefts, 1993).

À un niveau moins élevé, ce sont les modèles qu'on se donne de l'organisation qui vont indiquer quelles actions spécifiques doivent être menées. Chacun des trois modèles présentés dans ce texte est, pour l'entreprise, un outil d'identification des opportunités d'application des technologies de l'information pour obtenir un avantage face à ses compétiteurs. Il est important de comprendre qu'ils s'inscrivent dans une démarche d'analyse stratégique qui permettra de déterminer les forces à maintenir et les points faibles à améliorer par l'utilisation de ces technologies.

BIBLIOGRAPHIE

ALLAIRE, Y., FIRSIROTU, M.E., 1993, *L'entreprise stratégique: penser la stratégie*, Boucherville, Gaëtan Morin Éditeur.

INDUSTRIAL ENGINEERING, 1993, «CIMPath Sharpen Company's Competitive Edge» (octobre).

BLILI, S., RIVARD, S., 1989, «Technologies de l'information et stratégie d'entreprise: les prémisses d'une mutation», *TIS*, vol. 2, n° 2.

D'AMBOISE, G., 1994, «Pour une vision stratégique explicite dans nos entreprises», document de travail, Université Laval.

KUBILUS, N.J., 1993, «Organizational Issues in Planning for Competitive Information Systems», *Information Management*, collection Auerbach.

MARTIN, W. *et al.*, 1994, *Managing Information Technology, What Managers Need to Know*, 2e édition, New York, Macmillan, 664 pages.

MCLEOD, R., JR., 1993, *Management Information Systems, A Study of Computer-Based Information Systems*, 4e édition, New York, Macmillan, 815 pages.

MURRAY, J., TREFTS, D.E., 1993, «The IT Imperative in Business Transformation», *Information Management*, collection Auerbach.

O'BRIEN, J.A., 1990, *Management Information Systems, A Managerial End User Perspective*, Homewood Fl., Richard D. Irwin, USA, 670 pages.

PORTER, M.E., 1979, «Stratégie: analyser votre industrie», *Harvard L'expansion*, p. 100-111.

PORTER, M.E., MILLAR, V.E., 1985, «How Information Gives You Competitive Advantage», *Harvard Business Review*, vol. 63, n° 4, p. 1-33.

WILLIAMSON, O., 1985, *The Economic Institutions of Capitalism*, Fr. Press, N.Y., 450 pages.

WISEMAN, C., 1988, *Strategic Information Systems*, Homewood, Fl., Richard D. Irwin.

CHAPITRE 11 | # La réingénierie des processus d'affaires

avec la collaboration d'Anne-Marie Croteau

> La réingénierie des processus d'affaires est «une reconsidération fondamentale et une reconception radicale des processus d'affaires pour réaliser des améliorations majeures des points de mesure de performance en termes de coûts, de qualité, de service et de rapidité» (Hammer et Champy, 1993, p. 32).
>
> Une étude publiée dans *Computing Canada* (Daniel, 1994) porte sur l'état des systèmes d'information en 1994. Elle a été réalisée par Computer Sciences Corporation (CSC) auprès de plus de 800 gestionnaires en systèmes d'information. Selon eux, les projets de RPA sont le défi numéro un pour l'année à venir.
>
> Que doit-on comprendre au sujet de la réingénierie des processus d'affaires (RPA)? D'où vient cet engouement pour la RPA? Ce chapitre présente ce qu'est la RPA, sa définition, quelques exemples d'application de la réingénierie, le rôle des technologies de l'information dans la RPA et quelques recommandations sur la gestion de ces projets.

DÉFINITION DE LA RÉINGÉNIERIE DES PROCESSUS D'AFFAIRES

Le but d'un projet de réingénierie des processus d'affaires (RPA) est de rendre les entreprises plus performantes, et ce à l'aide des technologies de l'information (TI). Il vise à apporter un changement radical dans les méthodes de travail de l'entreprise. Pour y arriver, il importe de revoir en profondeur les processus d'affaires de l'entreprise, en visant par exemple, à améliorer le service à la clientèle. Cela implique que le fonctionnement actuel de l'entreprise peut être transformé de plusieurs façons, par l'intermédiaire d'un ajout, d'une élimination ou d'une modification des processus d'affaires, ayant ainsi un impact sur les facteurs humains, organisationnels et technologiques.

Selon Hammer et Champy (1993), la RPA ne se réalise pas en une série de petites étapes, mises en place avec précaution. Elle se fait dans un mouvement de changement radical et rapide, afin de répondre aux besoins impératifs du client et à la pression venant de plusieurs compétiteurs à la fois. Le changement est devenu une norme qui fait en sorte que l'entreprise qui sait le prévoir diminue ses chances de subir un échec. Hammer et Champy (1993, p. 32) définissent la réingénierie comme « une reconsidération fondamentale et une reconception radicale des processus d'affaires pour réaliser des améliorations majeures des points de mesure de performance en termes de coûts, de qualité, de service et de rapidité ».

Davenport (1993) propose un concept d'innovation des processus d'affaires qui s'apparente beaucoup à celui de la réingénierie. Cette notion sert à l'amélioration des interfaces entre les unités de produits ou de fonctions, dans le but d'améliorer la performance de l'entreprise. Il suggère, par exemple, que les flots séquentiels à travers les fonctions doivent être rendus parallèles grâce à un mouvement rapide et large de l'information.

Des études récentes réalisées par Bergeron et Boudreau (1994) et par Bergeron et Falardeau (1994) indiquent que les entreprises canadiennes (privées et publiques) ont complété leurs projets de RPA assez rapidement, soit dans un an et quatre mois en moyenne. Le changement s'est effectué sur plusieurs processus dans 90% des cas et l'ensemble de l'organisation a été affecté pour 38% des entreprises ayant participé à l'étude. C'est donc dire qu'il est vrai que certains projets de RPA touchent les entreprises de façon fondamentale, d'où l'importance du changement radical.

Ainsi, la RPA est une reconception de l'entreprise, et non pas une amélioration. Tout comme l'indiquent Hammer et Champy (1993), ça ne vaut pas la peine de faire des modifications pour seulement 10% d'amélioration. Il faut que les besoins de changements soient vitaux. Ainsi, un changement radical qui survient au sein d'une organisation est un changement majeur, global et rapide, survenant en situation de crise réelle ou appréhendée.

> **Wal-Mart**
>
> Wal-Mart est une chaîne de détail américaine qui offre à ses clients des produits variés à des prix très concurrentiels. Elle a eu recours à la RPA parce qu'elle avait un mode de gestion ambitieux et agressif, et non pas parce qu'elle avait des difficultés financières, que ce soit à court terme ou à long terme. Pour Wal-Mart, la RPA est devenue une opportunité de prendre la tête de file par rapport à ses compétiteurs.
>
> En améliorant sa performance, elle a élevé les critères de réussite, critères que ses concurrents ont eu de plus en plus de difficultés à atteindre.
>
> Avec la RPA, Wal-Mart a d'abord révisé ses façons de faire en exigeant un réapprovisionnement continu de la part de ses fournisseurs. Pour cela, elle a exigé que ces derniers deviennent responsables de la gestion des étagères. Aucune d'elles ne doit être laissée vide. Cette relation devait se faire sans intermédiaire, éliminant ainsi les vendeurs et les distributeurs. Ce style de réapprovisionnement direct a grandement influencé la relation que Wal-Mart avait avec ses fournisseurs.
>
> Une autre conséquence de la RPA est que Wal-Mart a révisé ses processus en fonction de sa clientèle. En effet, selon la philosophie de Wal-Mart, il appert que le véritable patron est le client. Afin de rendre agréable le passage du client au magasin, les employés ont un comportement accueillant et serviable à leur égard, les étalages sont constamment remis en bon ordre et les produits sont étiquetés adéquatement.

RÔLES DES TECHNOLOGIES DE L'INFORMATION

Les technologies de l'information jouent un rôle clé dans la réingénierie des processus d'affaires. La réingénierie attribue aux technologies de l'information (TI) un rôle de levier indiquant que le design même des nouveaux processus peut, et doit dans certains cas, être influencé par les nouvelles technologies disponibles. Celles-ci deviennent autre chose que de simples outils de soutien des nouveaux processus: elles contribuent à les créer.

Les auteurs accordent un rôle important aux technologies de l'information puisqu'elles servent de soutien à l'innovation des processus d'affaires et permettent de mettre l'accent sur les processus opérationnels et de gestion. Les technologies de l'information, dans un projet de RPA, ne devraient pas être utilisées dans le but d'améliorer ce qui se fait déjà au sein de l'entreprise, mais devraient plutôt servir à faire ce qui ne s'y fait pas encore.

Le processus même de réalisation des projets de réingénierie souligne le rôle des technologies de l'information. Ainsi, dans les cinq grandes étapes définies par Davenport et Short (1990), une étape est spécifiquement réservée aux TI:

1. Développer une vision concurrentielle de l'entreprise et déterminer les objectifs de ces principaux processus;
2. Choisir les processus qui doivent faire l'objet d'un redesign;
3. Comprendre et mesurer les processus actuels et les problèmes qui leur sont associés;
4. Identifier les technologies de l'information qui pourraient soutenir de nouveaux processus;
5. Concevoir et bâtir un prototype du nouveau processus et implanter les aspects organisationnels et techniques de cette nouvelle conception.

Dans cette optique, les TI sont à la fois un facilitateur et un moyen d'implanter les changements de processus. La relation entre les TI et les structures organisationnelles basées sur les processus est réciproque. D'une part, les processus requièrent les TI pour réaliser les changements radicaux. D'autre part, les TI sont utilisées selon toute leur capacité pour augmenter la performance des entreprises.

L'utilisation des TI doit se faire de façon judicieuse. Ainsi, il importe de connaître les futurs utilisateurs d'un système donné, les intrants et les extrants du système, le processus pour lequel le système est conçu, la possibilité d'y ajouter de nouvelles fonctionnalités, les interfaces d'autres systèmes comparables et les processus que d'autres entreprises utilisent avec le système considéré.

Selon Davenport, il existerait au moins six catégories d'opportunités d'utilisation des TI pour réduire les coûts et le temps de réalisation d'un processus. Le tableau 11.1 indique le type d'opportunité suivi de son

TABLEAU 11.1 Opportunités offertes par les TI à l'intérieur d'un projet de RPA

Opportunité	Explication	Exemples de TI
Automatisation	Élimination du travail humain du processus	Robotique Conception assistée par ordinateur (CAO)
Séquence	Changement dans les séquences des processus Mise en place du parallélisme des processus	Base de données Fabrication assistée par ordinateur (FAO)
Suivi	Contrôle de près du statut des processus et des objets	Système de suivi par satellite Base de données
Analyse	Amélioration de l'analyse de l'information et des prises de décision	Système de soutien à la décision Système expert
Géographie	Coordination des processus, peu importe la distance	Échange de documents informatisés (EDI) Réseau de télécommunication Vidéoconférence Courrier électronique
Intégration	Coordination entre les tâches et les processus	Réseau de télécommunication Base de données Courrier électronique Client-serveur

Source : Adapté de Davenport (1993), p. 51.

explication et d'exemples des TI pouvant s'y appliquer. Les exemples ne correspondent pas à une liste exhaustive de toutes les TI permettant de réaliser cette opportunité.

Il importe que l'équipe responsable du projet de RPA soit en mesure de déterminer lesquelles des opportunités suivantes sont pertinentes, pour ensuite, si possible, trouver comment les autres entreprises, à l'intérieur ou à l'extérieur de leur industrie, ont utilisé les TI pour accomplir les mêmes objectifs. Cette façon de procéder s'inspire du *benchmarking*.

Pour que les TI soient intégrées selon leur pleine capacité dans un projet de RPA, il importe que des spécialistes du domaine soient membres de l'équipe du projet. En contrepartie, il serait dommage que cette même équipe ne soit composée que de spécialistes des TI. Un équilibre doit se maintenir entre les représentants des affaires et ceux des TI. De plus, les capacités des TI ne correspondent pas seulement à une simple technologie, mais à un ensemble composé de matériel, de logiciel, d'information et de communication rassemblés pour répondre à des besoins spécifiques de l'entreprise.

Ford

Le cas de la compagnie Ford, constructeur américain de voitures, est un bel exemple d'une révision complète et efficace d'un processus. Au début des années 1980, alors que l'industrie automobile était en dépression, les membres de la haute direction de Ford ont décidé de passer au peigne fin le service des comptes à payer, ainsi que les services annexes, afin de trouver des façons de réduire les dépenses. Ce service employait plus de 500 employés sur le territoire nord-américain.

Détermination des objectifs

La direction pensait qu'il serait possible de réduire le personnel de 20 % grâce à la rationalisation opérée dans les processus et à l'installation de nouveaux systèmes d'information. Il apparaissait déjà encourageant d'envisager une telle révision des processus. Mais lorsqu'elle a constaté que Mazda n'avait que cinq employés travaillant au service des comptes à payer, elle s'est ravisée. En effet, même après avoir fait les ajustements nécessaires en fonction de la plus petite taille de Mazda, il n'en demeurait pas moins que Mazda fonctionnait avec cinq fois moins de personnel que Ford, et ce même après la réorganisation prévue au départ.

Ford a donc refait ses devoirs. Le nombre de commis ne diminuerait pas seulement d'une centaine, mais bien de plusieurs centaines de personnes. Pour y arriver, un projet de réingénierie des processus d'affaires a été mis en place.

Réalisation du projet de RPA

L'analyse du système existant est d'abord réalisée. Le constat a été le suivant: la plus grande partie du temps de travail était réservée aux erreurs décelées lors de l'appariement entre les factures et les bordereaux de réception.

Afin de remédier à cette perte de temps, Ford a intégré un «processus sans facture» dans le projet de réingénierie des processus d'affaires. Ainsi, lorsque le service réalise une commande, l'information est saisie sur une base de données à traitement direct. Aucune copie sur papier n'est envoyée à quiconque. Lorsque les produits sont livrés, le commis responsable de la réception vérifie à même la base de données si la livraison correspond à la commande inscrite dans le système. Si c'est le cas, la livraison est acceptée et la transaction est complétée à même le système. Sinon, la livraison est retournée au fournisseur.

Conséquences de la RPA

Selon l'ancienne méthode d'appariement, le service des comptes à payer devait vérifier 14 éléments. Maintenant seulement trois éléments doivent concorder entre le bon de commande et l'enregistrement du reçu : le numéro de la pièce, l'unité de mesure et le code du fournisseur. La concordance est faite automatiquement et l'ordinateur prépare le chèque que le service des comptes à payer envoie au fournisseur. Plus aucun reçu ne circule, Ford ayant demandé à ses fournisseurs de ne plus lui en envoyer.

Ainsi, Ford a réalisé un changement radical dans son service des comptes à payer. En effet, il a réduit son personnel de 75 %, et non pas de 20 % tel qu'il le prévoyait au départ. De plus, puisqu'il n'y a plus de problème d'appariement entre les livres comptables et l'inventaire, le contrôle matériel est plus simple et l'intégrité de l'information financière est assurée.

Origines de la RPA

Selon Davenport (1993), la RPA est un mélange de différentes écoles de pensée, chacune d'elles cherchant à améliorer la performance de l'organisation. Les principaux courants qu'il évoque sont entre autres celui de la qualité totale et celui de l'implantation de systèmes d'information à avantage concurrentiel. Bien que chacun de ces concepts soit différent des autres, ils supposent tous qu'une entreprise peut tirer des avantages considérables dans la mesure où elle accepte de faire des affaires différemment. C'est d'ailleurs sur cette prémisse que s'appuie le concept de RPA. Un projet de RPA se distingue des autres projets en systèmes d'information dans la mesure où il se réalise dans un contexte de changement radical de l'organisation.

Qualité totale

Quoique le mouvement de qualité totale ait développé la notion de processus et d'amélioration des processus, son orientation quant au du changement se fait de façon progressive plutôt que radicale. De plus, ce mouvement ne tient pas compte des facilitateurs de changement, tels les TI, comme le propose la RPA. Comme le fait remarquer Davenport (1993), penser en fonction des processus tire son origine du mouvement de qualité totale. L'accent est mis sur les produits et les clients en réduisant au minimum les variations et les défectuosités qui peuvent se glisser lors de la production des produits. Les experts en qualité totale sont convaincus que les processus doivent être stabilisés et que les variations doivent être mesurées à l'aide d'un contrôle statistique. À la suite de la stabilisation des processus, des améliorations progressives et continues au niveau des processus devraient se réaliser.

Il est à noter que le changement radical effectué au niveau des processus a été proposé par certains spécialistes du mouvement de qualité totale, mais cette vision n'a pas vraiment été retenue. Au bout d'un certain temps, quelques experts ont commencé à se questionner au sujet du mouvement de qualité totale: Est-il bon de ne mettre l'accent que sur les processus? N'est-il pas préférable d'aller au-delà de la conception de meilleurs processus en améliorant de façon plus radicale les résultats obtenus par les gestionnaires et leurs employés? C'est à ce niveau que la distinction la plus importante se fait entre la RPA et la qualité totale: la qualité totale ne vise pas des changements aussi radicaux que ceux proposés par la RPA puisqu'elle ne remet pas en question de manière aussi fondamentale les façons de faire de l'entreprise.

Systèmes d'information à avantage concurrentiel

À la fin des années 1970 et au début des années 1980, certaines compagnies ont commencé à faire appel à l'informatique et aux moyens de communication non seulement pour informatiser les processus administratifs mais aussi pour soutenir les processus de services à la clientèle. Cela leur a permis de répondre plus efficacement aux demandes des clients. Un des exemples souvent cités est celui du système de réservation de billets d'avions SABRE de American Airlines, disponible dans les agences de voyage. On parle aussi de l'exemple du système en fournitures hospitalières ASAP de BAXTER, implanté au départ par American Hospital Supply.

Ce type de systèmes ne semble pas avoir provoqué un changement radical au niveau des processus d'affaires. Les entreprises concernées ont su prendre avantage des TI pour faciliter les innovations sur le plan du marketing, de la gestion des commandes, de l'intégration des processus, etc., sans pour autant avoir eu à se réorienter en fonction des processus. Les systèmes qu'elles ont implantés ont un impact sur leur clientèle ainsi que sur l'amélioration de leur performance sur le plan opérationnel.

Peu d'entreprises pensent avoir un avantage concurrentiel uniquement à l'aide des TI. Une des principales raisons est que, la plupart du temps, l'implantation de systèmes d'information à avantage concurrentiel se réalise sans révision de l'orientation des processus. Et c'est là qu'il importe de corriger la situation. La RPA y contribue puisqu'elle tient compte du potentiel des TI ainsi que de leur avantage concurrentiel, en y ajoutant une dimension stratégique. Ainsi, le concept de RPA s'apparente grandement à celui des systèmes d'information à avantage concurrentiel, sauf que les dimensions organisationnelle et stratégique y jouent un rôle plus important.

GESTION D'UN PROJET DE RPA

Comment gérer un projet de RPA? Ce type de projet se gère-t-il différemment des autres projets d'implantation de systèmes d'information, par exemple? Sans vouloir établir une méthode prescriptive, les étapes présentées ici sont tirées de l'expérience de praticiens (Davenport, 1993; Hammer et Champy, 1993; Doray, 1993). Il demeure important de mentionner les enjeux propres pour chaque phase lors de la gestion d'un projet de RPA.

La gestion d'un projet de RPA vise à apporter des changements importants et majeurs dans les méthodes de travail de l'entreprise, dans le but de la rendre plus performante. Doray (1993) propose une démarche de RPA se décomposant en cinq phases:

1. Planifier;
2. Comprendre;
3. Élaborer une vision;
4. Implanter le changement;
5. Améliorer de façon continue.

1. Planifier

La première phase, soit planifier, permet «de bien cerner le problème à résoudre, de préciser l'envergure de l'intervention, de définir les objectifs, de fixer des cibles de temps et de coûts, d'organiser les ressources nécessaires et de définir la stratégie d'intervention». Cette étape doit se réaliser en prenant une position d'affaires, et non pas technique ou opérationnelle, afin de considérer la situation problématique dans son ensemble. En agissant ainsi, il s'avère plus facile de trouver des solutions pertinentes mais qui n'étaient pas nécessairement présentes dans le cadre actuel.

Quatre points critiques sont à observer, selon Doray (1993). D'abord, il importe de préciser les objectifs, en termes de finalités d'affaires. Par exemple, si l'entreprise fait appel à la RPA parce qu'elle n'arrive pas à répondre rapidement aux demandes de sa clientèle (les commis n'ont pas les moyens de répondre aux clients, le processus nécessite trop d'intervenants, les coûts en termes de temps et de papier sont ridiculement trop élevés, etc.), un des objectifs sera de voir à l'amélioration majeure du service à la clientèle.

Deuxièmement, le projet de RPA doit être circonscrit à l'avance. Le projet est consacré au service à la clientèle: tous les processus reliés à ce processus seront révisés.

Troisièmement, il importe d'obtenir les bonnes ressources. Ces dernières, notamment les membres de l'équipe du projet, doivent être créatrices. Tel qu'il sera discuté dans le cas de CIGNA, l'équipe du projet de RPA s'est formée de personnes du milieu des affaires et de responsables des technologies. Grâce à leurs nombreux échanges et à leur volonté de trouver des solutions efficaces pour l'entreprise, ils en sont venus à créer de nouvelles façon de faire des affaires.

Finalement, comme pour l'ensemble des projets de quelque forme qu'ils soient, l'engagement de la haute direction joue un rôle primordial pour assurer le succès d'un projet de RPA. Les études de Bergeron, Boudreau et Falardeau précitées l'indiquent, et la plupart des experts s'entendent pour dire que l'appui de la haute direction doit être obtenu.

2. Comprendre

La deuxième phase d'un projet de RPA, soit comprendre, «permet de connaître la situation actuelle, de faire une analyse sommaire et un diagnostic de l'organisation actuelle du travail». Pour cela, il est nécessaire d'aller sur le terrain, d'observer comment se font les activités, de discuter avec les personnes concernées afin de recueillir leurs propos sur l'efficacité et les problèmes rattachés aux processus étudiés. Ainsi, il devient possible d'avoir une perception de la situation réelle en connaissant le degré de satisfaction des clients et leur niveau d'attentes par rapport aux solutions à venir.

Cette phase comporte deux principaux points critiques. Le premier concerne l'importance de ne pas faire ce travail de recherche trop en profondeur. Il importe de connaître la situation actuelle, mais il vaut mieux restreindre les efforts afin d'éviter d'inhiber sa créativité. Le deuxième point critique porte sur l'obtention de la complicité des employés. En allant les consulter et en leur demandant leur avis, il est probable qu'ils se montreront encore plus coopératifs lors des rencontres suivantes. Il faut toutefois faire attention pour ne pas générer un niveau d'attentes trop élevé ou difficile à atteindre. De plus, si un des objectifs avoués du projet est de réduire les ressources humaines de 50%, il sera difficile d'obtenir la collaboration de celles-ci.

3. Élaborer une vision

La troisième phase d'un projet de RPA, soit élaborer une vision, est une des étapes les plus cruciales et les plus stimulantes. C'est à ce moment que l'équipe travaillant au projet est appelée à générer le plus d'idées possibles dans le but de reconcevoir l'entreprise. Cette remise en cause des méthodes de fonctionnement de l'entreprise se fait en fonction des objectifs fixés. Ainsi, il importe que les processus d'affaires retenus soient jugés essentiels aux façons de faire de l'entreprise. Les processus jugés inutiles se verront alors éliminés. Cela n'est pas peu dire puisque ces prises de position doivent être à la fois innovatrices, réalisables et capables d'améliorer de façon concrète la performance de l'entreprise. Pour y arriver, l'équipe peut faire appel à des méthodes de travail telles que le *brainstorming*, l'utilisation d'un système d'aide à la décision de groupe (*Group Decision Support System*), etc.

Pour que cette troisième phase puisse se réaliser, il existe trois points critiques sur lesquels le chef de projet doit porter son attention. D'abord, il doit voir à la gestion des conflits. Les gens sont appelés à changer leur façon de faire de manière radicale et rien n'indique qu'ils seront enclins à vivre facilement ces changements. De plus, au sein même de l'équipe de projets, il peut y avoir des risques de conflits, puisque les membres proviennent de disciplines différentes. Il incombe au chef de projet de voir à ce que les préjugés et la compétition soient laissés de côté, dans le but d'atteindre l'objectif commun.

Un autre point critique consiste à faire cheminer la direction. Le chef de projet doit tenir cette dernière au courant de l'évolution de l'équipe afin de faciliter le partage de la nouvelle vision. Si la direction réussit à s'approprier assez rapidement cette nouvelle façon de faire des affaires, l'implantation du changement n'en sera que plus facile.

Finalement, il importe d'évaluer les coûts et les bénéfices attendus de la solution proposée. Si l'utilisation des TI est prévue, il importe de tenir compte non seulement des coûts qui sont rattachés à son implantation, mais surtout des bénéfices que peuvent apporter les TI comme instrument stratégique du nouveau processus. Ainsi, les investissements en matériel et en logiciel, les modifications apportées aux systèmes d'information actuels, la formation des employés, les réaménagements physiques et organisationnels sont tous des composantes formant les coûts rattachés à un projet de RPA. Par contre, les bénéfices que de tels investissements peuvent rapporter doivent être mis en valeur, dans la mesure où ils peuvent permettre à l'entreprise de réaliser de plus grandes économies.

4. **Implanter le changement**

La quatrième phase d'un projet de RPA, soit implanter le changement, vise à gérer le changement que provoque un projet de RPA. Pour cela, il faut élaborer une stratégie qui tienne compte des risques technologiques, politiques et organisationnels. Les aspects culturels et humains doivent aussi être pris en considération.

Pour faciliter l'implantation du changement, deux points critiques sont à surveiller. La communication des nouvelles règles issues de la réorganisation sert à sensibiliser les personnes concernées par les objectifs à atteindre. De plus, cela permet aux employés de connaître les problèmes à résoudre ainsi que les solutions apportées pour chacun d'eux. Il faut aussi prévoir une forme de renforcement pour inciter les employés à bien vouloir suivre ces nouvelles règles. Pour y arriver, il est possible de faire appel à une révision du mode d'évaluation de leur rendement. L'autre point critique est l'utilisation d'un site pilote où un nouveau processus est implanté. Cela permet à tous et chacun de constater les avantages d'une telle réforme et d'y apporter les corrections nécessaires. Cela aura par le fait même un effet d'entraînement sur les autres sites. Un autre point critique est l'importance à accorder à la formation du personnel. Puisque les méthodes de travail seront probablement modifiées, que le personnel devra acquérir d'autres habiletés et utiliser de nouveaux outils, il est recommandé de s'assurer que ces personnes reçoivent la formation nécessaire afin de ne pas annuler tous les efforts de restructuration.

5. **Améliorer de façon continue**

Finalement, la cinquième phase, soit améliorer de façon continue, marque la fin du projet. Le but est de s'assurer qu'une fois le projet de RPA implanté, ce dernier soit poursuivi pour que l'objectif soit constamment atteint. Dans les faits, l'équipe du projet de RPA est remplacée par une ou plusieurs équipes responsables du bon fonctionnement des processus (nouveaux ou révisés) mis en place.

Pour s'assurer de la réalisation de la cinquième phase, deux points critiques priment. Le premier porte sur l'importance du maintien d'une vue d'ensemble. Bien qu'il soit important d'opérationnaliser l'évaluation de la performance de l'entreprise à travers la mise en place des nouveaux processus, il ne faut pas que ce mode d'évaluation prenne trop d'ampleur en piontant des détails inutiles. Le dernier point critique et peut-être le plus important est de maintenir le cap. Par cela, il faut comprendre que ce n'est pas parce que le projet de RPA est complété qu'il faut maintenant retomber dans les vieilles habitudes. Cela aurait aussi pour effet d'annuler les efforts de changements précédents.

Cette méthode, tirée et adaptée des écrits de quelques auteurs praticiens, ne doit pas être vue comme étant la seule méthode adéquate pour toutes les situations. Mais ce qu'il faut retenir est l'importance de l'application rigoureuse d'une méthode. D'ailleurs, les études de Bergeron, Boudreau et Falardeau précitées indiquent que la rigueur méthodologique est la première condition de succès lors de la réalisation d'un projet de RPA.

La section suivante est réservée à la présentation plus détaillée d'un cas américain. Le cas de CIGNA permet de comprendre à la fois l'importance de la multidisciplinarité de l'équipe du projet de RPA ainsi que le rôle des TI.

CIGNA[1]

La compagnie d'assurances CIGNA est une entreprise qui a fait appel à la RPA dans le but de réunifier les différentes unités administratives qui la composaient. En 1990, la relation entre les spécialistes responsables des réclamations et les personnes gérant leur système d'information se détériorait de plus en plus. Aujourd'hui, la situation s'est grandement améliorée. Ceci est dû en partie au changement réalisé lors du passage d'une gestion hiérarchique à une gestion par équipes de projet, permettant alors une meilleure communication et une plus grande mise en valeur des expertises respectives entre les différentes personnes concernées. Maintenant, les projets sont complétés rapidement et les ressources ne sont plus

---

1. Helldorfer et Daly (1993), p. 82-85. Reproduit avec permission.

gaspillées pour des idées qui n'ont pas d'impact sur la façon de faire des affaires.

Nécessité d'un changement organisationnel

La nécessité d'améliorer les relations de travail a impliqué des changements draconiens. Il y a aussi eu la reconnaissance, de la part des gens de systèmes et de ceux des réclamations, que quelque chose devait être fait. Bien que certaines difficultés qu'éprouvaient les agents de réclamations étaient dues à l'inflexibilité du système central en soi (terminaux d'IBM 3270), la plupart des problèmes étaient plutôt causés par la structure organisationnelle du service des réclamations. En effet, la structure ne facilitait pas la communication entre le personnel et provoquait d'importantes pertes de temps et de ressources.

Il était donc temps de transformer les façons de faire, autant celles des professionnels responsables des réclamations que celles des analystes du système, dans le but de rendre ces deux groupes plus efficaces, ensemble. L'outil utilisé pour réaliser cette transformation a été la RPA.

Parce que la RPA incite à l'utilisation des TI selon des façons nouvelles et créatrices, il existe souvent une tendance à croire que la RPA est strictement reliée aux systèmes d'information. La perception de la RPA qu'avait la direction de CIGNA était que la RPA impliquait davantage qu'une utilisation efficace des TI pour réparer tout ce qui n'allait pas dans l'entreprise. La compagnie a utilisé les TI comme soutien aux opérations de ses unités administratives.

Présentation du projet de réingénierie des processus d'affaires

Le service des réclamations a été la toute première division à utiliser la RPA. Les résultats sont radicaux et encourageants: la division a amélioré son temps de transaction de 1200% (ce n'est pas une erreur de frappe!) et a réduit ses coûts d'exploitation de 42%. La division a aussi passé de 17 systèmes centraux différents à cinq systèmes sur ordinateur personnel. De plus, une réorganisation s'est faite en fonction des clients, en formant différentes équipes d'employés telles que celle des représentants du service à la clientèle, des spécialistes des systèmes, etc.

Le succès connu par CIGNA à la suite de son projet de RPA incite à la réflexion, notamment sur le plan de la structure organisationnelle et du flux de travail. Avant le début du projet de RPA, le service des réclamations était organisé en cinq composantes fonctionnelles. Chacune fonctionnait séparément, en respectant des limites bien définies. Il va sans dire qu'opérer un changement au sein d'une telle structure devenait une tâche compliquée.

Le projet de RPA a commencé avec un initiateur, c'est-à-dire un spécialiste des réclamations. Il a demandé à l'analyste du système de faire un changement. Ce dernier a délégué la demande de changement à un technicien du système. Une fois que la demande de changement a traversé toutes les étapes bureaucratiques nécessaires, les modifications à apporter au système ont été codées et testées par les programmeurs de l'application. Le logiciel modifié a alors été présenté à un groupe responsable de la formation pour que des instructions soient écrites, afin de faciliter l'utilisation du nouveau logiciel. Finalement, le logiciel a été installé dans l'environnement de travail.

Il est facile de comprendre que des délais pouvaient se créer à la suite d'une telle procédure. Cette approche exagérait aussi les problèmes entre les utilisateurs et les analystes du système. Parce que les employés restaient chacun à l'intérieur de leur limite administrative, il leur devenait difficile de voir les changements nécessaires à apporter au système dans le but d'améliorer l'efficacité du service des réclamations.

Les analystes n'apportaient plus de solutions comme telles aux problèmes venant des professionnels des réclamations, mais devenaient des «preneurs de commandes». Le personnel technique était organisé en fonction des applications du système. Il avait l'habitude de se poser la question suivante: «Quelle est l'application, et comment doit-on la changer?»

Réalisation du projet de réingénierie des processus d'affaires

Opérer une réingénierie au sein du service des réclamations a changé cette situation. Les techniciens se demandent maintenant «Quels sont les besoins de l'entreprise, et comment peut-on y répondre le mieux possible?» De plus, trois niveaux organisationnels sont disparus et le processus de demande de modification à faire sur le système est éliminé. Le personnel qui travaillait sur le système d'information du service des réclamations est maintenant regroupé en neuf équipes, chacune soutenant une section d'affaires. Pour s'assurer que le point de vue du consommateur est toujours présent lors des prises de décision, les spécialistes des réclamations font aussi partie de ces équipes. Ainsi, les spécialistes des réclamations et les spécialistes des TI coopèrent ensemble afin de compléter les projets pour lesquels ils sont responsables. Chacun apporte son expertise (affaires et technologie) dans un esprit de plus grande synergie.

À cause de la diversité des formations retrouvées au sein des équipes, il devient alors plus facile de déterminer comment les TI peuvent être utilisées le plus efficacement possible. Parce que tous les membres d'une équipe échangent entre eux leurs connaissances, chaque membre devient mieux équipé pour proposer des solutions. Ainsi, chaque personne peut suggérer un projet, tout en ayant la responsabilité de démontrer que son idée saura améliorer de façon tangible les résultats de l'entreprise. Pour cela, il doit vendre son idée aux membres de son équipe ainsi qu'à l'unité administrative qui en bénéficiera.

Cette nouvelle approche permet aussi aux professionnels des réclamations de mieux comprendre comment résoudre les problèmes grâce aux TI. En tant que membres de l'équipe, ils ne passent plus leurs commandes aux analystes, pour ensuite attendre les résultats, comme ils y étaient contraints avant la RPA. Puisqu'ils sont maintenant impliqués lors de l'élaboration de solutions (technologiques comprises), ils sont en mesure d'analyser le pour et le contre des recommandations.

Conséquences du projet de réingénierie des processus d'affaires

Cette nouvelle façon de traiter les réclamations des clients génère des résultats quantifiables. À l'automne 1993, on rapporte que les problèmes rattachés au système ont diminué de 63%. De plus, les modifications apportées dans le but de corriger les erreurs sont adéquates à 100%.

De plus, le personnel rattaché au service des réclamations a diminué de 32%. Sur l'ensemble des demandes de modifications à apporter au système, 43% d'entre elles ont été refusées parce que l'équipe du projet jugeait que leur valeur n'était pas suffisamment démontrée.

Utilisation des technologies de l'information

Grâce au projet de RPA, il a été possible de détecter les opérations où des pertes importantes pouvaient se produire. Diverses TI ont été utilisées pour remédier à cette fâcheuse situation. Ainsi, il est devenu possible, grâce à un système d'aide à la décision, de comparer une réclamation en particulier avec l'ensemble des autres réclamations du même type, afin de faire les ajustements appropriés. D'ailleurs, à la suite de la RPA, il est devenu possible d'évaluer ces ajustements à l'aide d'un système expert. De plus, une procédure automatique a été insérée dans le système afin d'éviter les facturations en double, d'automatiser le processus de notification auprès des spécialistes leur disant qu'une réclamation suspecte a été faite et de permettre aux spécialistes de transférer l'information du système central vers leur micro-ordinateur.

En fait, ce projet de RPA a forcé les spécialistes en technologies à élargir leurs horizons et à acquérir de nouvelles habiletés. Avant ce projet, les programmeurs étaient perçus comme étant des développeurs de logiciel adéquat et efficace, et étaient isolés du reste des opérations de l'entreprise. Il est maintenant recommandé que ces mêmes spécialistes soient en constante communication avec les spécialistes du domaine des affaires, tels que ceux des réclamations. Cela ne suffit plus d'être un bon programmeur, il faut plus: être un bon communicateur et un individu capable de travailler en équipe.

Les employés ont gagné beaucoup en termes de responsabilité. Ils sont censés avoir maintenant un esprit tourné vers l'apport de solutions aux problèmes éprouvés par l'entreprise. Ils ont la possibilité de faire ce qui est approprié pour rendre l'entreprise encore plus profitable. Ceci brise toute forme de barrière pouvant exister à l'intérieur de l'organisation et peut créer le sentiment de pouvoir y être actif. De plus, l'utilisation efficace des TI a rendu la gestion de CIGNA encore plus efficace qu'auparavant.

MALENTENDUS CONCERNANT LA RPA

Maintenant que le phénomène de RPA est davantage connu, il n'en demeure pas moins que certains malentendus se sont glissés. Certains auteurs (Davenport et Stoddard, 1994; Thibeault et Gagnon, 1993) ont voulu clarifier la situation. Parmi les malentendus le plus souvent soutenus par rapport à la RPA, en voici quelques-uns:

1. La RPA est un phénomène nouveau;
2. La RPA nécessite une remise à zéro de l'entreprise;
3. La RPA ne se fait qu'à travers les TI;
4. Les personnes concernées par la RPA s'adapteront facilement.

La RPA n'est pas un phénomène aussi nouveau que certains ont bien voulu le laisser croire. Tel qu'indiqué à la section portant sur les origines de la RPA, cette discipline est une sorte d'amalgame issu d'autres mouvements tels que celui de la qualité totale et celui des systèmes d'information à avantage concurrentiel. Et c'est cette combinaison qui en fait la nouveauté. Ainsi, la RPA tire avantage d'une révision des processus de l'entreprise dans le but d'augmenter sa performance, tout en tenant compte des capacités des TI.

La RPA nécessite une remise à zéro de l'entreprise. C'est Hammer et Champy (1993) qui avaient mis de l'avant cette vision. Est-ce réaliste de croire qu'une entreprise a le temps et les moyens de tout recommencer dès le départ? Vouloir appliquer à la lettre une telle vision serait l'équivalent de suggérer aux entreprises de déclarer faillite pour ensuite redémarrer à nouveau! Bien sûr, il importe que les membres de l'équipe du projet de RPA aient une vision éclairée et nouvelle concernant les façons de faire de l'entreprise. Ainsi, la remise à zéro se fait plutôt lors de la conception de la nouvelle vision. Comme le fait remarquer Davenport (1993): «Il est possible de concevoir un projet de RPA à partir de rien, mais il faut tenir compte de l'état actuel lors de l'implantation du projet de RPA».

Il est quelque peu hasardeux de croire qu'un projet de RPA ne se fasse qu'à travers les TI. Il va de soi de voir les TI comme des facilitateurs permettant à l'entreprise d'apporter suffisamment de changement au sein de son organisation pour pouvoir en bénéficier substantiellement. Mais est-ce adéquat pour tous les cas? Dans un projet de RPA, l'accent doit être mis sur une conception adéquate d'un processus donné, tout en ayant à l'esprit toutes les potentialités des TI pouvant soutenir ce même processus. Selon Thibeault et Gagnon (1993): «Les TI devraient être utilisées avec la conviction que l'exécution des opérations gagne de la valeur à être automatisée. La valeur que peuvent apporter les TI ne peut être dissociée de la valeur globale et de la performance des opérations dans lesquelles elles s'insèrent».

Finalement, la dimension humaine reste très importante à gérer au sein d'un projet de RPA. Penser que les employés s'adapteront facilement peut devenir une lubie, du moins si les moyens ne sont pas pris. Pour éviter une trop grande résistance au changement provoquée par la RPA, il importe d'informer les employés sur les développements du projet, de les faire participer et de les responsabiliser tout au long du projet. Les personnes concernées ont besoin d'être rassurées dans la mesure du possible, notamment concernant l'avenir de leur travail et des tâches qu'elles auront à assumer. Il est aussi nécessaire de voir à leur formation pour faciliter l'apprentissage de leurs nouvelles tâches.

* * *

Ce chapitre portait sur les principaux aspects de la RPA, c'est-à-dire la définition de la RPA, ses origines, quelques cas illustrant le succès d'un projet de RPA, le rôle des TI au sein d'un tel projet, une des façons de gérer un projet de RPA et, finalement, les malentendus concernant la RPA.

Le phénomène de RPA est-il là pour durer? Peu importe s'il continuera ou pas, ce qu'il faut retenir est que ce courant vise d'abord et avant tout à permettre aux entreprises d'améliorer leur performance, en se servant d'outils à leur disposition: des idées innovatrices, des TI au potentiel appréciable et une vision obligeant l'entreprise à se concentrer sur ses processus essentiels.

Selon les études de Bergeron, Boudreau et Falardeau précitées, il semblerait que les entreprises consultées ont tiré des avantages remarquables de la réalisation d'un projet de RPA. Ces organisations indiquent qu'elles ont vu augmenter leur productivité, la qualité de leurs produits et services, la qualité organisationnelle et leur couverture de marché. Elles ont aussi remarqué que leurs coûts avaient diminué.

BIBLIOGRAPHIE

BERGERON, F., BOUDREAU, M.C., 1994, «La réingénierie des processus d'affaires dans le secteur privé: une étude empirique», document de travail, Faculté des sciences de l'administration, Université Laval.

BERGERON, F., FALARDEAU, J., 1994, «La réingénierie des processus d'affaires dans le secteur public au Canada», document de travail, Faculté des sciences de l'administration, Université Laval.

DANIEL, D., 1994, «A Whole New Way of Thinking: Feature on Reengineering», *Computing Canada*, vol. 30 (mars), p. 17-24.

DAVENPORT, T.H., 1993, *Process Innovation: Reengineering Work Through Information Technology*, vol. 18, n° 2 (juin), Boston, Massachusetts, Harvard Business School Press, 337 pages.

DAVENPORT, T.H., STODDARD, D.B., 1994, «Reengineering: Business Charge of Mythic Proportions?», *MIS Quarterly*, p. 121-127.

DAVENPORT, T.H., SHORT, J.E., 1990, «The New Industrial Engineering: Information Technology and Business Process Redesign», *Sloan Management Review*, vol. 31, n° 4 (été), p. 11-27.

DORAY, P., 1993, «Vos projets de réingénierie des processus d'affaires», *Info-Québec* (novembre), p. 15-19.

HAMMER, M., 1990, «Reengineering Work: Don't Automate, Obliterate», *Harvard Business Review* (juillet-août), p. 104-112.

HAMMER, M., CHAMPY, J., 1993, *Reengineering the Corporation: A Manifesto for Business Revolution*, 1re édition, New York, Harper Business, 223 pages.

HELLDORFER, S., DALY, M., 1993, «Reengineering Brings Together Units», *Best's Review* (octobre), p. 82-85.

LAJOIE, G., 1994, «Les deux avantages de Wal-Mart: les prix et le service», *Les Affaires* (29 janvier), p. 4-5.

THIBEAULT, G., GAGNON, L., 1993, «Réingénierie des processus d'affaires: clarification de certains malentendus», *Info-Québec* (octobre), p. 15-19.

CHAPITRE 12 — **L'éthique et les impacts sociaux reliés aux technologies de l'information**

avec la collaboration d'Érik Paquet

Avec l'introduction de technologies de l'information dans les organisations, les gens doivent prendre conscience que des décisions et des actions peuvent affecter bien plus que leur environnement personnel. Il faut donc élaborer et proposer certaines règles de conduite afin de baliser le comportement des individus face à l'utilisation des technologies. Ces règles de conduite sont regroupées sous ce que nous allons appeler l'éthique. Bien que quelques grosses organisations comme IBM aient introduit des règles d'éthique afin de guider le comportement de leurs employés, il n'existe pas de code d'éthique relié à l'utilisation des technologies qui soit aussi développé et répandu que dans certaines professions libérales comme la médecine ou le génie.

Savoir que les technologies de l'information ont modifié considérablement la façon d'opérer des organisations ne tient pas de l'exploit. Par contre, de toutes les transformations qu'elles ont engendrées, on ne relate que rarement celles qui ont un impact négatif. Évidemment, les impacts positifs sont beaucoup plus impressionnants et surtout observables plus rapidement. En revanche, les impacts négatifs peuvent prendre un certain temps à se manifester et les entreprises ont tout intérêt à ne pas les dévoiler. Cependant, ignorer que ces impacts existent et sont présents dans toutes les organisations serait impensable d'autant plus qu'un certain travail doit être fait pour les atténuer.

Le texte qui suit se divise en deux grandes sections. La première, l'éthique reliée aux technologies de l'information, présente une définition de l'éthique, les causes de l'augmentation des problèmes d'éthique dans les organisations et certains concepts à la base de l'éthique. La deuxième section couvre les impacts sociaux causés par l'utilisation des technologies et en particulier les technologies de l'information. On y traite de certains éléments relatifs aux concepts de vie privée, à la qualité des systèmes et à la qualité de vie. Dans chacun de ces thèmes sont introduites quelques questions d'éthique qui pourront faire réfléchir le lecteur relativement à certains actes à poser.

UNE DÉFINITION DE L'ÉTHIQUE

L'éthique correspond aux règles de conduite adoptées par un ou des individus en tant qu'agents moraux afin de choisir et de guider leur comportement (Laudon et Laudon, 1992). En d'autres termes, qu'est-ce qu'une personne devrait faire si ses actions risquent d'affecter d'autres personnes? Les interrogations relatives à l'éthique existent depuis que les gens ont commencé à se soucier des conséquences de leurs actions sur les autres. L'éthique est généralement présentée sous la forme d'un code de conduite proposant les comportements à adopter en fonction de diverses situations.

Dans plusieurs professions comme le droit, la biologie et la médecine, il existe un code d'éthique proposant des règles de conduite qui doivent être suivies afin de conserver l'honneur de la profession. Contrevenir à des règles d'éthique ne donne pas obligatoirement suite à des sanctions physiques comme l'imposition d'une amende ou la prison. C'est plutôt sur le plan moral et et sur le plan de notre image qu'on risque d'être atteint. Une des raisons est que, généralement, les dommages ne sont pas apparents ou reliés directement à l'action posée. Lorsque certaines règles d'éthique sont jugées importantes et qu'une infraction cause des dommages apparents, il arrive fréquemment qu'on en fasse des règlements officiels et, dans ces conditions, des sanctions particulières peuvent s'appliquer.

Dans un domaine relativement nouveau et en expansion comme l'informatique, où l'évolution fulgurante des technologies de l'information entraîne des solutions nouvelles et des problèmes inattendus pour les individus et les sociétés, il s'est rapidement élaboré des règles d'éthique informelles. Par contre, à l'instar de certaines professions libérales qui ont élaboré des codes d'éthique très stricts, l'informatique et le domaine des technologies de l'information n'ont pu faire de même. Une des raisons principales est la nouveauté de la discipline alliée à l'imprévisibilité des changements sociaux amenés.

Évidemment, nous ne pouvons nier que, pour certaines organisations, des règles d'éthique sont en place pour assurer une certaine uniformité dans le travail. Par contre, globalement, il n'existe rien à part les lois qui régissent les comportements de l'ensemble des personnes qui travaillent et qui utilisent les technologies de l'information. Un exemple de changement où, selon la position occupée, on peut se poser des questions relatives à l'éthique est celui des Postes américaines.

En mai 1992, le maître des Postes américaines, Marvin Runyon, a décidé d'aller de l'avant avec un projet d'automatisation de certaines tâches, et ce, dans le souci de donner un meilleur service tout en conservant des taux très bas. Pour ce faire, il fallait éliminer 40 000 emplois sous la forme de retraites anticipées et de licenciements. En septembre 1992, un tiers des équipements d'automatisation était installé ce qui a permis aux Postes américaines de couper 39 000 emplois sur une période de trois ans (*InformationWeek*, septembre 1992, tiré de Laudon et Laudon, 1992).

L'automatisation des Postes américaines a permis d'épargner énormément d'argent autant pour les entreprises privées que pour le public en général, mais elle a aussi éliminé l'emploi de plusieurs travailleurs et travailleuses qui étaient encore efficaces. L'éthique intervient en se posant la question de savoir si cette décision d'automatisation, donc de remplacer des êtres humains par des machines, est moralement acceptable.

Évidemment, il y a plusieurs autres facteurs à prendre en considération. Par exemple, si l'automatisation coupe 30 000 postes, mais permet d'en conserver 100 000 autres en rendant l'entreprise plus rentable, la décision n'était peut-être moralement pas aussi mauvaise qu'elle le paraissait au départ. Plusieurs autres cas sont analogues au cas des Postes américaines. Face aux différentes alternatives, quelle est la meilleure solution? On ne peut en aucune façon blâmer la technologie. C'est la manière de l'utiliser qui cause des problèmes.

LES CAUSES DE L'AUGMENTATION DES PROBLÈMES D'ÉTHIQUE

Depuis plusieurs années, les problèmes reliés à un manque d'éthique sont en croissance à cause de l'introduction et de l'utilisation de nouvelles technologies pour lesquelles les précédents en matière d'éthique sont presque inexistants. L'accessibilité croissante des technologies, en particulier des ordinateurs, l'amélioration des techniques de stockage et l'amélioration des techniques de communication ont sans contredit beaucoup d'avantages, mais malheureusement, les côtés négatifs se font de plus en plus sentir. Les technologies de l'information ont révolutionné les manières d'acquérir, de manipuler, d'archiver et de communiquer l'information tout en créant de nouveaux problèmes.

L'accessibilité croissante aux technologies

L'accessibilité aux technologies (en particulier aux ordinateurs personnels) est sans aucun doute une des causes principales des problèmes reliés à un manque d'éthique. Laudon et Laudon (1992) ont mentionné que, depuis

1980, la puissance des ordinateurs doublait tous les 18 mois. Cette croissance sur le plan de la puissance, jumelée avec une diminution des prix, permet à un nombre croissant d'organisations et de particuliers d'acquérir et d'utiliser du matériel informatique et des technologies de pointe. Les organisations sont désormais en mesure d'étendre la portée de leurs systèmes informatiques à un plus grand nombre de domaines.

Cette augmentation de l'usage de la technologie dans les organisations entraîne une dépendance qui les rend de plus en plus vulnérables vis-à-vis de l'information. Ainsi, les organisations se dotent de systèmes qui deviennent de plus en plus critiques pour leurs opérations, mais qui, d'un autre côté, demandent des règles d'utilisation afin que l'information sur les clients ou les secrets de fabrication des produits demeurent à l'intérieur des murs de la firme. Sous un angle différent, les nouvelles technologies permettent d'exercer un contrôle de plus en plus étroit sur les gens. Il est maintenant possible à l'aide de caméras ou des systèmes de suivi (*log*) de savoir exactement ce qui a été fait et quand cela a été fait.

Faut-il commencer à se poser des questions lorsqu'une caméra de surveillance est pointée non pas en direction du tiroir-caisse mais plutôt en direction de l'aire de travail des employés? Comment doit-on réagir face à des étudiants qui utilisent l'équipement et les logiciels d'une université afin de faire leur curriculum vitæ ou de réaliser des contrats pour leur propre compte? Les réponses à toutes ces questions peuvent parfois être trouvées dans des lois ou des règlements, mais lorsqu'il n'y en a pas, comment faut-il réagir? C'est en partie pour régir de telles situations que des règles d'éthique sont instaurées.

L'amélioration des techniques de stockage

Les nouvelles techniques de stockage de l'information ont évolué parallèlement à l'informatique: elles sont de plus en plus rapides et de moins en moins dispendieuses. En conséquence, il est de plus en plus avantageux de les utiliser. Des disques durs qui coûtaient une fortune il y a cinq ans sont maintenant très abordables. L'arrivée en masse de lecteurs de CD sur le marché est un autre phénomène qui permet de consulter et dans certains cas d'enregistrer une quantité considérable d'information à une vitesse faramineuse.

Toutes ces technologies provoquent une prolifération des bases de données sur les employés, les clients, les produits, les ventes ou même sur le grand public. En conséquence, les informations sont de plus en plus nombreuses et relativement faciles à consulter, et dans certains cas à dupliquer. Les transferts d'un média à un autre sont plus rapides et on peut même faire de la consultation à distance. D'un autre côté, la divulgation de certaines informations confidentielles peut entraîner des torts considérables tant pour les personnes qui possédaient l'information que pour les personnes concernées par cette dernière.

L'amélioration des techniques de communication

Les techniques de communication comme la fibre optique ou les transmissions par satellite ont permis la mise sur pied de réseaux à l'échelle de la planète. Internet en est la preuve ultime. Cette nouvelle façon de communiquer permet sans effort et avec un temps minime le transfert d'une quantité considérable d'information. Il existe certaines règles d'éthique informelles concernant l'accès à des sites sur le réseau Internet.

Les changements technologiques présentés ci-dessus ont permis d'améliorer l'efficacité des organisations en leur permettant d'avoir accès à de l'information plus rapidement et dans plus de domaines, mais ont aussi engendré différents impacts sur les plans individuel et social. La prochaine section couvre certains concepts de base qu'il est essentiel de promouvoir chez les utilisateurs, si on veut que les règles d'éthique soient respectées.

LES CONCEPTS DE BASE DE L'ÉTHIQUE

Suivre un code d'éthique ou simplement se conformer à quelques règlements demande une prise de conscience par les personnes concernées. Dans certaines circonstances, personne ne pourra détecter un manquement à l'éthique. Il existe donc trois concepts de base qui sont nécessaires si on veut qu'un code d'éthique soit respecté: la responsabilité, le contrôle et la confiance.

Le concept de responsabilité est un élément primordial afin d'imposer des règles d'éthique. Un individu responsable doit accepter les conséquences et les responsabilités relatives aux actions qu'il a posées. Comme, dans plusieurs cas, les infractions à certaines règles d'éthique dans un domaine aussi évolutif que l'informatique ne sont pas détectables immédiatement, il est primordial que les utilisateurs des technologies se sentent responsables des actions qu'ils posent et soient conscients des torts que peuvent engendrer leurs actions.

Le contrôle se réfère à des mécanismes mis en place afin de déterminer qui est responsable d'actions qui transgressent une règle d'éthique. Sans de tels mécanismes, il serait impossible de faire respecter les règles d'éthique même lorsque nous sommes face à des personnes très responsables.

Le dernier concept est celui de la confiance. Advenant la transgression de règles ou même de lois, les individus doivent pouvoir compter sur des processus de règlement leur permettant d'être dédommagés face à certains torts qu'ils ont subis. Mentionnons les différentes lois sur la protection des renseignements personnels, la loi sur les droits d'auteur qui seront d'ailleurs étudiés dans la prochaine section. C'est cette confiance dans le système qui permet son fonctionnement.

Les impacts sociaux reliés à l'ère des technologies

Les premières sections de ce texte permettent de mieux comprendre la nécessité d'élaborer des règles d'éthique ainsi que les éléments qui appuient ces règles. Par contre, sans un contexte particulier, il devient difficile de comprendre toute l'implication de la nécessité d'élaborer de telles règles. La prochaine section présente différents impacts sociaux des technologies de l'information tout en posant certaines questions relatives à l'éthique.

La figure 12.1 présente un modèle adapté de Laudon et Laudon (1992) qui décrit la relation entre les problèmes d'éthique et les impacts sociaux dans une société de technologies. La suite du texte discutera du modèle en présentant les problèmes et les impacts des technologies de l'information. Au centre de la figure 12.1, on trouve les technologies de l'information qui, sur le plan individuel, causent des problèmes d'éthique sous cinq axes, soit: les droits et les obligations reliés à la propriété, les droits et les obligations reliés à l'information, la fiabilité, la responsabilité et le contrôle, la qualité des systèmes et la qualité de la vie. Sur le plan social, les technologies provoquent plutôt des impacts sur un ensemble d'individus.

Les droits et les obligations reliés à l'information

Les droits et les obligations reliés à l'information ont été un des premiers aspects touchés par l'imposition de lois. La Charte des droits et libertés de la personne stipule que chaque personne a le droit d'avoir une vie privée.

FIGURE 12.1 La relation entre les problèmes d'éthique et les impacts sociaux dans une société de technologies

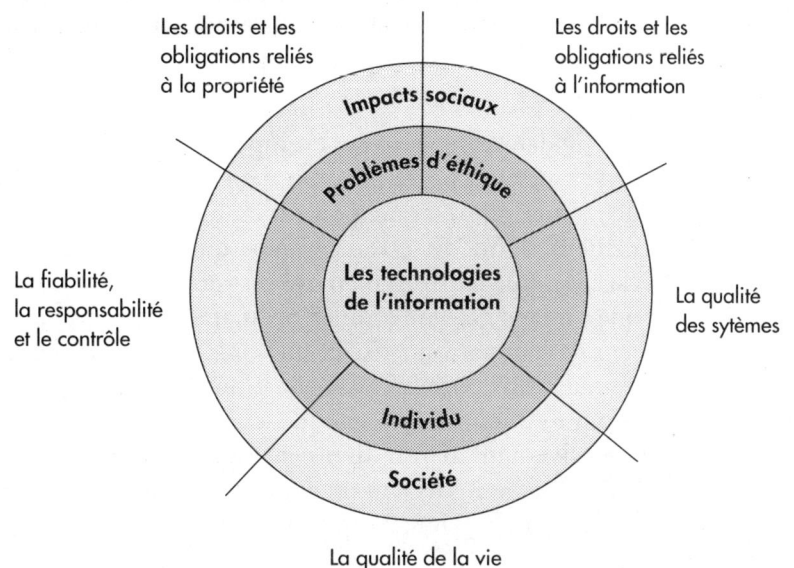

Source : Adaptée de Laudon, K.C., Laudon, J.P., 1986, *Management Information Systems: Organization and Technology*. Reproduit avec la permission de Prentice-Hall, Inc., Upper Saddle River, NJ.

De plus, l'information concernant une personne doit pouvoir être accessible à cette dernière et ne peut être diffusée en toute liberté.

La vie privée (intimité)

La vie privée ou l'intimité est définie par Laudon et Laudon (1992) comme la revendication pour un individu d'être laissé sans la surveillance ou l'intervention d'autres individus ou organisations, y compris l'État. Tout individu a droit à sa vie privée. Évidemment, la distinction n'est pas toujours facile à faire entre observer quelqu'un par curiosité ou pour le surveiller. Avec l'introduction des nouvelles technologies, il est de plus en plus difficile d'être laissé à soi-même. De plus, les coûts pour envahir la vie privée des gens sont de moins en moins élevés et les méthodes de plus en plus efficaces.

Il existe une multitude de manières pour envahir l'intimité d'une personne. Ce qui touche de plus en plus de gens, c'est la circulation d'information les concernant et pouvant être utilisée par d'autres personnes dans l'intention d'en tirer profit. La surveillance ou l'observation est un autre problème déclenché par l'avènement technologique. Lorsque l'informatique entre en jeu, les exemples sont nombreux. Que penser du directeur du marketing qui demande au responsable du service d'informatique de mettre en place des systèmes pour vérifier la productivité de certains employés ?

Évidemment, tous ces exemples peuvent être perçus d'un point de vue différent selon notre position dans l'organisation. Par contre, on peut se demander jusqu'à quel point il faut aller pour s'assurer du bon fonctionnement. Doit-on aviser les gens qu'ils sont surveillés par des caméras cachées, que leur productivité est vérifiée à partir de l'ordinateur central, que l'image de leur écran d'ordinateur peut être dupliquée sur le moniteur de leur patron ? Est-ce qu'on doit dire aux clients de grandes chaînes de magasins comme Wal-Mart ou des compagnies de cartes de crédit comme American Express que leurs comptes et leurs factures sont étudiés attentivement afin d'identifier certaines habitudes d'achat ? Toutes ces questions peuvent paraître anodines, mais d'une certaine façon, elles concernent la vie privée des gens.

Les lois sur la protection et l'accès des renseignements personnels

Dans le secteur public

Comme au Québec nous disposons de deux paliers de gouvernement, les dispositions face à la loi varient quelque peu, mais dans l'ensemble les principes sont à peu près les mêmes. C'est pourquoi, nous utiliserons la loi fédérale comme base de discussion. Par contre, il est bon de savoir qu'au Québec, depuis le 23 juin 1982, des lois protègent les renseignements personnels et permettent l'accès à des documents d'organismes publics.

Dans le secteur public, il existe des lois visant à protéger les renseignements personnels et à en permettre l'accès aux personnes concernées. La loi sur la protection des renseignements personnels garantit aux citoyens canadiens et aux personnes présentes au Canada l'accès à l'information qui est détenue par le gouvernement fédéral à leur sujet. La loi empêche également la divulgation non autorisée de ces renseignements personnels. Elle place des contrôles très stricts sur la façon dont le gouvernement peut faire la collecte, l'usage, l'entreposage et la divulgation des renseignements personnels. De plus, elle s'assure de la façon dont le gouvernement peut disposer de ces renseignements.

La loi sur la protection des renseignements personnels couvre également la vie privée des individus. Elle stipule très précisément pour quelles raisons et de quelle façon l'information peut être utilisée, distribuée et qui peut la recevoir et en faire usage.

La loi sur l'accès à l'information donne aux citoyens ainsi qu'aux personnes et sociétés présentes au Canada le droit d'accès aux renseignements contenus dans les dossiers fédéraux. De plus, elle assure la possibilité de faire une demande de renseignements à condition que l'information ne soit pas assujettie à des exceptions comme des enquêtes criminelles, des secrets d'État, etc. Le gouvernement fédéral doit alors permettre la consultation des renseignements exigés.

Dans le secteur privé

Depuis le 1er janvier 1994, dans le secteur privé, il existe une loi en matière de protection des renseignements personnels. Le Québec a pour la deuxième fois confirmé son adhésion aux principes reconnus par l'OCDE[1] dans le domaine de la protection de la vie privée et de la libre circulation des données. Toute entreprise de biens et de services doit se conformer à la loi dès l'instant où elle recueille, détient, utilise ou communique des renseignements personnels. Des exigences particulières sont, par ailleurs, prévues pour les entreprises de prêt d'argent et celles qui font le commerce des renseignements à des fins d'étude de crédit. Afin de garantir à tout individu le contrôle de son propre dossier, les entreprises doivent, de façon générale, respecter certaines règles. Un individu peut donc s'assurer de la justesse des informations recueillies à son sujet.

La collecte de renseignements personnels

L'entreprise privée qui désire recueillir des renseignements personnels doit :

- avoir un intérêt sérieux et légitime afin de constituer un dossier ;
- préciser le pourquoi du dossier ;
- s'adresser à la personne concernée, à moins que celle-ci ou la loi n'autorise la collecte auprès d'autrui ;

---

1. Organisation de coopération et de développement économique.

- recueillir uniquement les renseignements nécessaires;
- informer la personne concernée de l'objet du dossier, de son utilisation et des catégories de personnes y ayant accès au sein de l'entreprise;
- informer la personne concernée de l'endroit où sera détenu son dossier, de ses droits d'accès et de rectification.

La détention, l'utilisation ou la communication de renseignements personnels

Pour détenir, utiliser ou communiquer des informations personnelles, les entreprises privées doivent:

- assurer la confidentialité des renseignements par des mesures de sécurité;
- voir à l'exactitude et à la mise à jour des renseignements avant de prendre des décisions relatives à la personne concernée;
- obtenir le consentement de la personne concernée pour utiliser ou communiquer des renseignements personnels;
- s'assurer que le consentement est manifeste, clair et éclairé.

En plus de devoir suivre différentes lois, les entreprises qui font le commerce de dossiers de crédit doivent s'inscrire auprès de la Commission d'accès à l'information. Par contre, il existe certaines exceptions. Ainsi, les entreprises peuvent exceptionnellement communiquer des renseignements personnels sans obtenir le consentement des personnes concernées dans des cas où:

- une personne est chargée de prévenir, détecter ou réprimer le crime;
- une organisation publique recueille des renseignements dans le cadre de sa mission;
- une personne doit intervenir en situation d'urgence pour protéger la vie, la santé, la sécurité des personnes concernées;
- une personne qui, aux conditions fixées par la loi, utilise ou communique une liste nominative à des fins de prospection commerciale ou philanthropique.

Les entreprises utilisant les listes nominatives pour faire de la prospection commerciale ou philanthropique doivent s'identifier et informer le destinataire de son droit de faire retrancher de la liste tout renseignement le concernant. En cas d'infraction à la loi, des pénalités peuvent varier de 1 000 $ à 20 000 $.

Les droits et les obligations reliés à la propriété

En plus de protéger les renseignements personnels, une loi a été adoptée afin de protéger un type de propriété intellectuelle particulière, les droits d'auteur. Par contre, il existe d'autres types de propriété intellectuelle comme les brevets, les marques de commerce et les licences.

La propriété intellectuelle

Les droits d'auteur

La loi sur les droits d'auteur ou le copyright «©» interdit à quiconque de copier une œuvre sans avoir eu au préalable l'autorisation de l'auteur. Le terme œuvre englobe une panoplie d'objets comme les poèmes, les peintures, les chansons et également les programmes d'ordinateur. Au fil des ans, les dispositions législatives relatives aux droits d'auteur deviennent de plus en plus complexes en raison du perfectionnement incessant des technologies de l'information. On peut penser à toutes les méthodes de reproduction modernes comme les photocopieurs laser, les magnétoscopes et les ordinateurs qui permettent même d'ajouter notre touche personnelle à l'œuvre d'un autre.

Les droits d'auteur doivent être enregistrés au Bureau du droit d'auteur, organisme fédéral chargé de l'enregistrement et de l'émission des droits d'auteur. Ce Bureau appartient à un autre organisme plus important appelé l'Office de la propriété intellectuelle du Canada (OPIC). Le droit d'auteur s'applique à toute œuvre *originale* de nature littéraire, artistique, musicale ou dramatique. Les logiciels informatiques font partie de la catégorie des œuvres littéraires. Il est important de noter qu'un droit d'auteur ne peut protéger une idée mais uniquement l'expression de celle-ci. Les idées, les faits et les nouvelles sont considérés comme appartenant au domaine public, c'est-à-dire comme appartenant à tous.

Les brevets

Les brevets sont une forme de propriété intellectuelle au même titre que les droits d'auteur. Ils offrent une protection aux inventions et améliorations des procédés technologiques et industriels, de l'équipement et des techniques de fabrication. Contrairement aux droits d'auteur, les brevets ne sont accordés qu'après enregistrement, soit lorsqu'il est prouvé que le procédé ou la technique de fabrication produit vraiment ce qu'on prétend qu'il doit produire.

Les marques de commerce

Les marques de commerce servent à distinguer les produits ou services d'une personne ou d'une entreprise des produits et services d'une autre personne ou entreprise. Les marques de commerce couvrent les noms, les slogans, les emballages de produits, etc. Tout ce qui est suivi du symbole «™» est donc protégé contre le plagiat et ne peut donc être réutilisé par une autre partie.

Les licences

Une licence accorde à une tierce partie l'autorisation d'utiliser une œuvre à certaines conditions et à certaines fins. Toutefois, le créateur demeure titulaire du droit d'auteur. Le problème central au niveau de l'éthique et des droits de propriété est sans aucun doute le piratage de logiciels. Quelle attitude doit-on adopter face au piratage de logiciels? Doit-on dénoncer les gens? Doit-on l'encourager en prêtant des logiciels?

Un exemple: la licence de Microsoft

Microsoft, un des chefs de file en développement d'applications pour micro-ordinateurs, inclut une licence d'exploitation avec chacune de ses applications. Cette licence est en quelque sorte un contrat entre Microsoft et l'acheteur de l'application. Lorsqu'on achète une application, qu'elle soit développée par Microsoft, Lotus ou tout autre développeur de logiciels, on achète seulement le droit d'utiliser l'application. Tous les droits reliés à l'application à l'exception du droit d'utilisation demeurent à l'entreprise qui a développé le logiciel. Le texte qui suit présente les points les plus importants de la licence de Microsoft qui d'ailleurs est semblable à celle de la plupart des logiciels commerciaux.

- L'application ne peut être dupliquée sauf pour en faire une copie de sécurité.
- Une licence individuelle[2] permet la mise en service d'une application sur un seul ordinateur à la fois. Une application est considérée en service lorsqu'elle est installée soit sur le disque dur ou en mémoire.

---

2. Licence ne couvrant qu'une application. Il existe des licences qui couvrent plusieurs applications, ce sont les licences de site.

- Une application installée sur un serveur n'est pas considérée en service. Par contre, elle doit être protégée contre la copie.
- Tous les manuels fournis avec une application sont protégés par la loi sur les droits d'auteur et ne doivent donc pas être reproduits sans autorisation.
- La licence donne le droit d'utiliser un seul jeu de disquettes dans le cas d'une application qui est livrée avec deux jeux de disquettes.
- Un utilisateur qui vend une application doit transférer son droit d'utilisation et ses manuels. De plus, il n'est plus considéré comme détenteur d'un droit d'utilisation.
- Il est strictement interdit de modifier ou de décompiler une application.

La fiabilité, la responsabilité et le contrôle

La fiabilité, la responsabilité et le contrôle sont trois concepts clés au cœur des impacts sociaux produits par les nouvelles technologies. Des situations qui engendrent des dommages causés par une technologie peuvent souvent porter à confusion quant au responsable. La question qui revient fréquemment consiste à se demander qui est responsable d'une négligence commise par la technologie. Prenons par exemple le cas d'un employé qui est accidentellement blessé par un robot sur une chaîne de montage. Si le robot est contrôlé par une personne, on pourra conclure à une erreur humaine et l'enquête s'arrête là. Par contre, dans la majorité des cas, les robots sont contrôlés par des programmes exécutés par des ordinateurs. Qui sera tenu responsable des torts causés par le robot? Or, les lois ne sont pas encore bien adaptées à de telles circonstances.

D'autres situations, comme une prise de décision à l'aide de renseignements erronés provenant de fournisseurs externes, ou une panne majeure de notre fournisseur de services, peuvent causer des préjudices importants aux entreprises. Si des procédures judiciaires sont intentées afin d'obtenir un dédommagement, certaines complications risquent de survenir en raison de la difficulté de trouver le véritable coupable (au sens de la loi) et du fait que les lois sont souvent inadaptées.

Les dommages précédents sont dits involontaires. Par contre, il y a d'autres cas où ils peuvent être tout à fait intentionnels. Prenons, par exemple, la diffusion d'information confidentielle, le vol d'information, ou l'introduction de virus dans les systèmes informatiques. Ces crimes ne sont pas tous traités de façon similaire par la loi bien qu'ils aient des répercussions tout aussi importantes.

La qualité des systèmes

L'introduction des systèmes d'information dans les organisations peut causer une panoplie de problèmes tant sur le plan politique que technique. La présente section est orientée vers le côté technique. Laudon et Laudon (1992) ont défini trois sources principales de la piètre qualité des systèmes informatiques.

La première source est relative aux erreurs et aux défauts (*bugs*) des logiciels. Les erreurs surviennent généralement à cause d'un manque de spécification ou d'attention de la part des concepteurs et des programmeurs. Il est possible qu'on oublie certaines opérations à effectuer sur les données, ce qui donne des résultats erronés. Les défauts de logiciels, mieux connus sous le nom de *bugs* surviennent plutôt à cause d'un conflit entre certaines routines de codes qui sont incompatibles ou d'une interaction déficiente avec le logiciel et le système d'exploitation ou l'ordinateur. Ces problèmes peuvent être résolus par une étape de tests des applications plus longue et plus rigoureuse, en imposant des standards ou des normes comme les normes de qualité ISO 9000.

La deuxième source est reliée aux défaillances des équipements. Ces derniers sont composés des installations physiques où sont installés les équipements informatiques et des équipements eux-mêmes. De plus en plus, le bon fonctionnement d'une organisation dépend des technologies qui la soutiennent. Si un problème technique survient, les opérations du système d'information risquent d'être suspendues et d'occasionner des pertes d'informations, de clients ou d'argent. Ces problèmes peuvent être évités en se dotant d'un plan de secours qui prévoit toutes ou à peu près toutes les anicroches possibles. Ces mesures peuvent aller de simples copies de sécurité à un deuxième système qui doit prendre la relève en cas de pannes.

La troisième source est la piètre qualité des informations qui entrent et qui sortent des systèmes d'information. Un dicton anglais dit *Garbage in garbage out*. L'information qui sort d'un système d'information ne pourra jamais être de meilleure qualité que celle qui y entre. Il faut conscientiser les employés à l'importance de la qualité et de la précision des informations qui sont entrées dans les systèmes.

En examinant ces trois sources de piètre performance des systèmes, trois questions fondamentales nous viennent à l'esprit. Qui doit être tenu responsable de la qualité des systèmes? Quand arrête-t-on de tester un système? Et sommes-nous prêts à payer plus cher pour une meilleure qualité?

La qualité de la vie

Les impacts relatifs à la qualité de la vie sont certainement ceux qui sont les plus perceptibles tant au niveau organisationnel qu'au niveau individuel. Certains de ces impacts ont des répercussions sur le plan politique, sur le plan social, et d'autres touchent même les individus sur le plan physique.

La balance du pouvoir

Les technologies de l'information et en particulier les systèmes d'information peuvent changer la balance du pouvoir dans les organisations. Généralement, les personnes qui ont le contrôle de l'information et le contrôle de l'accès à cette dernière risquent de voir augmenter leur pouvoir sur les autres membres de l'organisation. La raison en est simple. De plus en plus, l'information est cruciale pour le fonctionnement des entreprises, donc ceux qui la contrôlent ont un net avantage sur les autres.

De plus, les nouvelles technologies permettent une décentralisation de l'informatique passant d'un ordinateur central à des mini-ordinateurs et des micro-ordinateurs. On assiste alors à une répartition différente du contrôles, et par le fait même du pouvoir.

Les frontières: famille, travail et loisir

Les nouvelles technologies comme les ordinateurs portatifs ou les téléphones cellulaires permettent aux gens de travailler où et quand il leur plaît. Le côté pratique est assez apparent, mais d'un autre côté, la distinction entre le travail et les loisirs s'estompe graduellement. Ce que les gens n'ont pas eu le temps de faire au bureau, ils l'apportent à la maison, au chalet et même en vacances. La journée de travail de huit heures est allongée à l'intérieur des heures qui étaient normalement consacrées à la famille et aux loisirs.

La dépendance et la vulnérabilité

Les technologies ont pris une place importante dans le fonctionnement des organisations. Qui pourrait penser une minute pouvoir exploiter une entreprise sans l'informatique pour soutenir certains processus d'affaires? Même la sécurité des gens est entre les mains de technologies. Prenons par exemple les systèmes d'incendie ou contre le vol. De plus en plus, ce sont des ordinateurs qui gèrent ces systèmes et avertissent lorsque quelque chose d'anormal survient. Des centaines, voire des milliers de transactions sont effectuées sur les parquets des grandes Bourses mondiales grâce à l'informatique. Une seule panne peut causer des pertes importantes pour les organisations et les investisseurs. La technologie est vite devenue un soutien important pour les organisations, mais une mauvaise gestion et une mauvaise planification peuvent rapidement nous rendre dépendants et vulnérables.

Les crimes informatiques et les abus

Les nouvelles technologies ont créé de nouvelles opportunités pour certaines personnes qui ont vite décelé les gains considérables qui pouvaient être réalisés grâce à l'informatique. Les vols et les fraudes les plus spectaculaires en termes financiers ont été réalisés à l'aide des ordinateurs. Aujourd'hui, une banque doit mettre davantage l'accent sur la protection de son réseau informatique que sur son coffre-fort. La différence entre les vols traditionnels où on allait sur place pour dévaliser une banque et les vols modernes à l'aide de l'informatique réside dans le fait que le montant du vol ne se limite plus uniquement au contenu du coffre. Les voleurs peuvent même emprunter! Évidemment, il n'y a pas que des vols de fonds, on peut voler des renseignements et des services, utiliser un service sans le payer. Le problème avec les crimes et les abus informatiques, c'est de déterminer l'ampleur du phénomène. Les entreprises touchées par de tels problèmes sont réticentes à dévoiler leur situation, car dans une grande majorité des cas, ce sont des employés internes à l'organisation qui commettent des fraudes. Qui est mieux placé qu'un employé avec ses connaissances de l'organisation, de ses systèmes et de ses codes d'accès pour transférer des fonds ou vendre des informations à des concurrents? L'introduction de virus dans un système constitue une autre forme de crime tout aussi dommageable qu'un vol. Avec l'arrivée de l'autoroute électronique, on peut se demander comment évoluera la situation et surtout tenter de prévoir quelles seront les nouvelles innovations qui vont permettre de déjouer les dispositifs de sécurité des organisations.

La santé

Un des impacts des technologies auquel on pense le moins est certainement celui sur la santé. Qui pourrait penser qu'un écran et un clavier peuvent causer des torts physiques aux utilisateurs? Pourtant, cette réalité cachée commence à apparaître peu à peu. En 1992 seulement, aux États-Unis, il s'est versé 20 milliards de dollars pour indemniser les victimes du plus important mal relié à l'emploi, les blessures dues à un stress répétitif (Laudon et Laudon 1992). Ces blessures surviennent lorsqu'un groupe de muscles est soumis à des mouvements répétitifs intensifs comme taper sur un clavier. Un type commun de blessures dû à un stress répétitif est celui du syndrome du tunnel de Carpal où une douleur est ressentie au niveau du nerf médian du poignet.

Il n'y a pas que les claviers qui peuvent causer des torts. L'écran est la cause de ce qu'on appelle le syndrome de la vision informatique (*computer vision syndrome*), l'utilisateur pouvant ressentir des douleurs à la tête, avoir une vision embrouillée et subir un assèchement et une irritation des yeux. Heureusement, ces symptômes sont généralement temporaires (Furger, dans Laudon et Laudon, 1992).

Le dernier-né des maux informatiques est le technostress. Les symptômes sont le développement d'une forme d'hostilité envers les individus, une perte de patience et une excitation exagérée. Pour le moment, les conséquences ne sont pas encore connues, mais les recherches se poursuivent afin de réussir à en diminuer l'impact. Les fabricants de matériel informatique tentent de créer des claviers plus ergonomiques, mais ils ne pourront que réagir aux problèmes reliés à l'utilisation de l'informatique, car les recherches en matière de santé sont incapables de rattraper les développements technologiques.

* * *

Comme on peut le constater, l'éthique et les impacts sociaux reliés aux technologies de l'information sont indissociables et ne peuvent être traités individuellement. L'éthique a un certain effet sur les impacts sociaux et les impacts sociaux peuvent être influencés par des règles d'éthique. Le manque de standardisation et de diffusion des règles d'éthique permet encore à un bon nombre d'individus de profiter de la moindre faille pour améliorer leur sort, bien souvent aux dépens des autres. D'un autre côté, on découvre que certains impacts sociaux reliés à l'ère des nouvelles technologies ne sont pas aussi réjouissants qu'on l'aurait cru, et de surcroît, les moyens actuels pour contrer une partie des effets négatifs sont incapables de suivre l'évolution de la technologie. La vision des technologies présentée dans ce chapitre peut sembler quelque peu négative, mais ce qui essentiel, c'est d'être en mesure d'y ajouter une vision positive des technologies afin d'en avoir une image beaucoup plus réaliste.

BIBLIOGRAPHIE

A Guide to Electronic Communication & Network Etiquette, 1989, révision et présentation de Joan Gargano, Ivars Balkits, Computing Services University of California Davis. Voir :
http://r-server.tamu.edu:70/on/internet/etiq.html

COMMISSION D'ACCÈS À L'INFORMATION DU QUÉBEC, 1987, *Être bien informé, être bien protégé ça compte*, Québec (public. du gouv.), 196 pages.

CREN INFORMATION CENTER, 1990, *Terms and Conditions of Membership and Affiliation*, document de travail.

Exploring Internet Training Series, Module 1 – Exploring Internet : Using your Computer to Communicate, by Deborah Shaffer, ES-USDA, CIT and Pennsylvania State University, Henry DeVries; Extension Electronic Technology Group, Cornell University ; Gregroy Parham, ES-USDA, CIT. Voir :
http://206.8.125.20/bhs/primer/retiquette.html

Exploring Internet Training Series, Module 2 – Mail-based Information Delivery : Alamanac and Listservs, by Deborah Shaffer, ES-USDA, CIT and Pennsylvania State University ; Henry DeVries, Extension Electronic Technology Group, Cornell University ; Gregory Parham, ES-USDA, CIT. Voir :
http://206.8.125.20/bhs/primer/retiquette.html

GOUVERNEMENT DU QUÉBEC, 1996, *Loi sur la protection de renseignements personnels dans le secteur privé*, Ministère des Communications, 1076 pages.

GOUVERNEMENT DU CANADA, 1994, *Le guide des droits d'auteur*, Ottawa, Industrie Canada, 23 pages.

GOUVERNEMENT DU CANADA, 1984-1990, *Loi sur l'accès à l'information*, Ottawa, 13 volumes.

GOUVERNEMENT DU CANADA, 1984-1990, *Loi sur la protection des renseignements personnels*, Ottawa, 13 volumes.

KEHOE, B.P., 1992, *A Beginner's Guide to the Internet : Zen and the Art of the Internet*, 1re édition. Voir :
http://sgi.ifh.de/computing/manuals/nfohtml/zen/zen.html

LAUDON, K.C., LAUDON, J.P., 1992, *Management Information Systems : Organization and Technology*, New York, Macmillan College Publishing Company.

SHAPIRO, N. *et al.*, 1985, *Towards an Ethics and Etiquette for Electronic Mail*, Santo Monica, Ca, Rand Corporation (publication R-3283-NSF/RC).

VON ROSPACH, C., *A Primer on How to Work With the Usenet Community*. Voir :
http://www01.ny.us.ibm.net/userinfo/uuprimer.html (public domain)